JN112371

川端基夫
KAWABATA Motoo

関西学院大学研究叢書
第226編

日本の法人フランチャイジー

消費経済の知られざる担い手

新評論

はじめに

　サービス経済化の進行が指摘されて久しい。今や日本のGDPの6割は、個人消費が占めていることはよく知られる。2020年からはじまったコロナ禍は、日々の消費がいかに強く経済全体をけん引するものであるのかを改めて教えてくれた。

　この消費を支える主体の多くは、小売、飲食、サービス領域の小規模な店舗群である。以前は、そのほとんどが個人によって営まれていたが、高度成長期以降はフランチャイズチェーン店への転換が進んできた。フランチャイズと聞くと、コンビニエンスストア（以下、コンビニ）やラーメン店などを思い浮かべる人も多いが、近年のフランチャイズの拡大には目を見張るものがある。

　現在のフランチャイズビジネスを見ると、ゼロ歳児教育からはじまり、学習塾、コンビニ、外食、美容院を経て、結婚相談所、介護、そして葬儀場へと、人生の一連のプロセスがフランチャイズによって支えられている。まさに「ゆりかごから墓場まで」である。

　フランチャイズの拡大は、その「加盟者」が消費経済の重要な担い手の一つになっていることを示している。問題は、その加盟者の中身である。従来、フランチャイズといえば脱サラで起業を目指す個人加盟者のイメージが強かった。しかし、近年の日本では法人（企業）が加盟するケースが増加しており、しかも他の事業との兼業で加盟するケースが多く見られる。すなわち、製造業や建設業、各種の小売業を営む中小企業がフランチャイズに加盟して、本業とは異なる外食業やサービス業を営んでいるのである。

　その理由は、業容の拡大や多角化、あるいは本業の不振をカバーするといったものが多い。法人（企業）による加盟は全体の7割を超えており、その内の約6割が兼業型で加盟した企業となっている。この点でフランチャイズは、中

小企業の事業戦略のなかに位置づけられてきたといえる。

　このような法人加盟者は「法人フランチャイジー」と呼ばれている。筆者の推計では、その数は全国で1万社から1.3万社程度あると見られる。なかには、100店舗、200店舗といった規模でフランチャイズ店を運営している企業、10種類以上のブランドに加盟している企業も見られる。大規模な法人フランチャイジーの出現は、日本だけの話ではない。世界を見渡すと、1,000店舗を超える巨大な法人フランチャイジーがいくつも見られる。特に、消費拡大が急激な中東地域には4,000店舗を超えるものさえ出現している。

　このように、日本のみならず世界の消費経済の担い手として重要性を増しつつある法人フランチャイジーであるが、その実態はほとんど明らかになっていない。そもそも存在自体が知られていないことや、あえて表に出たがらない法人フランチャイジーも多いからである。その意味では消費社会の「黒子」といえる。

　本書は、この「黒子」のベールを剥いで、その特性や実態、そして存在意義に迫った最初の学術書である。本書が、法人フランチャイジーへの関心を高めるとともに、今後の日本の消費経済のあり方を考えるきっかけとなれば幸いである。

筆者

もくじ

第2章 法人フランチャイジーの拡大プロセス
—— その誕生から第2世代まで 65

第3章　法人フランチャイジーの拡大プロセス
——加盟ブームの第3世代と第4世代　91

第4章　データベース構築とヒアリング調査　109

第**5**章 | **法人フランチャイジーの実態（データベースの分析）** 127

第8章　法人フランチャイジーにおける 意志決定の実態　219

日本の法人フランチャイジー

──消費経済の知られざる担い手──

関西学院大学研究叢書　第226編

序 章

フランチャイズ研究の課題

1 フランチャイズビジネスとは

　フランチャイズは、大きく二つの種類に分けられる。一つは、ガソリンの販売店のように統一された看板（ブランド名）を掲げてメーカーから供給された商品だけを販売する店であり、「製品商標型フランチャイズ」と呼ばれている（以下「製品商標型」）。

　これは、メーカーが自社製品を販売する権利を付与するシステムで、既存の小売店などが加盟者となる。販売する商品と看板は統一されているが、店舗のデザインや従業員の制服、価格や付帯サービスなどはバラバラであることが多い。19世紀にアメリカではじまったとされ、自動車やガソリンの販売システムに取り入れられるようになってアメリカ全土に拡大した。アメリカでは、1960年代までこのようなフランチャイズが主流であった。

　この「製品商標型」は、日本にも戦前に入ってきたが、日本ではメーカーの統制が弱い代理店制（メーカーによる流通系列化）が独自に広まっていたので、このタイプは代理店制の一種と見なされた。よって、日本ではフランチャイズとは見なされていない。

　二つ目は、ファストフードやコンビニのように、食材や商品はもちろん、運

営ノウハウのすべてを本部から提供してもらう店であり、「ビジネスフォーマット型フランチャイズ」と呼ばれる（以下「ビジネスフォーマット型」）。販売するメニューや商品はもちろん、店舗デザイン、従業員の制服、接客サービス、包装紙、販売価格なども基本的には統一されている。このタイプは、商売のノウハウをもたない人でもすぐにはじめられるシステムであるため、経験のない素人（しろうと）が加盟者となる。このように本部がノウハウを提供するシステムの源流は、1920年代の「A&W」にまでさかのぼれるとされるが、現在のようにすべてのノウハウを本部が統一・管理するものは、1950年代にアメリカの「KFC」や「マクドナルド」、あるいは「ダンキンドーナツ」などがはじめたものである（フランチャイズの概念については、269ページからの補章を参照）。

　現在の日本では、この二つ目の「ビジネスフォーマット型」だけを「フランチャイズ」と定義している。このタイプのフランチャイズは、1963年に「ダスキン」や「不二家」がはじめたという説が一般的であるが、本格的な「ビジネスフォーマット型」が広がるのは、1970年代初頭の外資系ファストフードチェーンの進出がきっかけであった（詳細は第2章）。つまり、日本ではフランチャイズの仕組みがはじまってからすでに60年が経とうとしており、馴染みのある外資系のチェーンが登場してから半世紀近くが経とうとしているのである。

2 フランチャイズの現在

　日本にフランチャイズが登場した1960年代から1970年代にかけては、フランチャイズの意味がよく理解されておらず、詐欺まがいの事件が起きて社会問題化することもあったが、現在では飲食チェーンやコンビニを代表として、日常の消費生活の多くの場面を支えるシステムとなった。

　たとえば、乳幼児の教育からはじまり、子どもの学習塾、英会話教室、コンビニ、各種の飲食店・宅配、中古品の買い取り・販売、レンタカー、結婚紹介、不動産仲介、クリーニング、清掃、フィットネスクラブ、ホテルなどを経て、

介護・デイサービス、そして葬儀場、墓石クリーニングに至るまで、消費生活というよりも人生の多くの場面を支えるシステムとなっている。

コロナ禍以前のものではあるが、フランチャイズチェーンの売上高（小売、外食、サービスすべて含む）はほぼ一貫して拡大してきており、2018年時点で26兆円に達している（2019年度フランチャイズチェーン統計調査）。この金額は、近年話題となってきたインバウンド客の消費4.5兆円も含めた、2019年の国内における旅行消費総額26.7兆円に迫るものである。今や、フランチャイズは巨大な産業に成長しているのである。

表序−1（6ページ）は、フランチャイズの加盟店舗数をランキングで示したものである。「トップ3」こそコンビニが占めているが、4位以下には有名な外食チェーンを凌駕する形で、クリーニング、結婚相談所、フィットネスクラブ、プログラミング教室、レンタカー、ハウスクリーニング、学習塾といったサービス系のフランチャイズチェーンが並んでいる。これが、フランチャイズビジネスの「現在」の姿なのである。

3 消費経済の担い手は法人フランチャイジー

ところで、**表序−1**において右端の各チェーンのフランチャイズ店舗率を見ると、100％もしくはそれに近いものが多くを占めており、平均でも90％を上回る率となっている。これは、これらのビジネスの担い手のほとんどが「フランチャイジー」と呼ばれる加盟者であることを示している。

問題は、それらの加盟者とはどのような人であるのか、ということである。

---

(1) 「フランチャイズチェーン」という語はアメリカでは使われておらず、「フランチャイズシステム」や「フランチャイズビジネス」が一般的であることは以前から指摘されてきた（徳永［1990］など）。また、「フランチャイズ」もアメリカでは「フランチャイジング（franchising）」と表現されている。筆者自身も、川端［2010］では「フランチャイジング」を用いたが、日本では依然として「フランチャイズチェーン」や「フランチャイズ」が一般的であるため、本書では日本の慣例的表現に従うこととした。

6

表序－1　加盟店舗数ランキング

	ブランド	業　種	加盟店数	直営店数	加盟店率
1	セブン・イレブン	コンビニ	20,545	371	98.2
2	ファミリーマート	コンビニ	16,234	379	97.7
3	ローソン	コンビニ	14,141	303	97.9
4	ホワイト急便	クリーニング	5,000	1,500	76.9
5	日本結婚相談所連盟	結婚紹介所	2,424	14	99.4
6	マクドナルド	飲食	2,021	885	69.5
7	カーブス	フィットネス	2,008	7	99.7
8	ミニストップ	コンビニ	1,768	229	88.5
9	ほっともっと	弁当	1,624	883	64.8
10	ヒューマンアカデミー・ロボット教室	プログラミング教室	1,509	1	99.9
11	ニコニコレンタカー	レンタカー	1,500	0	100.0
12	おそうじ本舗	ハウスクリーニング	1,462	0	100.0
13	明光義塾	学習塾	1,450	421	77.5
14	モスバーガー	飲食	1,248	37	97.1
15	サーティーワン・アイスクリーム	飲食	1,167	6	99.5
16	デイリーヤマザキ	コンビニ	1,130	311	78.4
17	CoCo 壱番屋	飲食	1,108	151	88.0
18	センチュリー21	不動産紹介	978	0	100.0
19	アーテックエジソンアカデミー	プログラミング教室	934	0	100.0
20	ドトールコーヒーショップ	飲食	905	190	91.0

平均：91.2

注）3位のローソンにはナチュラルローソン、ローソンストア100の加盟店数を含む。
出所）「フランチャイズ加盟店舗数ランキング TOP250（2020年版）」『Business Chance』2020年10月号。

表序－2　フランチャイズ店のオーナーの種別（%）

調査年	個人率	法人率	業種別法人率			サンプル数
			小売	外食	サービス	
2002年	42.0	58.0	54.7	59.0	60.8	376
2007年	29.3	70.7	67.5	70.5	73.7	650

出所）経済産業省［2003］［2008］「フランチャイズ・チェーン事業経営実態報告書」を基に
　　　筆者作成。

消費経済において大きな位置を占めるようになったフランチャイズであるが、その担い手の実態を見ると意外な事実が明らかとなる。

　フランチャイズといえば、脱サラした人が起業をして独立するツールだというイメージが多くの人のなかに根強くある。確かに、コンビニやラーメン店などの加盟店には、夫婦や家族で切り盛りしている店が多く見られる。しかし、フランチャイズ全体を見ると、すでに十数年前の時点で、加盟店の7割以上が「法人」（企業）によって運営されているというデータが存在するのである。それが**序表－2**である。これは、経済産業省が2002年と2007年に2度にわたって行ったフランチャイズチェーン店の実態調査の結果である。古いものではあるが、これ以降に大規模な調査が行われていないので、とりあえずはこれを見ておきたい。

　この表を見てまず驚かされるのが、加盟者の個人比率の低さである。2002年の調査ですでに半数を切っていた個人加盟者は、2007年には3割を切るまで低下している。逆に、法人による加盟率は2007年で7割を超えるまでに増大しているのである。では、調査から10数年を経た現在の法人率はというと、近年の業界の動向を見るかぎり、恐らく上がりこそすれ低下はしていないと見られる（次節参照）。

　さらに、筆者が作成した2店舗以上の法人フランチャイジー1,310社のデータベース（以下、データベース）の分析によると、それら法人加盟者のうち、6割余りが兼業で加盟した法人であることが判明している（第5章参照）。すなわち、多様な事業を営む企業（ほとんどが中小企業）が、業容拡大や多角化

8

あるいは本業の再生や転業を目指してフランチャイズに加盟してきたのである。

　普段、我々は近所のフランチャイズ店のオーナー（運営者）がどのような人物であるのかについてはほとんど注意を払っていない。しかし、いつの間にか、その店のオーナーは法人が多くを占め、しかもその多くが別の事業との兼業で店舗を運営する法人に変貌しているのである。これが、現在の日本における消費経済の担い手の実態だといえる。[(2)]

4 アメリカと日本の担い手の違い

　7割が法人オーナーで、個人は3割弱しかないという日本の状況は、フランチャイズビジネスの発祥の地であるアメリカの状況とは大きく異なるものとなっている。筆者が入手した資料では[(3)]、アメリカのフランチャイズに加盟しているのは、2017年時点で個人が70％で、法人が30％だとされている（ただし、原資料の詳細は確認できていないため参考資料の域を出ない）。

　その資料が**表序－3**である。これによると、個人には2種類があり、新たに独立して事業主になること（ビジネスノウハウの入手）が目的で加盟する個人起業家が39％、すでに安定職に就いている個人が副業として加盟するものが31％となっている。これら個人加盟者のなかから、店舗数を増やしていって専業型の法人フランチャイジーへと成長するものも出現すると考えられる。

　一方、当初から法人として加盟したものにも2種類あり、多角化や業容拡大のために加盟する法人が22％、ファイナンシング（資金調達）のために加盟する法人が8％とされている。た

表序－3　アメリカのフランチャイジーの内訳（2017年）

種別	加盟目的	構成比（％）	
個人	起業家	39	70
	副業として	31	
法人	多角化・業容拡大	22	30
	資金調達	8	

出所）I. Fujita International, Inc の資料（原資料は International Franchise Association 資料）

だし、前者の多角化や業容拡大を目的とする加盟者には、すでに法人フランチャイジーとなっているものが新たなブランドに加盟するケースも含まれると推測される。そのようなものを除けば、このタイプが日本の兼業型の法人フランチャイジーに相当すると見なせる。したがって、日本の兼業型法人フランチャイジーと同様のものは22％よりもう少し低いと推測される。

　また、後者の資金調達目的での加盟は日本には存在しないタイプのものである。アメリカでは信用度の高いフランチャイズに加盟している企業は金融機関からの融資を受けやすいことから、事業資金の調達のためにフランチャイズに加盟する企業（法人フランチャイジーになること）が珍しくないとされる。[4]

　以上のように、アメリカでは依然として70％が個人で加盟をするケースであり、逆に日本では70％が法人の加盟であるという二つの資料の存在は、これまでの英語圏の論文に対する理解や今後のフランチャイズ研究に少なからぬ影響を与える可能性があるといえる。

　のちにも述べるが、アメリカをはじめとする英語圏の研究は、暗黙裡に個人フランチャイジーを想定した論理の組み立てが目立つ。理論研究におけるエージェンシー理論の活用がその典型であり、本部をプリンシパル（依頼人）、加盟者をエージェント（代理人）と位置づけて、本部が主導してノウハウを加盟者に提供し、加盟者はそれに従って店舗を運営するという主従関係が想定されている。それを基に、モラルハザード問題やフリーライダー問題が論じられてきた。しかし、法人フランチャイジーが7割を占める日本でも、このような理論的フレームが通用するのかについては議論の余地があろう。この問題についてはのちに詳述する。

---

(2)　法人加盟や法人フランチャイジーが、経済系雑誌や業界雑誌、新聞でしばしば取り上げられるようになったのは2000年以降のことである。それ以前に知られていた法人フランチャイジーは、「タニザワフーズ」（本社：愛知県岡崎市）や「ゴトー」（本社：静岡県沼津市）くらいであった。

(3)　フランチャイズ専門のコンサルティング会社「I. Fujita International, Inc」（本社：カリフォルニア州）の資料（原資料は、International Franchise Association 資料）。

(4)　I. Fujita International, Inc 代表の藤田一郎氏へのヒアリング（2020年5月6日）。

5 本部の法人募集

　日本で法人によるフランチャイズ加盟が増えてきているのは、本部側の意思決定の結果でもある。本部は、加盟者を募集するにあたって、個人にするか法人にするか、あるいはその両方にするのかを戦略的に決めている。この選択問題は、これまで学問的な関心の外に置かれてきた。右ページの**表序－4**は、法人のみを募集する本部、個人のみを募集する本部、その両方を募集する本部の比率を見たものである。

　これは業界雑誌の記事を基に、各本部の募集条件を拾い出して整理したものである。年次（記事）によって分母となる総数が異なっている点や、掲載されている企業が年次ごとに異なっている点には注意が必要である。募集を法人に限定するか個人に限定するか、あるいは両方にするのかは本部の戦略であるため、同じブランドでも時期によって異なる。たとえば、「セブンイレブン」は最近まで個人のみの募集であったが、現在は個人と法人の両法の募集となっている。

　とはいえ、1998年、2012年、2020年の状況を比較してみると、法人のみを募集する本部の比率が増えている一方で、個人のみを募集する本部の比率が減少していることが分かる。個人加盟に限定している本部には、「CoCo壱番屋」、「ワークマン」、「ほっともっと」などの大手ブランドが見られるが、極めてかぎられる。他方、法人しか加盟できないブランドは、「マクドナルド」、「イエローハット」、「カーブス」など多く見られる。比率では、3社に1社が法人限定での募集となっている。

　個人と法人の両方を募集する本部が、全体の6割余りを占めているものの、現実には法人を優先しているところが多い。つまり、業界全体の流れとしては、法人加盟に傾きつつあるといえる。このような本部の動きも、法人加盟の多さを支えている要因である。

　では、本部はなぜ法人加盟を優先するのであろうか。飲食系のフランチャイ

表序－4　法人のみ・個人のみを募集する本部比率

募集対象	1998年	2012年	2020年	ブランド例（2020年時点の募集チェーン）
法人のみ	33社 （14.3%）	33社 （25.8%）	70社 （33.7%）	【外食】マクドナルド、大阪王将、まいどおおきに食堂、銀のさら、リンガーハット、びっくりドンキー、プロント、焼肉きんぐ、丸源ラーメン、ベビーフェイスプラネッツ、ジョイフル、からやま、DiPUNTO、焼肉屋さかい、とりあえず吾平、天丼てんや、トマト＆オニオン、串家物語など 【小売】イエローハット、エディオン、キャンドゥ、ハードオフ、オフハウス、ホビーオフ、アップガレージ、アクアクララ、シューラルー、ユーポス、リーガルシューズ、質屋かんてい局、エコリングなど 【サービス】カーブス、センチュリー21、ハウスドゥ、ホームメイト、リニューアル紹介、LIXILリフォームショップ、Renotta、ブックオフ、ポプラ、河合塾マナビス、日本住宅ネット、アイフルホーム、LIFE LABEL、クレバリーホーム、日本空き家サポート、Let's倶楽部、からだファクトリー、Kids Duo、Ash、ユニバーサルホーム、アイサポ、ロイヤルハウス、START Programing SCHOOL、自由空間、京セラソーラー、ONE TOP HOUSE、ジョンソンパートナーズ、アパホテル、ティア、VARY'S、メープルホーム、ブリッジライフ、フィアスホームなど
個人のみ	9社 （3.9%）	5社 （3.9%）	5社 （2.4%）	CoCo壱番屋、ほっともっと、ワークマン、ICHIGO、かぶら屋
両方	189社 （81.8%）	90社 （70.3%）	133社 （63.9%）	（多数のため省略）
合計	231社 （100.0%）	128社 （100.0%）	208社 （100.0%）	

注）1998年は『'98財界フランチャイズ白書』、2012年は Business Chance 誌「2012年版 FC 加盟店舗数ランキング」、2020年は同誌10月号「2020年版フランチャイズ加盟店舗数ランキング」を集計。

ズ本部企業8社に対する筆者のヒアリング調査（2018年実施）では、すべての本部が「近年は法人加盟者の確保・増大に力を入れている」と回答している。その理由として、各本部とも以下の点を指摘した。

❶ 個人より法人のほうが資金力が大きいので、条件のよい立地（高家賃の物件）が確保できたり、店舗への追加投資（リニューアル投資など）への抵抗がない。

❷ 個人より法人のほうが本部の経営方針への理解度が高い（経営者としての視点から判断してくれる）。

❸ 個人は1店舗が多いので業績が低下すると事業継続が困難となるが、法人は複数店舗を展開するので、一部の店舗が赤字になっても他店で相殺できるため事業継続性が高く、本部の経営が安定する。

❹ 法人は複数の店舗をまとめて運営するので、本部の管理コストが削減できる。

　以上は、法人フランチャイジーのほうが本部とのトラブルになるリスクが小さいこと、多数の個人フランチャイジーを抱えるよりも少数の法人フランチャイジーに店舗を集中的に運営してもらうほうが本部の管理負担・教育負担が軽くなることを意味している。加盟者の管理と統制が、本部にとっては大きな負担となっていることの裏返しといえる。また、本部側は事業の安定性や継続性を重視しており、その点では法人加盟者のほうが勝っているという判断であった。

　さらに、近年では1970年代から1980年代に加盟した個人加盟者の高齢化の進行や人手不足の深刻化が、加盟者の事業継続を困難にしていることから、以下のようなことも共通して指摘された。

❺ 個人加盟者は高齢化すると追加投資意欲や事業意欲が低下しやすいが、法人加盟者は時間が経過しても安定的に店舗運営をしてくれる。

❻ 法人のほうが店舗の人手不足への対応能力が高い（高い賃金で募集できる）。

　このようなことから、近年では日本の多くの本部が法人加盟者を重視する傾向にある。[5] したがって、前節で述べたごとく、近年の実態調査データは存在し

ないものの、現在においても法人フランチャイジー比率は上がりこそすれ低下していないと推測できるのである。

6 日本の法人フランチャイジー

　法人フランチャイジーの特性については第1章で、その実態分析については第5章以下で述べるが、ここではその概要を少し先取りして簡単に紹介しておきたい。

（1）専業と兼業

　法人フランチャイジーには、「専業者」と「兼業者」の2種類がある。第4章で述べる筆者のデータベース（1,310件）における比率は、現状では専業者が約6割、兼業者が約4割であった。ただし、加盟時点で捉えると、兼業での加盟法人が約6割と逆転することには留意すべきである。

　これは、加盟時には兼業だったが、のちに本業を廃してフランチャイズ専業となる法人が少なくないことを意味している。このような中小企業による兼業型での加盟の多さは、日本におけるフランチャイズの大きな特徴となっている。どのような業種での転業が多いのかについては、第7章で述べる。

（2）全体数と店舗数規模・加盟ブランド数

　既存の調査や、前述の筆者による「データベース」を基にした推計によると、日本の法人フランチャイジーは、1店舗のものまで含むと全国に10,000〜13,000社はあると推計できる（第4章）。また「データベース」によると、法

---

(5)　筆者による日本フランチャイズチェーン協会へのヒアリング（2018年電話）においても、近年の本部の多くが法人加盟を重視しつつあることが指摘された。

人フランチャイジー（2店舗以上のもの）の平均店舗数は15.6店舗で、全体の50％余りは2〜9店舗の小規模なものであったが、一方で30店舗以上を運営する法人が160社確認でき、そのうち64社が50店舗以上の法人、17社が100店舗以上の法人であった。

　加盟ブランド数を見ると、平均加盟ブランド数が2.2で、全体の52.6％が1ブランド加盟、3ブランドまでの加盟は全体の84.9％を占めていた。一方、10ブランド以上加盟するところが12社あり、最多は15ブランドに達していた。このように、店舗数や加盟ブランド数で大規模な法人フランチャイジーが存在することが明らかになっている（第5章、第6章参照）。

（3）分布

　法人フランチャイジーは、大都市圏だけでなく全国に分布している。この背景には、フランチャイズビジネスは日常の消費生活に密着したものなので、その市場は人口に比例して全国に分布していることがある。換言すれば、地方圏においても人口相応のフランチャイズ市場が成立しているわけであり、フランチャイズ産業は地方でもビジネス機会を獲得できる可能性があることを意味している。実際、地方圏にも大規模な法人フランチャイジーが多数存在している（第6章参照）。したがって、今後の地方経済の再生や地方創生においても、法人フランチャイジーは重要なアクターとして捉えるべきものといえる。

7 フランチャイズ研究の理論

　以上のように、日本のフランチャイズにおいては、法人フランチャイジーが加盟者の主流を成している。ところが、結論からいうと、この法人フランチャイジーに関する研究については、日本でも海外でもほとんど手が付けられてこなかった。この背景には、日本のフランチャイズに関する学術的研究が、個人

フランチャイジーを前提としたアメリカをはじめとする英語圏の研究から大きな影響を受けてきたことがある。それは、特に理論的な研究において顕著に表れている。そこで、フランチャイズをめぐる学術研究の課題を明らかにするために、まずはこれまでの英語圏を中心とする研究蓄積を簡単に振り返っておきたい。

　さて、フランチャイズには、これまでさまざまな観点から光が当てられてきた。すなわち、商学（流通チャネル論、マーケティング論、流通国際化論）、経済学（組織の経済学、ゲーム論）、経営学（経営史、組織経営論、起業論）、法律学（契約論）などの領域でフランチャイズが取り上げられてきたのである。とりわけ多くの蓄積がなされてきたのが、流通チャネル論や組織の経済学といった領域での理論研究（多くは、仮説＝実証型研究）であった。

　理論研究の命題は、大きく三つに分けられる。

　一つ目の命題は、「なぜ企業は、直営方式ではなくフランチャイズ方式を選択するのか」という根本的な問いである。これは、直営とフランチャイズの選択問題、すなわち「チャネル選択問題」と呼ばれる。もちろん、直営かフランチャイズかといった二者択一ではなく、現実には両者が併用されるケースが多く見られる。そこで、なぜ両者の併用が生じるのかという問題「デュアル・チャネル問題」に関する理論研究も行われてきており、そこでは特に直営店の存在意義に関心が集まってきた。

　二つ目の命題は、「ロイヤルティーや加盟金はどのような要因で決定されるのか」、「そもそもフランチャイズ契約において加盟金やロイヤルティーがなぜ設定されるのか」といった命題である。

　三つ目の命題は、「なぜ、直接投資ではなくフランチャイズ方式（契約）で海外に進出するのか」という命題である。これは海外進出手法、市場参入手法の一つとしてフランチャイズを捉えるものであり、フランチャイズ企業を対象とした研究の枠を超えたものといえる。

　このなかで、二つ目の命題に関する研究は一つ目と一体化させて論じられることも多く、それゆえ理論フレームは一つ目の命題と共通している。また、三つ目の命題に関する研究については、海外進出を国内のフランチャイズ問題の

16

延長上に置いて理解する傾向が続いてきたため、やはり理論フレームが共通してきた（川端［2010］）。したがって、ここでは最も研究蓄積がある一つ目の命題に的を絞って、フランチャイズ研究がベースとしてきた基本的な理論の紹介を行いたい。

さて、一つ目の「なぜフランチャイズ方式を選択するのか」という命題に対しては、フランチャイズ方式が直営方式よりも優位性をもつことの解明が課題となってきた。この課題をめぐる議論において用いられてきた代表的な理論が、「資源制約論」と「エージェンシー理論」である。ほとんどの論文が、この二つの理論のどちらか、または両方をベースに仮説を立てている。これは、二つ目の命題、三つ目の命題においても同じである。

そこで、以下では、この二つの理論をベースにして、英語圏を中心にどのような議論が展開されてきたのかについてごく簡単に紹介しておく。なお、フランチャイズの理論的研究に関する詳細な文献サーベイは、Combs *et al.*［2004］、小本［2012］；［2019］、北島・崔［2011］、白石［2016］、丸山・山下［2010］などを参照されたい。

（1）資源制約論をめぐる議論

資源制約論とは、本部が直営店で展開できるだけの経営資源を十分に保有していない、あるいは融資を受けるのが困難な場合にフランチャイズ方式が採用されるという考え方である（Caves and Murphy［1976］）。要するに、本部の資金不足や人材不足、ローカルな市場情報の不足などを外部の加盟者に依存しようとしてフランチャイズ制がとられるということであり、Oxenfeldt and Kelly［1968-1969］がこの議論に先鞭をつけた。業界でも、フランチャイズのメリットは、資金や人材などを加盟者に負担（肩代わり）してもらえる点にあるとする考え方が以前から広く見られる。

確かに、資金や人材が不足する初期段階の本部には、この論理が当てはまるケースもある。とはいえ、これは加盟者が経営資源（店舗不動産や人材、ロー

カルな市場情報など）を保有していることを前提としたものであり、現実には
経営資源を十分に保有していない加盟者も多数存在し、むしろ本部が加盟者の
経営資源不足を補うケースも多く見られる。したがって、経営資源の補完とい
う点からだけでは説明に限界がある。

　また、この資源制約論に従うなら、本部がフランチャイズで成長して十分な
経営資源をもつようになれば、直営制に戻すことになるのかどうかという新た
な命題が派生する。これは「直営回帰問題」（Dant, Kaufmann and Paswan
[1992]）と呼ばれるものであり、これについても多くの研究がなされてきたが、
それらは直営回帰が本部の成長ステージとは別の要因によって生じることを指
摘している。つまり、経営資源（資金や人材など）は、本部が成長しても常に
適切に市場から調達できるとはかぎらないことから、フランチャイズの選択は
本部の成長ステージとは無関係にどのタイミングにおいても生じ得ると考えら
れるのである。よって、資源制約問題と直営回帰問題とは単純に連動させるこ
とができない。このあたりが、現段階での議論の到達点といえる[6]。

　以上のように、資源制約論は一見すると説明力があるようにも見えるが、現
実とすり合わせていくと多くの説明限界があることが指摘されてきた。

（２）エージェンシー理論をめぐる議論

　エージェンシー理論とは、組織や組織間関係、そして人的関係を依頼人（プ
リンシパル）と代理人（エージェント）という関係から捉えようとするもので、

---

[6]　アメリカでは、1960年代末頃から本部が加盟店を買い戻す動きが業界で起きていた。恐
　らく、このようなアメリカの動向を見た研究者が直営回帰問題に関心をもったのではな
　いかと推測される。商務省の調査「Franchise in the Economy:1971-1973」および「同：
　1972-1974」によると、「ピザハット」は1968年にはフランチャイズ店が291店舗に対し
　直営店が5店舗という構成であったが、1971年にはフランチャイズ店が540店舗に対し
　直営店が460店という構成に変化したとされる。しかし、このような直営回帰の背景に
　は、カリフォルニア州を皮切りに1973年時点で全米20州に存在していたバラバラな内容
　のフランチャイズ規制法を回避する狙いが本部にあったとされ、当時の直営回帰は、そ
　もそも経営資源をめぐる現象ではなかった可能性もある。

Jansen & Meckling［1976］が企業を理論的に捉える議論に導入したのがはじまりである。以後、有権者と政治家、株主と経営者といったさまざまな関係を捉える理論フレームとなってきたが、とりわけ企業におけるコーポレイトガバナンスやフランチャイズを捉えるのに適していたことから、エージェンシー理論[7]はこの二つの領域で多用されてきた。

　具体的に述べると、フランチャイズはプリンシパルである本部がエージェントである加盟者に、店舗の運営を依頼する仕組みだと捉えられる。そこでRubin［1978］は、それまでの資源制約論に基づく説明に反論する形で、エージェンシー理論を用いてフランチャイズの選択問題を検討した。それ以降、このエージェンシー理論は、フランチャイズの理論研究において最もポピュラーな理論フレームとなった。[8]

　エージェンシー理論では、プリンシパルとエージェントとの間に「情報の非対称性」（情報格差）が存在しており、さらには「利害の不一致」も生じていると仮定されている。したがって、これを踏まえて本部（プリンシパル）と加盟店（エージェント）の間に、どのような問題（駆け引き、ゲーム）が生じるのかについて議論されるようになった。それらは「エージェンシー問題」と総称されるが、このような本部と加盟者との間に生じる問題をもとに、直営とフランチャイズのどちらが本部にとって効用が大きいのかを理論的に説明しようとする研究が進んできたのである。以下において、このエージェンシー理論から生まれた代表的な議論を簡単に説明する。

モラルハザード問題

　本部と加盟店との間に生まれる問題として、最も有名なものが「モラルハザード問題」である。これは、単なる倫理崩壊という意味ではなく、特定の状況やルールのもとで不可避的に生じる「怠業（たいぎょう）」のことをいう。

　すでに述べたように、フランチャイズの本部と加盟店との間には、情報の非対称性が存在している。つまり、互いに相手の情報を完全には把握することができない状態だということである。したがって、その隙をついた怠業が生じる

とされてきた。

　組織として見た場合、直営ならば同一組織内で店舗が運営されるため、店長が怠業をしないような統制が容易である。しかし、フランチャイズの加盟者は別の独立した組織であるため、情報の把握が十分にできず本部の統制が難しくなる。したがって、本部による加盟店のモニタリング（監督）が必要となるわけであるが、それには大きなコストがかかるとされてきた（Lafonrain［1992］、Fladmoe-Lindquist［1996］など）。また、モニタリングを困難にする要因には、コスト以外に本部との地理的な懸隔（けんかく）（距離要因）も重要だとされてきた（Brickley & Dark［1987］、Minkler［1990］、Lafontaine［1992］、Affuso［2002］など）。

　しかし、モラルハザードは直営店でも生じる。というのも、直営店では店長が給料制で雇用されている（残余請求権をもたない）ため、努力をするインセンティブが低く、怠業に陥って業績が低下することがあるとされる。これを回避するためにはモニタリングを強化することが必要となるが、特に店舗が多いチェーンの場合は、直営といえどもコストが巨額になる。したがって、このモニタリングコストが大きくなる場合には、本部はフランチャイズ制をとるほうが有利とされる。というのも、フランチャイズの店長（オーナー）は、自身の努力に見合った収入を得ることができる（インセンティブが働く）からであり、それが怠業の歯止めになると考えられるからである（Brickley and Dark［1987］、Shane［1996］など）。これが、エージェンシー理論を用いたフランチャイズ選

----

(7)　フランチャイズ研究におけるエージェンシー理論の有効性と限界については、小本［2019］によって詳細な文献サーベイに基づいた整理がなされている。

(8)　フランチャイズ研究にエージェンシー理論を適用した論考については、Lafontaine (ed.)［2005］に1976年から2005年までの主要論文が収録されている。

(9)　モニタリングコストについては、何をどのようにモニタリングするのかが明確にされることなく、単にコストが高くなることだけが強調されている点が課題である。また、フランチャイズのインセンティブについては、直営店の店長の給与にも取り入れられているためにフランチャイズ制だけのものではないことや、その効果は業務内容や報酬体系の内容によって大きく変化することが指摘されている（小本［2019］）。このように、このモラルハザード問題をめぐる議論には課題も多い。

択の説明である。

　さらに、このようなモラルハザードは本部側にも発生する（Rubin［1978］、Lal［1990］、Bhattacharyya and Lafontaine［1995］、Affuso［2002］など）。情報の非対称性によって、加盟店からは本部の情報が把握できないため、本部が加盟希望者に事業リスクを十分に開示しない、広告に適切な費用を投じない、新しいメニュー開発に注力しないなどの怠業（たいぎょう）が生じるのである。これを回避するためには、加盟者が本部に対してロイヤルティーをアップさせるなどのインセンティブを与えなければならないが、うまく回避できず加盟者とのトラブルが生じる場合は直営店が有利となる。なお、前者のように店舗側でモラルハザードが生じる状態は「シングル・モラルハザード」と呼ばれ、店舗側と本部側の両方でモラルハザードが生じる状態は「ダブル・モラルハザード」と呼ばれている。

シグナリング問題

　先述のごとく、本部と加盟候補者との間には情報の非対称性が存在する（本部の情報が加盟候補者に十分に伝わらない）ことから、そのギャップを埋めるべく、フランチャイズ制をとる本部が自ら直営店を展開して、その店舗の状況を介して加盟候補者に何らかの情報のシグナルを送るという考え方である。

　どのような情報かというと、自社のブランドに加盟すればこれだけの集客を獲得して大きな利益を安定的に得ることができるといった情報のシグナルである（Gallini and Lutz［1992］、Lafontaine［1993］など）。これは直営店の存在意義を示したものであり、直営制とフランチャイズ制の併用、つまりデュアル・チャネルがなぜ生じるのかという問題の理論的な理解にもつながる。

フリーライダー問題

　フランチャイズ制では、本部が長い時間をかけて努力を重ね獲得してきたブランド価値（知名度や社会的信用など）を、加盟者は労せずして利用し利益を得ることができる。コンビニであれ、ファストフードであれ、消費者は看板だけを見て信頼して店に入るからである。

　本来は加盟店側もこのブランド価値を低下させないように努力する義務が生じるが、それには相応のコストかかる。特に、リピーター客が少ない店（観光地などの一見客が多い店）の場合なら、店舗設備の整備や清掃、従業員の教育などを怠っても来店客数や業績に大きな変化は出ない。そこで、さまざまな怠業が生じて店舗の品質低下が起こる（Brickley and Dark［1987］）。このような加盟者の怠業は、本部や他の加盟者たちが築き守ってきたチェーンのブランド価値や信頼への「タダ乗り」を行っている行為を見なせるので、特に「フリーライダー問題」と呼ばれる。これを回避するためには、本部がコストをかけてモニタリングを強化するか、それとも直営方式に変えるしかない。

エージェンシー・スラック／エージェンシー問題

　すでに述べたように、フランチャイズ制では本部と加盟店の間に利害の不一致が生じている。基本的に、加盟店は本部（プリンシパル）のエージェントであるため、本来は本部の利益になるように行動する必要がある。本部にとっては、チェーン全体の売上や利益が増大することが収益増につながるため、加盟店にその方向での行動を要求する。しかし、加盟店からすれば、そのような行動は自身のコスト増を招くケースが多くなるため、本部の指示に従わないほうが自店の利益が増大すると考える場合も少なくない。

　このような本部と加盟店との利害の異なりに基づいて、加盟者が本部の利益に反して自身の効用だけを最大化する行動をとってしまうことを「エージェンシー・スラック（本部＝加盟者間関係のゆるみ）」と呼び、それが招く諸問題を「エージェンシー問題」と呼んでいる。内容的には、モラルハザード問題やフリーライダー問題と重なる。

　以上、代表的な二つの理論とそこから生まれた議論を見てきた。このような問題を基にさまざまな理論仮説が演繹的に導かれ、その実証が行われてきたのである。ここでいう実証とは、仮説を判定・測定するための代理変数を設定し、モデルを構築して回帰分析を行い、その結果の解釈を行うことである。

8 フランチャイズの理論研究がもつ基本的な課題

　前述のごとく、アメリカを中心とする英語圏の理論研究には多くの蓄積が見られるが、各論文の構成概念や代理変数などに対しては、我が国でもこれまでに多くの疑問や課題が指摘されてきた。特に実証分析については、構成概念を構築する際の論理の欠陥や要因の見落とし、代理変数の不適切さ、そして日本の実情との齟齬などが多数指摘されてきたのである（たとえば北島・崔[2011]、小本[2019]など）。

　しかし、英語圏の個別論文に対する吟味はひとまず脇に置き、より俯瞰的に全体を見渡すと、根本的な次元でこれまでの研究が内包してきた基本的な課題が見えてくる。以下において、何点か述べたい。

本部目線の研究への偏り

　まず、基本的にこれまでの研究の多くは本部＝フランチャイザーの側からの研究であったことが指摘できる。フランチャイズの理論研究の二つの命題、すなわち「チャネル選択問題」も「加盟金・ロイヤルティー問題」も共に、なぜ本部がそのような選択をするのか、本部はどのようにすれば加盟店を効果的に統制できるのか、といった本部の問題に帰結する命題であった。また、フランチャイズの二つの基盤理論である「資源制約論」も「エージェンシー理論」も共に、そのほとんどが本部目線から「本部＝加盟者関係」を捉えたものであったといえる。

　このように、本部の立場からの研究が多かったのであるが、かといって本部について十分な研究蓄積がなされてきたかといえばそうでもない。これまでの研究においてもいくつかの課題が示されてきた。

　一つ目は、本部間での競争の問題である。チャネル選択問題においては、たとえば同業者間での出店競争が激しい場合を想定すると、出店スピードの増強と、消費者認知度が高くなる立地の確保が競争優位性をもたらすと考えられる。

そのため、より短期間で多数の出店が可能となるフランチャイズ方式が選択されると共に、アピール効果が高い立地の確保が迅速にできる直営出店方式が併用される可能性もある。また、加盟金やロイヤルティーの設定問題においても、水平的競争関係や戦略的な価格設定あるいは加盟店の囲い込みを通じた参入阻止効果などが考慮される必要がある（丸山・山下 [2010]）。

　二つ目は、業種や業態ごとの違いの問題である。これまでの理論研究では、本部はどれも同質であり、同じ意思決定をするものとして捉えられてきた。また、本部＝加盟者関係を考える際も、本部や加盟者のバラエティーは考慮されてこなかった。しかし、そもそも外食系、小売系、サービス系では、同じフランチャイズといえども合理的な意思決定の背景が異なる可能性がある。また、同じ外食系でも、ファストフード、フルサービス・レストラン、カフェといった業態の違いも合理的な意思決定を異なるものにする可能性があろう。

　この問題はすでに指摘がなされてきた。小本 [2019] は、理論面の課題として、フランチャイズと一口に言っても実際には形態が多様であり、形態によって加盟者に期待される役割が異なることを認識すべき、としている（55ページ）。また、丸山・山下 [2010] は、フランチャイズ契約の内容が業種ごとの特殊な要因にも依存することを指摘している（34ページ）。

　三つ目は、本部と加盟者との機能分担に関する問題である。従来は、本部がすべてのノウハウを開発し、マニュアル化して、加盟者はそのマニュアルに沿って実行するだけという本部中心の捉え方がなされてきた。しかし、加盟者は店舗周辺の市場情報を本部よりも豊富に有していることが多く、また店舗運営を続けるなかで本部のマニュアルを超えた新たなノウハウを獲得する可能性もある[10]。

　白石 [2016] は店舗周辺の市場情報に着目し、本部による市場情報の探索費用の節減がフランチャイズ制の選択に与える影響を検討し、さらに加盟者が新しい知識やルーティンを探査・発見していくプロセスを説明している。このよ

---

[10]　大規模な法人フランチャイジーを例に、加盟者が独自のノウハウを獲得することを示した論考として、新原・高岡 [2004] がある。

うな加盟者が保有する独自の知識が本部に対して果たす機能（役割）について
は、さらなる研究が必要であろう。

　以上のような課題は、理論をよりリアリティーのあるものに進化させるのに
不可欠なものといえる。

フランチャイジーの研究の少なさ

　本部目線に偏った研究の多さは、すなわち加盟者目線での研究が少なかった
ことを意味する。加盟者の研究の少なさについては、これまでも指摘がなされ
てきた（Bordonaba-Juste and Polo-Redondo［2008］、犬飼［2008］、Badrinarayanan
et al.［2016］など）。もちろん、論文中に「加盟者＝フランチャイジー」が登
場するものも多数見られるが、ほとんどは本部と加盟者との関係を検討したも
のであり、議論の主役はあくまで本部であった。なかには、フランチャイズ組
織におけるフランチャイジーの重要性を強調するものもあるが、それも本部と
の関係性のなかでの議論である。

　フランチャイジーを正面から捉えたものとしては、フランチャイズの加盟動
機を分析した（Peterson and Dant［1990］）、フランチャイジーの業績や廃業率
を分析した Bates［1998］や Williams［1999］、フランチャイズへの加盟行動を
検討した Kaufmann［1999］や Williams［1999］、日本における加盟行動を分析
した小本［2005］、マルチユニット・フランチャイジーの加盟動機（起業型か
投資型か）を検討した Grünhagen and Mittelstaedt［2005］、新規開業企業の業績
に与えるフランチャイズ加盟の影響を検証した小本［2006］、フランチャイジ
ーの失敗の分析をした Holmberg and Morgan［2007］、フランチャイジー店長と
従業員店長の意識を比較分析した犬飼［2008］、フランチャイジーのパーソナ
リティーと複数店運営との関係を分析した Weaven et al.［2009］、消費者（弱
者）としてフランチャイジーを捉えた Buchan［2013］、最初の加盟動機とその
後の複数店舗化の動機とを比較した Dant et al.［2013］、複数店経営の加盟者の
パーソナリティーを分析した小本［2014］、フランチャイジーの人的資源管理
と業績の関係を分析した Croonen et al.［2016］などの研究が見られる。

しかし、全体からすると極めてかぎられているというのが実態であり、この点が大きな課題といえる。

法人フランチャイジー問題

　フランチャイジーの側からの研究を進めるにあたって考えねばならないことは、フランチャイジーにおける多様性（バラエティー）の問題であろう。つまり、一口にフランチャイジーといっても多様なものが存在するのである。

　従来の理論的な研究では、本部と加盟者との間での多様な意思決定が演繹的に導かれてきた。しかし、その場合、加盟者は個人であるのか法人組織（企業）であるのか、1店舗のみの運営者なのか複数店舗の運営者であるのか[11]、一つの本部（ブランド）だけに加盟しているのか、複数の本部（ブランド）に加盟しているのか、といったことは厳密に議論されることはなかった。

　端的にいうなら、従来の理論研究は、一つの本部だけに加盟し、1店舗だけを運営する個人フランチャイジーを想定しており、それを前提に理論仮説が設定されたり、結果が解釈されてきた。従来の理論が1店舗オーナーを前提にしていたことは、Grag and Rasheed［2003］や Hussain and Yaqub［2011］などにおいても指摘されてきた[12]。

　もちろん、従来の研究が加盟者のバラエティーをまったく見てこなかった訳ではない。アメリカには、法人フランチャイジーによく似た複数店舗を展開する「マルチユニット・フランチャイジー（Multi-unit Franchisee）」と呼ばれるものが存在しており、近年はオーストラリアや欧州でも増えつつある。そのため、マルチユニット・フランチャイジーの増加と共に、多店舗を運営するフランチャイジーの行動や意思決定に着目した研究は少なからず見られる。

[11]　複数店経営の加盟者に関する先行研究は、小本［2014］が整理をしている。
[12]　小本［2019］では、Rubin［1978］が、加盟者は独立事業者ではあるが本部が強くコントロールできる本部の従業員に近い存在だという加盟者イメージを示したことに対して、「数十店舗といった多くの店舗を所有する巨大な加盟者が多数登場している」現状を指摘したうえで、現状と前提が大きく異なっている可能性があることを指摘している（28ページ）。

しかし、それ以外の加盟者のバラエティーについてはほとんど関心が払われてこなかった。特に英語圏では、そもそも加盟者が個人か法人かという視点から捉えることはなく、したがって加盟者が専業か兼業かといった視点も育ってこなかった。このようなことから、日本に多数存在する兼業型の法人フランチャイジーへの眼差しも、これまでの英語圏の研究では皆無であった。

このような加盟者の特性の異なりに着目するなら、フランチャイジーの意思決定はもちろん本部側の意思決定も、従来考えられてきたものとは異なるものになるであろう。とりわけ兼業型の法人フランチャイジーは本業の影響を受けることになるため、従来の研究で前提とされてきた専業型のフランチャイジーとは異なる意思決定行動をとると考えられる。

このような研究の前提条件に関する再検討は、何よりも従来の理論の理解に大きな影響を与えると考えられる。そこで、以下では法人フランチャイジーの存在が資源制約理論とエージェンシー理論に与える影響を見てみたい。

資源制約論の課題

法人フランチャイジーのような加盟者、特に兼業型の法人フランチャイジーを想定するなら、資源制約論をめぐる議論は従来ものとは異なったものとなる。まず、資源制約が大きな初期段階の本部が個人ではなく法人と契約した場合は、法人のほうが個人よりも相対的に資源保有量が大きいため、本部資源の補完度も大きくなる可能性が高い。また、法人フランチャイジーが複数店舗を出店する場合は、経営の安定度も高まる可能性があろう。前述したように、1店舗運営の個人フランチャイジーの場合は、赤字になれば閉店に追い込まれる可能性も高いが、複数店舗を展開する場合は赤字店が出ても他店の収益で補完して運営が継続できるからである。

したがって、個人加盟を前提とした場合よりも法人加盟を前提とした場合のほうが資源制約論の論理は成立しやすいと考えられる。資源制約論を検証した過去の研究では、筆者が見るかぎり個人フランチャイジーが前提とされており、法人フランチャイジーは視野の外にあったことから、法人フランチャイジーを

前提とした検討が行われる必要があろう。

　これは、直営回帰問題についても言える。一例として、本業がスーパーのチェーンである法人フランチャイジーを考えてみよう。つまり、多店舗展開を行うスーパーが自身の各店内にファストフード店などを出店して、集客力を高める目的でフランチャイズに加盟したケースである。その場合、店舗立地は加盟者が経営するスーパーの店内であるため出店が容易であり、出店スピードは上昇する。また、加盟者自身の店舗内なので賃料も抑制することができ、スーパーとの相乗効果で集客力も高いことから一定の収益が安定的に望める可能性がある。さらに、加盟者であるスーパー側は、資金や人材、そして地域の消費市場に関する情報も十分に保有している可能性が高い。

　このようなケースでは、本部側に資源の制約があろうがなかろうが、本部は当該スーパーとのフランチャイズ契約を継続するであろう。つまり、本部に資源制約がない場合でも、フランチャイズ制が選択（維持）されるのである。このように、直営回帰問題も、法人フランチャイジーを想定するなら従来とは異なるものになってくる。

エージェンシー理論の課題

　エージェンシー理論によるフランチャイズの説明限界の一つに、全体の論理が個人主義的な効用に基づく動機づけを前提としていることがある。特に店長の意思決定がもたらすモラルハザード問題やフリーライダー問題、それらの回避をめぐる議論を見ると、明記はしていないものの、加盟者が1店舗だけを運営する個人フランチャイジーであることを前提としている。

　しかし、加盟者が法人の場合は話が変わってくる。その場合は、店長は法人フランチャイジーに雇用された社員である。すなわち、個人フランチャイジーの店長（オーナー）のように収入にインセンティブが働くわけではないので、インセンティブを軸としたフランチャイズの優位性の議論は成立しなくなる。

　また、多店舗を運営する法人フランチャイジーの場合は、自社が運営するどこかの店舗でモラルハザード問題やフリーライディング問題が生じると、自社

内の他の運営店舗に影響が生じることから、法人フランチャイジーが社内での教育やモニタリングを強化する意思決定をとると考えられる。その点では、本部側のモニタリング・コストは低下することになるが、それ以上に重要なことは、多店舗を運営する法人フランチャイジーは本部と利害が一致する部分を有することである。したがって、従来のような「本部と加盟者間の利害の不一致」という前提は、弱まるか成立しないことになる。

　このように考えていくと、法人フランチャイジーを想定した場合は、単純にそれを本部のエージェントと捉えることには限界（無理）があるのではないかという疑問が湧いてくる。つまり、本部と法人フランチャイジー（特に多店舗を運営するもの）との関係は、「主従関係的なプリンシパル＝エージェント関係」ではなく、たとえば「協働的パートナーシップ関係」、あるいは「戦略的パートナーシップ関係」、さらには「共創的関係」といった視点から捉える必要もあると考えられる。

法人フランチャイジーの意志決定問題

　以上、加盟者の視点からの研究、とりわけ法人フランチャイジーという加盟者を視野に入れたフランチャイズ研究の必要性を提示したが、もちろんここで挙げた課題はその一部にすぎない。これまでの理論研究で展開されてきたロジック、あるいは合理的な意思決定とされてきたものは、どのような加盟者を前提とするのかで大きく異なってくる点が重要である。その意味でも、とりわけ従来は視野の外に置かれてきた法人フランチャイジー（特に兼業型のもの）の意思決定問題を解明することが重要となっている。

9 ｜ 理論研究の新しい課題

　以上のような従来の理論研究が有する課題を踏まえるなら、フランチャイズの理論研究における新たな課題がいくつか浮上する。

課題1

　一つ目は、本部が加盟者として個人を選ぶか法人を選ぶか、という新たな視点の存在である。すでに述べたように、伝統的には直営かフランチャイズかというチャネル選択が理論研究の命題となってきた。しかし、フランチャイズには個人と法人があるので、直営か個人加盟フランチャイズか、直営か法人加盟フランチャイズか、そして直営か個人・法人両加盟のフランチャイズか、という三つの組織形態に関する選択が課題となる。もちろん、デュアル・チャネル問題を考える際も、直営と個人加盟とのデュアル、直営と法人加盟とのデュアル、直営と個人・法人両加盟とのデュアルを考える必要があろう。

　なお、本部が個人募集を選択する条件、法人募集を選択する条件を考える際には、本部が提供するフランチャイズパッケージの特性を考慮する必要もあると考えられる。たとえば、初期投資額が大きかったり、投資回収までに時間がかかったりするパッケージの場合は、必然的に個人加盟が困難になるからである。

課題2

　二つ目は、多数の店舗を運営する法人フランチャイジーの意思決定行動である。従来の議論では本部と加盟者は利害が異なるため（利害の不一致）、両者は対立的な意思決定行動をとりやすいと見なされてきた。それが、モラルハザード問題やフリーライダー問題といった議論を生み出した前提であった。しかし、すでに指摘したように、多数の店舗を運営する法人フランチャイジーは、むしろ本部と似た視点から意思決定を行う可能性が高い。このような法人フランチャイジーの意思決定問題について検討する必要がある。[14]

　なお、業界では、このような多店舗型の法人フランチャイジーを「メガフラ

---

(13)　複数の主体が対等な関係で相互の知見やノウハウを提供・共有しつつ一つの目標に向かって進んでいく関係性のことで、看護学などの分野で看護師と患者の関係性に用いられている。

(14)　多店舗を運営するフランチャイジーの意思決定については、マルチユニット・フランチャイジーの研究で検討されているものもある（Grag and Rasheed［2003］など）。

ンチャイジー」と呼んでいる。したがって、メガフランチャイジーの実態を明らかにすることも求められている。

課題3

　三つ目は、加盟者側がどのような本部（ブランド）を選択するのかという問題である。これまでは、情報の非対称性が存在することから、本部がいかにそのギャップを埋めるべく加盟者に間接的な情報発信をするのかという直営店のシグナリング効果に注目が集まってきた。しかし、加盟者を中心に考えるなら、加盟者がいかに本部から情報を引き出して加盟すべき本部を選別するのか、といったスクリーニングの理論にも関心が置かれるべきであろう。

　ただし、これも加盟者が個人か法人か、専業か兼業かによって議論が異なる。まず、個人フランチャイジーの場合は、資金や人材に限界が多いこと、生業的に営まれること、そしてフランチャイズで起業をした専業者であることなどが本部選択に影響を与えると考えられる。しかし、法人フランチャイジーの場合は、資金や人材に比較的余裕があること、企業的に（事業ポートフォリオの一つとして）営まれること、戦略的な視点が入ることなどが、本部選択に影響を与えることになるであろう。

　とりわけ重要となるのは、兼業型の法人フランチャイジーの本部選択である。その場合は、本業との関係が与える影響が想定されるからである。つまり、加盟しようとするブランドが運営ノウハウや市場を本業とどの程度共有するものなのか、本業とのシナジー効果がどの程度望めるものなのか、といった要素が選択のカギをもつと考えられる。

　このような問題については、従来の理論研究（英語圏も日本も）が検討してこなかったものである。したがって、特に兼業型の法人フランチャイジーに焦点を当て、本業との関係から本部選択行動を検討する必要がある。

課題4

　四つ目は、本部と加盟者間のパワーバランス問題である。エージェンシー理

論では、基本的には生業的に店舗運営を行う個人フランチャイジーを加盟者として想定しているため、本部が「主（ノウハウを保有する強者）」で加盟者が「従（本部の指示に従って店舗を運営する弱者）」という暗黙の前提があった。

　しかし、加盟者が法人フランチャイジー（特に兼業型）である場合は話が変わってくる。なぜなら、法人フランチャイジーは、複数の異業種・異業態ブランドに加盟することが多いため、本部同士を比較することが可能であるし、同じ企業経営者としての立場から本部の経営戦略や指示を理解・評価することもできるからである。さらに、経営資源（資金力や人材）の保有度が本部を上回る場合もあるだろうし、企業経営者としての経験値（知）や店舗運営者としての経験値（知）が本部よりも豊かである場合もあろう。また、ある部分においては本部以上のノウハウを保有していることもあろう。

　したがって、本部とのパワーバランスが同等、もしくはそれを上回ることも生じ、加盟者側が本部の成長をけん引する（本部に対して指導的役割を果たす）ケースもあると考えられる。これは、エージェンシー理論の枠を超えたものである。

　法人フランチャイジーが多数の店舗を運営する場合は、加盟者側のパワー（本部との交渉力など）はさらに高まることになる。というのも、多数の店舗を運営する法人フランチャイジーが何らかの理由で脱退すれば、本部は一気に店舗を減らし、場合によっては特定エリアの市場を失うことにもなるからである[15]。したがって、法人フランチャイジーの資本規模や本業の売上高だけでなく、加盟年数や加盟ブランド数・店舗数規模についても、本部に対する相対的なパワー（立場）を示す代理変数として捉えることができる。

　アメリカでは、複数の店舗を運営するマルチユニット・フランチャイジー[16]と本部との関係において同様の問題が生じていると考えられるが、このような本

---

[15]　日本ではコンビニの「サンクス」の大規模フランチャイジー（エリア本部）が、2011年から2014年にかけて相次いで脱退し、「ローソン」や「セブンイレブン」などに転換したケースが存在する。
[16]　当初から複数の店舗を開店することを前提に加盟契約を結んだフランチャイジーのこと。第1章で詳述する。

部と加盟者とのパワーバランス問題については、これまでほとんど議論がなされてこなかった問題といえる。

課題5

　五つ目は、研究（論文）自体の背景に関する解明である。すなわち、アメリカなどの英語圏の研究が暗黙裡に想定しているフランチャイズの実態と、日本のフランチャイズの実態との相違に関する検討である。日本の理論研究は、英語圏の研究を丹念にサーベイし、そこで展開されている構成概念や検証結果を日本の実態にすり合わせながら解釈するという手法をとってきた。しかし、英語圏の研究における理論と、日本での実態が合致しないことも指摘されてきた（北島・崔［2011］）。

　この背景には、アメリカと日本との実態の違いが影響していることが考えられる。たとえば、すでに述べたように英語圏の理論研究は個人加盟者をベースに組み立てられているが、日本には法人フランチャイジー、特に兼業型の法人フランチャイジーが数多く見られるという実態がある。加盟者が個人と法人とでは、「合理的」な意志決定が変化する可能性が高い。

　しかし、これまでアメリカと日本の実態の相違については、さほど関心が払われてこなかった。したがって、その相違を確認することが英語圏の理論研究に対して正確な理解をもたらすと共に、有効性のある日本での議論を導くものといえよう。この問題については補章（269ページから）で取り上げたい。

10 本研究の目的と分析手法

目的

　以上の研究課題を踏まえて、本書は三つのことを目的としたい。

　一つ目は、法人フランチャイジーの実態解明を通して、フランチャイズの理論研究に新たな視座を提供することである。この法人フランチャイジーという

存在は、アメリカをはじめとする英語圏の研究においては視野の外に置かれてきたことから、その実態解明は今後のフランチャイズ研究全体に新たな議論を提供することになろう。具体的には、法人フランチャイジーの意思決定特性、日本における歴史的拡大プロセス、独自データベースを基にした日本の概要把握、メガフランチャイジーの特性、兼業型における本業との関係性、それに法人フランチャイジーが有する可能性の検討を行う。

　二つ目は、法人フランチャイジーの実態分析を行うことで、中小企業の事業戦略の実態に迫ることである。日本の法人フランチャイジーのほとんどは中小企業であるが、なかでも兼業型でフランチャイズに加盟することは「事業の多角化」という視点から捉えられてきた。

　多角化については、経営学では新たな製品開発や市場開拓を念頭に、製造業が社内に蓄積された資源（技術）を用いた多角化や、買収や合併などを通した多角化が想定されてきた。(17)しかし、フランチャイズを活用した多角化は、比較的小さな投資で、しかも短期間に低リスクで内部資源と無関係な新しいノウハウのすべて（商品やノウハウのみならずブランド性も含めて）がワンパッケージで入手できる点に特徴がある。したがって、本業との関連性が低い異分野事業への多角化（進出）が多く見られる点が、従来の製造業を基本とした多角化との違いといえる。

　このあたりの実態を明らかにしたい。また、海外進出や独自ブランドの開発など、中小企業がフランチャイズ加盟をきっかけに新たな成長機会を獲得している実態も解明していきたい。

　三つ目は、法人フランチャイジーと地方経済との関係を探ることである。法人フランチャイジーは、のちにも明らかにするように大都市部のみならず地方圏にも多数存在している。それを踏まえて、地方における消費経済のなかでの存在意義、役割などを探りたい。それを通して、人口減少時代の地方経済の再生や地方創生にとって、法人フランチャイジーが新たなアクターとなる（カギを握る）可能性を示唆したい。

(17)　吉原英樹ほか［1981］。

分析手法

　法人フランチャイジーに関する資料は皆無に近いのが実態であり、それが研究の大きな壁となってきた。そのため本研究では、筆者自身によるデータベースの構築と分析およびヒアリング調査を手掛かりとして目的に迫った。

　まず、データベースには２店舗以上の法人フランチャイジーが1,500社余り収められているが、そのうち一定の条件を満たした1,310社を分析の対象としている。次に、ヒアリング調査は全国にあるさまざまなタイプの78社の法人フランチャイジーを対象に実施し、経営者（およびフランチャイズ事業の担当責任者）の認識を調査したものである。このヒアリング調査は、さらに８社の本部に対しても実施し、本部側の法人フランチャイジーに対する認識も探った。それらのデータやヒアリング調査の詳細は第４章で述べる。

　本書は、このような独自データベースの分析やヒアリング調査を通して、初めて法人フランチャイジーの実態に迫ったものである。

11 本書の構成

　本書の構成は、以下のごとくである。

　まず**第１章**では、法人フランチャイジーの定義や個人フランチャイジーとの違い、意思決定上の特性、タイプ分類の検討などを行う。これは、今後の法人フランチャイジー研究の基盤となるものであるが、特に先述の**課題１**に寄与するものといえる。

　第２章と**第３章**では、法人フランチャイジーがどのようにして日本で拡大したのかを時代を追って明らかにする。特に、日本の法人フランチャイジーの大部分を占めている中小企業の兼業型加盟がどのように拡大したのかを解明する。この日本の法人フランチャイジーに内在する歴史的経緯は、**課題１〜５**のすべてに基本的な知見を与えるであろう。また、アメリカでは比率が低い法人フランチャイジーがなぜ日本で拡大したのかという疑問への答えは、特に**課題５**に

寄与することとなろう。

　第4章と第5章では、法人フランチャイジーの実態を分析する。まず、第4章で本研究における分析の基盤である独自データベースの構築方法や概要について述べ、それを基にして法人フランチャイジーの全体数を推計する。また、ヒアリング調査の概要と対象法人の特性についても述べる。次に、第5章ではそのデータベースの単純分析を行い、法人フランチャイジーの全体像に迫る。特に、タイプ別の分析を行うことで、法人フランチャイジーが有する特性を明らかにしたい。これにより、これまで謎が多かった法人フランチャイジーの実像が明らかになる。

　第6章では、大規模な法人フランチャイジーのなかでも、特に店舗数規模が大きなメガフランチャイジーの分析を行う。また、アメリカや新興市場におけるメガフランチャイジーの実態にも触れ、日本との違いを捉えたい。これにより、法人フランチャイジーが、グローバルな消費を考える場合のテーマであることを示す。

　第7章では、日本で多く見られる兼業型の法人フランチャイジーの分析を行う。なかでも、本業とフランチャイズの本部選択との関係を解明する。これは、特に課題3に寄与するものである。

　第8章では、ヒアリング調査の成果に基づいて、法人フランチャイジーの意思決定の実態について分析を行う。すなわち、課題2の意思決定の特性、課題3の本部選択の基準、課題4の本部とのパワー関係問題について、ヒアリング結果を基に解明していきたい。

　第9章では、本書が第二・第三の目的として掲げてきた、中小企業、地方企業という視点から改めて法人フランチャイジーを捉え直すことを行いたい。まず、中小企業がフランチャイズに加盟する意義、加盟がもたらした新たな可能性を明らかにし、次に地方圏の法人フランチャイジーが果たしている役割について整理したい。これにより、法人フランチャイジーの研究が、フランチャイズ研究の域を超えて、中小企業研究や地方の消費経済研究、さらには地方創生問題などとも関係するものであることが理解できよう。

　最後に**補章**では、フランチャイズ研究の基盤的課題を検討した。すなわち、フランチャイズの概念整理と**課題5**のアメリカとの相違の整理である。これまでの研究ではフランチャイズそのものの理解を曖昧にしたまま、あるいはアメリカと日本との社会経済的な背景の違いを看過したまま議論が進められる傾向が見られた。そこで、そもそもフランチャイズという仕組みをどのように理解すべきなのか、アメリカの実態と日本の実態は何がどのように異なるのかといった今後の研究に向けての課題を最後に検討することにした。

　本書が、法人フランチャイジーという存在を広く知らしめ、それへの理解を深めると共に、フランチャイズの研究に新たな視座を与えることを願っている。

第 **1** 章

法人フランチャイジーとは何か
―その特性と研究の意義―

1 新しいフランチャイジー像

　序章でも述べたように、日本のフランチャイズの大きな特性は、法人（企業）による加盟が7割を占めていることであった（経済産業省［2008]）。また、法人フランチャイジーには専業型のものと兼業型のものとがあるが、筆者の調査によると、現状では全体の約6割を専業型が占めるものの、加盟時点で捉えると、逆に全体の約6割が兼業型で中小企業が加盟をしたものであった（第5章参照）。この法人による兼業型での加盟は、序章で見たようにアメリカでは30%に留まるとする資料もあることから、法人による兼業型での加盟の多さは日本のフランチャイズの大きな特徴といえる。

　日本での法人フランチャイジーの拡大プロセスについては第2章と第3章で詳しく述べるが、中小企業の兼業型の法人フランチャイジーは1970年代に登場し、1990年代後半から2000年代にかけて急増した。急増の背景には、中小企業の業容拡大や多角化、あるいは本業の不振を補う新規事業開拓といった戦略的な狙いがあった。つまり、日本においては、フランチャイズという仕組みが中小企業における事業戦略のためのツールという新たな意味を獲得してきたのである。

　また、現在の日本の法人フランチャイジーのなかには、多様な業種・業態の
ブランドに加盟し、複雑な事業ポートフォリオを管理したり、自社の独自のノ
ウハウを用いながら本部のノウハウを改善・進化させるものも見られる⁽¹⁾。すな
わち、日本の法人フランチャイジーは、単に本部のフランチャイズパッケージ
を購入して、それを実行するだけの本部依存的な存在ではなく、独自の企業的
思考に基づいて意思決定を行う存在だといえる。これは、本部のノウハウに全
面依存して起業し、かつ生業としてそれを営む個人フランチャイジーとはまっ
たく異質な存在である。

　しかし、日本の法人加盟や法人フランチャイジーについては、資料上の制約
からこれまでほとんど学術的な分析がされてこなかった。そこで本章では、研
究が遅れてきた日本の法人加盟や法人フランチャイジーに光を当て、その定義、
意思決定の特性、類型などを整理検討することで今後の研究に向けた基盤をつ
くりたい。

2　日本における法人フランチャイジーの研究

　さて、日本の法人フランチャイジーについては、これまでどのような調査や
研究がなされてきたのであろうか。

　法人フランチャイジーが初めて雑誌に登場したのは、『月刊フランチャイズ
システム』の1973年1月号が「杉崎商店」（東京都）を紹介した記事であった。
同社は、靴、居酒屋、ラーメンのフランチャイズ店を計7店運営していたが、
当時はこのようなものが珍しかったために注目されたと思われる。しかし、そ
の後は長らく法人フランチャイジーが雑誌に掲載されることはなく、『商業
界』の1989年11月号が「タニザワフーズ」⁽²⁾（愛知県）を紹介するまで長い空白
があった。同社は当時すでに92店舗、年商100億円超の規模に成長していた。

　法人フランチャイジーは業界では認知されていたが、1980年代になって大規
模な法人フランチャイジーが出現したり、中小企業による転業や多角化を目的

とした加盟が注目される（『月刊中小企業』1990年7月号の記事）ようになり、改めてその存在が意識されるようになったのである。したがって、法人フランチャイジーが耳目を集めはじめたのは1990年前後からであったといえる。

とはいえ、法人フランチャイジーに関する著作や雑誌記事が増えるようになるのは、2000年頃になってからのことであった。2001年には、フランチャイジーを主たる読者とした初の専門雑誌『Franja（フランジャ）』（トーチ出版）も創刊された（2016年休刊）。特に注目を集めたのは、「メガフランチャイジー」と呼ばれる大規模法人フランチャイジーであった。メガフランチャイジーという用語はアメリカでも見られるが、日本でもアメリカでも業界用語として広まってきたことから学術的な定義があるわけではない。日本では、中小企業診断協会東京支部のフランチャイズ研究会が定めた「フランチャイジーが多数（通常30店舗以上）の店舗を経営しているか、または、フランチャイジーとしての売上高20億円以上の規模のフランチャイジー」という定義が広く受け入れられている。(3)

また、2000年頃からは、業界雑誌でメガフランチャイジーの経営者が成功者として紹介されるようにもなった。その結果、法人フランチャイジーと共にメガフランチャイジーへの関心も高まり、著書や調査報告書、論考、雑誌記事が次々に出された。(4)とはいえ、学術的な研究については本格的な展開を見せなか

⑴　2018年5月〜9月に行った予備的調査を踏まえて、2019年5月から2020年1月にかけて行った法人フランチャイジー計78社に対する筆者のヒアリング調査で得た知見である（第8章参照）。

⑵　タニザワフーズは、元々は愛知県岡崎市でニット子供服の製造販売を営む「谷澤ニット商事」であったが、1970年代に入ると繊維産業の先行きに不安を覚えるようになった。そんな折、すでに不動産業も営んでいた関係から、ステーキの「あさくま」が岡崎市で出店先を探しているという情報を入手する。そこで「あさくま」に加盟し、1975年にフランチャイズ店を出店した。この店が予想以上に繁盛したことから、1977年には隣接地に「ロッテリア」のフランチャイズ店も出店し、同年、飲食フランチャイジー専業企業に転換、社名を「タニザワフーズ」に変更した。

⑶　同研究会が、商業界別冊『ビッグチャンス』2000年7月号の用語定義集で公表した定義。2005年に出された同研究会の『メガフランチャイジーに関する調査研究報告書』においても採用されている。メガフランチャイジーについては、第3章と第6章も参照のこと。

った。経済産業研究所［2003］や中小企業診断協会東京支部［2005］による調査報告、新原・高岡［2004］といった学術的な論考も見られたものの、残念ながら法人加盟や法人フランチャイジーに関する学術研究はその後進まなかった。

その根本的な要因は、法人加盟や法人フランチャイジーに関する基礎的な資料が存在しないことが挙げられる。そもそも、法人フランチャイジーについては企業リストすら存在しないのが現実である。日本にはフランチャイジー（加盟者）の業者団体は存在しないし（序章参照）、本部側も加盟者に関する情報を開示していないからである。

また、法人フランチャイジー側も、自身はあくまで「黒子」として店を運営しているという意識が強く、積極的に情報発信を行っていない。現在に至っても、ホームページすら開設していない法人フランチャイジーが非常に多いというのが実態である。筆者の調べでもホームページの開設率は約３割に留まっている（第４章参照）。なかには、30店舗以上もの店舗を運営しながらホームページがなく、法人の詳細が把握できないケースすらある。さらには、アメリカをはじめとする英語圏では法人加盟や法人フランチャイジーに関する研究がなされてこなかったため、参照すべき論考が存在しないことも研究が進んでこなかった要因であった。

3 法人フランチャイジーとマルチユニット・フランチャイジー

（1）日本とアメリカとの捉え方の違い

ところで、現代的なフランチャイズの発祥の地であるアメリカでは、日本のような法人加盟や法人フランチャイジーという概念や視角がほとんど見られない。つまり、フランチャイジーに対して、日本のように個人か法人（企業）かという経営組織的視点から区分して捉えることは行われてこなかった。それは「法人フランチャイジー（corporate franchisee）」という用語自体を、英語の学

術文献ではほとんど見かけないことからもうかがえる。

　その代わり、アメリカでは1店舗か複数店舗か、1ブランド加盟か複数ブランド加盟か、という視点から捉えることが以前から行われてきた。複数店舗を開発して運営するものは「マルチユニット・フランチャイジー（Multi-unit Franchisee, MUF）」と呼ばれ、複数ブランドに加盟するものは「マルチブランド・フランチャイジー（Multi-brand Franchisee, MBF）」と呼ばれている。

　しかし、このアメリカのマルチユニット・フランチャイジーは、日本でいうところの法人フランチャイジーとはかなり異なる存在であることに留意が必要である。というのも、それは文字通り「複数店舗を所有するフランチャイジー」という意味ではなく、「あらかじめ本部に店舗開発計画（開発地域、出店予定数、出店期限など）を示して開発契約を交わしたフランチャイジー」を指すからである。「エリアディベロッパー」、「エリアフランチャイザー」とも呼ばれ、本部の店舗開発の一部を代行する存在となっている。また、このなかには本部から「サブフランチャイズ権」を与えられているものや、「エリア代理人」として機能しているものもある。(5)

　このようなマルチユニット・フランチャイジーは、近年は法人である場合が多いので、日本の法人フランチャイジーと同じ存在のようにも見える。しかし、両者は性格が異なるものである。その違いは以下の5点にまとめられる。(6)

---

(4)　小林・リンク総研［2002］、経済産業研究所［2003］、新原・高岡［2004］、中小企業診断協会東京支部［2005］、新原［2006］、黒川［2006］、杉本・伊藤［2006］）など。

(5)　マルチユニット・フランチャイジーについては、Backoff et al.［2015］に詳しく説明されている（70〜90ページ）が、この部分の要点は小本［2018］にまとめられている。なお、ここに記した「サブフランチャイズ権」をもつものは、日本の「エリア本部」に近いものであり、「エリアディベロッパー」のように開発の期限が決められているわけではない。また、「エリア代理人」とは、当該エリアでの加盟開発（加盟勧誘）を担当するものであり、契約自体は加盟者と本部が直接行うが、エリア代理人は加盟金とロイヤルティーの一部が受け取れる。

(6)　筆者が管見するかぎり、マルチユニット・フランチャイジーと日本の法人フランチャイジーとを正確に比較した文献や資料は存在しない。ここで指摘した5点は、英語圏の文献のなかで想定されている（前提とされている）マルチユニット・フランチャイジー像を整理し、それを日本の法人フランチャイジーの実態と比較したものである。

❶ マルチユニット・フランチャイジーは「事前に」複数出店の開発計画を本部に示して、本部との間でマルチ開発契約（Multi Development Agreement）を交わしたものをいうが、日本の法人フラチャイジーは1店舗で開始して逐次的に店舗を増やし、「結果的に」複数店舗化したものが多い。

❷ シングルユニット・フランチャイジーとマルチユニット・フランチャイジーとの違いは、端的には1店舗ごとに契約を行うか複数店舗まとめて契約を行うか、という点にある。日本で多店舗化した法人フランチャイジーの場合は、基本的に1店舗ごとの契約を繰り返して多店舗化したものであるため、たとえ100店舗に達していたとしても、基本的にシングルユニット・フランチャイジーに分類されることになる点には注意が必要である。

❸ マルチユニット・フランチャイジーはすべて複数店舗の運営者であるが、日本の法人フランチャイジーには、法人として加盟したものの、1店舗だけに留まっているものも少なくないので、法人フラチャイジーのすべてが複数店舗運営者とはかぎらない。

❹ マルチユニット・フランチャイジーはフランチャイズ専業のものがほとんどと考えられる。兼業型のものがあるとしても、実際には大量出店の契約をした（たとえば、州単位でのマスターフランチャイズ契約(7)を行った）大規模法人（大手小売業など）が多い。これに対して、日本の法人フランチャイジーは他に本業をもつ兼業型の中小企業が多い。

❺ マルチユニット・フランチャイジーには、法人だけでなく個人や個人事業主も多数含まれる。むしろ、元々は個人加盟者が中心であった。アメリカの個人や個人事業主の加盟者には大きな資産を有する人（投資家）も多く、日本の個人や個人事業主とは異なるからである。これに対して日本の法人フランチャイジーは、文字通り、個人は含まず法人のみである。

　以上のことから、マルチユニット・フランチャイジーやマルチブランド・フランチャイジーというカテゴリーと、日本の法人フランチャイジーとは別の概念だと考えるのが妥当といえる。特に、日本の法人フランチャイジーのなかで

図1-1　日本の法人フランチャイジーとアメリカのマルチユニット（マルチブランド）・日フランチャイジーとの違い（イメージ）

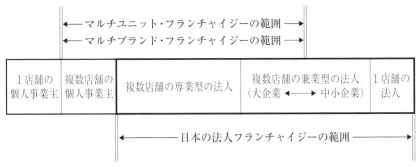

注）「複数店舗の兼業型の法人」については、アメリカのマルチユニット（マルチブランド）・フランチャイジーが想定するのはエリアフランチャイジーになれる大規模法人であり、日本の法人フランチャイジーが想定する中小企業の兼業型加盟者は想定の外にある。
出所）筆者作成。

　大きな部分を占める中小企業の兼業型法人フランチャイジーは、アメリカをはじめとする英語圏の研究が想定してこなかった存在だと考えられる。すなわち、アメリカの研究では、個人事業主や専業型の法人フランチャイジーが念頭に置かれてきたと考えられるのである。

　図1-1は、日本の「法人フランチャイジー」とアメリカの「マルチユニット（マルチブランド）・フランチャイジー」が意味するところの違いを示したものである。これにより、両者の相違が明確になろう。この図では、特に兼業型の法人フランチャイジーの部分が大きく異なる点に留意が必要と思われる。よって本書では、法人フランチャイジーとマルチユニット（マルチブランド）・フランチャイジーとは別のものとして論を進めていきたい。

⑺　本部が広域（国や州）での店舗展開権をフランチャイジーに与える契約で、海外進出を行う際にも、現地のフランチャイジーとの契約に用いられることが多い。

（2）マルチユニット・フランチャイジーの役割

　アメリカでは、近年、本部の成長にとってマルチユニット・フランチャイジーが重要な役割を果たしているとされる。いうまでもなく、まとまった数の店舗を短期間に出店してくれるマルチユニット・フランチャイジーとの契約が本部の成長スピードを左右するからである。したがって、本部からすれば、いかにうまくマルチユニット・フランチャイジーを利用するのか（統制するのか）が課題となる。別の見方をするなら、小規模な本部やスタートアップ段階の本部がマルチユニット・フランチャイジーを利用することにはリスクがあり、使いこなすことが難しい面があるといえる。

　アメリカでこのようなマルチユニット・フランチャイジーが拡大しはじめたのは1980年代の後半以降であり、その後は年１％ほどのペースでゆっくり拡大してきた。その結果、2010年頃まではシングルユニット・フランチャイジーが大勢を占めていたものの、2019年時点では、マルチユニット・フランチャイジーがアメリカの全フランチャイズ店舗の54％に当たる22万店余りを運営するに至っている。[8]

　なお、研究者たちがこのマルチユニット・フランチャイジーに注目するようになるのは1990年代後半からであり、多くの研究が蓄積されるようになってきたのは2000年以降のことである（たとえば、Kaufman and Dant［1996］、Grünhagen and Mittelstaedt［2005］、Gomez et al.［2010］、Grag et al.［2013］、Hussain et al.［2013］；［2018］など）。

4 個人と法人との意思決定の違い

　以上のように、中小企業が事業戦略的に加盟をした法人フランチャイジーは、アメリカではほとんど見られない日本独特の存在であるといえる。問題は、個人フランチャイジーと法人フランチャイジーとでは何が異なるのか、特に意思

決定にどのような違いが出るのかである。ここでは、意思決定に影響を与えると考えられる五つの相違点を指摘しておきたい。

①資金調達力の差

フランチャイズをはじめる際に開業資金をどれくらい調達できるのかは、フランチャイジーにとっては非常に重要なことである。その多寡によって加盟できるブランドが変わってくるからである。一般に、個人が金融機関から借り入れをする場合は金額の制約が大きいが、法人の場合は借り入れ可能な金額が大きくなる。特に兼業で加盟する場合は、本業での実績やそれまでの社会的信用力を背景に（あるいは、事業資産を担保に）大きな金額の借り入れも容易となる。

法人フランチャイジーの資金調達力の大きさは、初期投資額の大きなブランドの選択、有利な店舗立地の選定、店舗増大のための投資、店舗改装への投資、複数ブランド（本部）への加盟、フランチャイズ以外の独自事業（独自業態・独自ブランド）の立ち上げといった意思決定を容易にすると考えられる。

②人材確保力の差

フランチャイジーにとっては、開店後にどれだけ安定的に従業員を確保できるかも重要となる。一般的に法人の場合は、社会的信用度の高さから、新規採用が個人事業より比較的容易である（兼業型だと社会保険制度もあるし、社内人材の活用なども可能である）。

その結果、法人フランチャイジーは加盟後に短期間で複数の店舗を開設（店長人材を雇用）したり、複数の本部に加盟したりするなど、事業規模を拡大する意思決定が行いやすくなると考えられる（もちろん、労働市場の需給状態にもよるが）。

---

(8)　Multi-Unit Franchisee.（2020），*2020 Buyer's Guide*, p.2.

③店舗不動産確保力の差

フランチャイジーにとっては、条件のよい店舗立地を確保できるのかという点も重要である。一般的に法人の場合は、それまでの企業活動によって培った人的ネットワークや信用力を生かして有利な立地を確保することが比較的容易であるし、企業によっては立地条件のよい場所に遊休不動産や事業所跡地などの店舗用地を所有していることもある。このようなことが、立地選定、店舗増大、新規業態や新ブランドへの加盟といった意思決定を促進すると考えられる。

一方、個人の場合は事業規模が小さいため、不動産情報の収集力や人的ネットワークにも限界があり、不利な状況に置かれると考えられる。

④事業リスクへの対応力の差

フランチャイズ店の運営は、必ずしも予定通りの成果を上げるとはかぎらない。当然、予測困難なリスクも伴うことになる。個人の場合は生業として営まれるため、最初の店舗の業績が加盟者の生活そのものを左右する。そのため、１号店の売上や収益が低迷すると事業の継続自体が難しくなる。

それに対して法人の場合は、資金面で個人より潤沢であり、財務面でのリスク回避力は大きい。また、先にも指摘した通り、複数出店をしたり複数本部に加盟することが容易であるため、特定の不振店の低迷を別の店舗で補うことが可能となる。特に兼業型の法人なら、本業や他の事業部門がフランチャイズ事業部門の不振をカバーすることもできる。したがって、法人フランチャイジーのほうが、リスク対応力が高いとはいえ、営業不振店や赤字店があっても店舗増大や改装投資、あるいは新たな本部への加盟といった意思決定をすることが容易となる。

ただし、法人の場合は規模が大きいことから、人件費や管理費などの事業維持のための固定費（経費）が嵩むという問題がある。いうまでもなく、従業員の社会保険料の負担も小さくはない。また兼業の場合では、他の事業部門の不振の影響をフランチャイズ部門が被るという問題も出てくる。それがネガティブな影響を意思決定に与える可能性があることにも留意が必要である。

⑤経営者としての経験蓄積の差

　最後に、経営者としての資質の問題に着目したい。個人の場合は、サラリーマンを辞めるなどして起業家（アントレプレナー）として加盟するケースが多いので、事業経営そのものに不慣れな加盟者（いわば経営の素人）が多い。したがって、本部側の経営方針や戦略が十分に理解できない、あるいは本部に全面的に依存するといったことが起こりやすい。それゆえ、事業不振（運営の失敗）に陥った場合は、その責任をめぐって本部側と対立する場面も生じやすいと考えられる。

　しかし法人、特に兼業でフランチャイズ事業を営む法人の場合は、すでに事業経営者としての経験が蓄積されているので、本部側の経営方針や経営戦略に対してもこれまでの経営経験を踏まえて評価し、理解することが可能となる。その結果、本部からの追加投資（店舗改装など）の要請や事業改革の要望に対しても合理的に対応することが可能となる。場合によっては、加盟者の法人のほうが本部より規模が大きかったり、本部の経営陣よりも豊富な経験を蓄積している場合もあるため、本部側が想定していない独自の運営手法を開発・実践したり、新たな事業改善提案を行うことも可能になる。

　以上五つの観点から、法人フランチャイジーの意思決定の特性を整理すると**表1−1**（48ページ）のようになる。

　ところで、これらの個人フランチャイジーと法人フランチャイジーとの違いや法人フランチャイジーの意思決定特性は、本部側の意思決定にも影響をもたらすと考えられる。そもそも本部が個人加盟者を募集（想定）するのか法人加盟者を募集（想定）するのかによって、フランチャイズパッケージの設計方針や内容に差が生じると考えられる。たとえば、資金力のある法人の加盟を想定するなら、初期投資額が大きなパッケージの構築や複数店経営を前提とした収益モデルの構築が可能となろう。

　ただし、法人フランチャイジーが多数の店舗を運営するようになると、法人フランチャイジー側の本部への発言力が増大する。さらに、経営者としての経

48

表1－1　個人フランチャイジーと法人フランチャイジーの意思決定の特性

	個人	法人	法人フランチャイジーの意思決定の特性 （個人と比較して）
①資金調達力	小	大	・初期投資額の大きな本部に加盟する意思決定が容易 ・家賃が高い立地への出店の意思決定が容易 ・店舗増大や店舗改装への投資という意思決定が容易 ・複数本部加盟（ブランド多角化）への意思決定が容易 ・独自ブランドの立ち上げへの意思決定が容易
②人材確保力（新規採用力・社内人材活用力）	小	大	・店舗増大への意思決定が容易 ・複数本部加盟（ブランド多角化）への意思決定が容易 ・独自ブランドの立ち上げへの意思決定が容易
③店舗不動産確保力	小	大	・立地選定、店舗増大、複数本部加盟への意思決定が容易
④リスク対応力	小	大	・リスク分散のための出店増大や複数本部加盟の意思決定が容易 ・リスク分散のための独自事業を立ち上げる意思決定が容易 ・赤字店があっても他店の利益により店舗を維持する意思決定が容易 ・赤字店があっても追加投資をする意思決定が容易 ・一部の事業部門を縮小しても配置転換で雇用を維持する意思決定が容易
⑤経営者としての経験蓄積	小	大	・企業経営者としての経験から本部側の戦略を冷静に評価し、意思決定を下すことが可能 ・企業経営者としての経験から本部側が想定しない独自の運営手法を開発・実践する意思決定が容易

出所）筆者作成。

験蓄積が豊富なフランチャイジーの場合は、本部にとっては手強い交渉相手（ネゴシエーター）となるであろう。つまり、本部側の統制が個人フランチャイジーのようには容易に利かなくなるのである。したがって、本部が加盟者の統制（ガバナンス）をどのように考えるのかによっても、個人を募集するのか法人を募集するのかという本部側の意思決定は変化すると考えられる。

5　法人と法人成り（分析対象の確認）

　ここで、法人フランチャイジーを取り上げるにあたって、法人フランチャイジーのなかのどのような種類（組織）のものが分析対象になるのかについて確認しておきたい。具体的には、法人にはどのような種類があるのか、「法人成り」と呼ばれるものは何かといった問題の整理を踏まえたうえで、検討を進めていきたい。

（1）フランチャイジーの組織

　そもそもフランチャイジーの組織としては、「個人事業主」と「法人」の2種がある。このうち「法人」と呼ばれるものには、株式会社、有限会社、合同会社、合名会社、合資会社、有限責任事業組合（LLP）、NPO法人がある。有限会社は2006年5月の会社法改正で廃止されたため現在では新規登録ができないが、現状としては過去に有限会社として登記されたものが相当数存在している。一方、合同会社、合名会社、合資会社は、現実には数が非常にかぎられる。このことから、法人フランチャイジーは「株式会社」と「有限会社」の2種でほとんどが占められていると考えられる。

　では、個人事業主と法人（株式会社や有限会社）とではどのような相違点があるのだろうか。個人事業主は、文字通り個人でフランチャイズ店を運営するため、現実には生業的な事業であることがほとんどで、家族で遂行する事業に

留まることが多い。それに対して有限会社や株式会社は会社組織であるため、家族以外の雇用者が存在することが多い。

　したがって、個人よりも法人のほうが経営規模は大きいと理解できる。ただし、先述のごとく個人フランチャイジーであっても1店舗経営とはかぎらず、2店舗、3店舗を運営することが可能であるし、複数の本部に加盟することも可能である点には留意が必要である。そこで、個人フランチャイジーと法人フランチャイジーとの違いについてもう少し厳密に検討してみたい。

（2）「法人成り」フランチャイジー

　法人フランチャイジーは、厳密には「法人成りフランチャイジー」と、通常の「法人フランチャイジー」とに分けられる。「法人成り」とは、個人事業主としてのフランチャイジーが形だけの法人化を行ったもので、事業規模は個人事業と変わらない段階のものを指す。ただし、事業規模が大きくなると通常の法人と見なせるようになる。

　個人事業主と法人とでは、表1-2に示したようにいくつかの違いが出てくるが、一般的には、個人事業主が法人化するメリットは税制上のメリットや社会的な信用であるとされている。しかし、「法人成り」が行われる最大の理由は、消費税の免除だとされる。通常、個人事業主は顧客から消費税として徴収した金額を国に納税する義務を負うが、それは暦年2年前の課税売上高が1,000万円以上であるかどうかで決まる。つまり、年間の課税売上が1,000万円未満であると、事業開始から2年間は、販売先（顧客）から徴収した消費税を国に納める必要がなくなり、その分だけ利益が増える。

　とはいえ、多くのフランチャイジーの場合（特に飲食系）は、開業初年こそ売上額が低いものの（営業期間が12か月に満たないことが多いため）、暦年2年目には1,000万円を超えてしまう場合が多い。そこで、事業開始から暦年3年目になると法人化を検討する加盟者が出現することになる。

　法人化を行うと、改めて法人としての2期前の決算における課税売上高に基

表1−2　個人事業主と法人との違い（メリットとデメリット）

	個人事業主	法人（株式会社の場合）
開業	税務署への届け出のみ（経費不要）	定款の作成と公証役場での認証・法務局への登記が必要（経費25万円程度）
税の種類	所得税（累進制が高い）	法人税（累進性が低い）
経費	認定の範囲が狭い	認定の範囲が広い
赤字繰り越し	３年（青色申告の場合）	９年
金融機関・取引先からの信用	低い	高い
社会保険	事業主負担分なし（従業員5人未満の場合）	半額を会社が負担
生命保険	所得控除のみ	全額が経費になる
従業員の採用	不利	社会保険もあるので有利
組織の維持コスト	無し	赤字でも法人住民税が７万円程度必要、税理士費用も必要
廃業	届け出のみ（経費不要）	解散の登記・公告が必要（経費数万円）

出所）各種資料により筆者整理。

づいて消費税を納める必要があるかどうかが判断されるため、最初の２期は消費税の納付を免れることになる。したがって、最低でも４年間（暦年２年＋決算２期）、事業開始や法人化のタイミングによっては足かけ６年（暦年３年＋決算３期）にわたって国に消費税を納付する必要がなくなる[11]。こうして、事業

(9)　「法人成り」は、個人が加盟しやすい初期投資が小さなフランチャイズチェーンで多く見られる。筆者が、個人加盟が多いラーメンチェーン２社でヒアリングを行った際にも、法人成りの目的のほとんどが消費税の節税であることが確認できた。

(10)　たとえば外資系ファストフードの場合なら、１店当たりの売上額は、立地にもよるが月に1,000万〜2,000万円とされる。したがって、暦年１年目から１億円を超えることになる。

(11)　個人事業の場合は12月末日が決算日になるので、開業年の１年目は１年に満たない場合が多く、1,000万円を超えないこともあるが、２年目は丸１年間の決算となるので1,000万円を超えることが多くなる。したがって、小規模なフランチャイズ店の場合は、開業２年目から２期を経た４年目に初めて消費税を納めることとなる。一方、法人化すると決算日は自由に設定できるため、１期目が短くなるように決算日を設定して課税売上高や給与総額を低くし、納税義務が生じる期を先延ばしすることも可能である。

規模が拡大していないにもかかわらず、消費税の納付逃れを目的に個人事業主から形式的な法人に移行する「法人成り」が行われるのである[12]。

しかし、「法人成り」を行っても一人で経営することに変わりがないため、多くは1〜3店舗程度の経営規模に留まる[13]。このため、どのような意思決定を行うかという観点から捉えると、実質的には個人加盟者と変わりはない。したがって本研究では、このような「法人成り」は、原則的に法人フランチャイジーとは見なさないこととする。「法人成り」か通常の法人フランチャイジーかの区別は外見から捉え難いが、現実的には、3店舗以下の専業型の法人フランチャイジーには「法人成り」の可能性があるといえる。

（3）対象とする法人フランチャイジー

本研究で対象とする法人フランチャイジーは、「法人成り」を除く法人加盟者である。より厳密には、専業型と兼業型の法人フランチャイジーである。これまで述べてきたように、とりわけ日本の特徴である兼業型の法人フランチャイジーが重要となる。

ただし、これらの法人フランチャイジーのなかには、本部の資本が入ったものも存在することには留意すべきである。具体的には、後述（57〜58ページ）するエリアフランチャイズ本部機能をもつ法人フランチャイジーの一部や、多くの店舗を抱えるようになった法人フランチャイジーの一部である。それらには、本部資本が100％入った「完全子会社」、50％以上の「連結子会社」、49％以下の「持ち分法適用会社」の3種がある。

本研究ではフランチャイジーの意思決定特性を問題とするため、原則的には本部の資本が入っていないものを対象とする。ただし、加盟者側の意思決定権が比較的大きい「持ち分法適用会社」については対象に加えることにした。

本研究で対象とする法人フランチャイジーは以上のようなものであるが、それにはさらに多様なタイプのものが認められる。そこで、次では法人フランチャイジーの類型について検討したい。

6 法人フランチャイジーの類型

　法人フランチャイジーの特性を表す類型については公式なものはなく、また
これまでほとんど系統的に検討されることもなかった。類型を行う際に重要な
ことは、その指標と基準の設定である。法人フランチャイジーの類型について
これまでに書かれたものを見ると、場当たり的、部分的な類型化が多く見られ
るが、それらは次ページに掲載した**表1-3**のごとく、形式的指標による類型
と加盟動機による類型とに整理できる。

　先述のように、フランチャイジーの意思決定特性を解明することを念頭に置
くなら、これまで用いてきた類型や分類基準を意思決定との関係から捉え
直す必要がある。そこで、改めて従来の類型化の指標を再評価してみたい。

（1）形式的指標による類型化

　まず、フランチャイズを分類する場合には、形式的指標が用いられることが
多かった。具体的な指標としては、表1-3のごとく、①業種、②加盟ブラン
ド数、③店舗数、④年間売上高、⑤従業員数、⑥組織形態、⑦加盟時期・加盟
期間がある。

　①の業種は、このなかで最もよく用いられてきたものである。これは、小売、
外食、サービスの3大区分が基本である。しかし、業態が多様化するにつれて、
持ち帰り業態や宅配業態をどれに分類するのかという問題や、サービス領域が
広範なためこのカテゴリーに多様な業態が入ってしまう問題など、この3分類

⑿　法人成りを行っても、1期目の最初の6か月の課税売上高と給与総額が共に1,000万円
　を超えた場合は2期目から消費税の納税が必要となる。
⒀　39ページに示した注⑴のヒアリング調査で、個人加盟からスタートした専業型の法人フ
　ランチャイジー8社を対象に「個人事業から会社組織に転換した時点の店舗数規模」を
　尋ねたところ、「3～4店舗」というのが共通した回答であった。4店舗以上になると
　組織を整え（法人成りを脱して）、従業員を雇用する必要が生じて来るとされる。

表1－3　法人フランチャイジーの従来の類型指標

【形式的指標】	備　　考
①業種	小売、外食、サービスの３区分が基本
②加盟ブランド（本部）数	単ブランド（本部）加盟か複数ブランド加盟かで区分
③店舗数	１店舗か複数店舗かで区分
④年間売上高	業種・業態による差が大きいためあまり使われない
⑤従業員数	業種・業態による差が大きいためあまり使われない
⑥組織形態	あまり使われない（有限会社、株式会社など）
⑦加盟時期・加盟年数	あまり使われない（分析には利用される）

【加盟動機】	備　　考
①起業	個人事業主が前提だが、のちに法人化する場合もある
②転業	零細小売業や飲食業を営む個人事業主、衰退業種の中小企業に多い
③所有（遊休)不動産の活用	鉄道会社や不動産会社、製造業、大型店（SC）運営会社に多い
④業容拡大	本業の拡大・強化を狙う法人に多い。本業との関連度の高い業種や業態が選択される
⑤多角化	新規事業領域の開拓を狙う法人に多い。本業との関連度の低い業種や業態が選択される

出所）筆者作成。

だけでは特性が把握できないという事態が生じている。

　②のブランド加盟数については、近年増大する傾向にあるが、一つの業種領域のなかで（たとえば、外食系のなかで）多ブランド化するフランチャイジーと、複数業種にまたがって（たとえば、外食系とサービス系など）多ブランド化するフランチャイジーとに分けることができるので、加盟数だけでなくより細かな類型が必要となる。アメリカでは、先述のように１ブランドか複数ブランド（マルチブランド）かという区分がなされているが、これだけでフランチャイジーの意思決定特性を捉えることには限界がある。

　③の店舗数は、一番把握しやすい指標ではあるが、多店舗化しているフランチャイジーほど立地移動や店舗リストラが頻繁に行われるため、変動の大きな指標でもある。アメリカでは１店舗か複数店舗（マルチユニット）かで区分が行われてきたが、それだけで説明できる意思決定特性は少ないと考えられる。とはいえ、何店舗になればどのような意思決定特性が生じるのかといった店舗規模と行動との関係性についてはまだ研究が進んでいない。

　日本では30店舗以上のものをメガフランチャイジーとして区分してきたが、この基準の妥当性も問われるべきであろうし、そもそもメガフランチャイジー特有の意思決定とは何であるのかについて議論される必要もある。

　④の年間売上高については、開示していないフランチャイジーが多いため把握が難しいこともあり、現実にはあまり使われない。また、日本のように兼業での加盟が多く見られる場合は、純粋にフランチャイズ部門の売上高を把握することがさらに困難となる。そもそも店舗の売上高は業種や業態によって大きく異なるし、同じブランドでも立地による差も大きいので、指標としての意味はさほど大きくない。

　⑤の従業員数については、加盟する業種や業態によって必要とする人員数に差があり、また兼業型の場合は純粋にフランチャイズ部門の従業員数を把握できないことから、指標としてはあまり使われてこなかった。

　その他の形式基準として、⑥の組織形態（有限会社か株式会社かなど）や⑦の加盟時期・加盟期間などが考えられる。しかし、これまでは組織形態はほとんど意識されてこなかった。また、加盟時期や加盟年数については、他のファクターとの相関関係を見る際などに用いられてきたが、類型化には用いられてこなかった。

（２）加盟動機による類型

　法人フランチャイジーは、加盟動機によって分類することもしばしばなされてきた。こちらのほうが加盟後の意思決定との関係を探りやすい。この加盟動

56

機の基準については、起業、転業、不動産活用、業容拡大、多角化などの動機が業界雑誌で用いられてきた。ただし、系統的に分類するというよりも、適宜個別に用いられてきたというのが実態である。

①の起業については、個人が基本であるが、実際には当初から法人化を前提とした加盟も見られる。その場合は、短期間に複数店舗を展開する意思決定がなされる。

②の転業については、個人小売店や個人飲食店などを営む零細な個人事業主や小規模法人の加盟動機となることが多いと考えられる。1970年代半ばから1980年代には、酒店や食料品店などの個人商店が大量にコンビニに加盟し、転業したことがよく知られている。一方、法人の場合は、ガソリンスタンドや書店などの構造的な衰退業種の中小企業による加盟が1990年代から増加していった。

③の不動産活用については、鉄道会社が「駅ナカ」の開発のために加盟するケースが2000年以降に多く見られるようになった。特に「駅ナカ」の売店をコンビニに転換するための加盟は、店舗数が一気に100を超えるメガフランチャイジーが生まれるきっかけとなった。また、不動産会社や建設会社、製造業などが所有する遊休不動産を活用するために加盟するケースもしばしば見られる。スーパーやホームセンター、商業系ディベロッパーの場合は、フランチャイズに加盟して自社が運営する大型店やショッピングセンター内に出店するケースも少なくない。

④の業容拡大は、本業の強化や拡大のために本業と関連性の高い業種に加盟するものである。たとえば、和食店がカフェのフランチャイズに加盟して業態の幅を拡大したり、不動産会社が不動産仲介のフランチャイズに加盟して不動産の情報収集力を強化したり、自動車整備会社が中古車買い取りのフランチャイズに加盟して事業を拡大させる（顧客へのサービスを向上させる）などのケースが見られる。これらは、事業間のシナジー効果を狙うタイプといえる。

⑤の多角化は、新規事業開拓をしようとする法人が、本業と関連性の低い業種・業態に加盟するものである。たとえば、建設会社が外食店のフランチャイ

ズに加盟したり、卸売業が古書店のフランチャイズに加盟したり、旅行会社がフィットネスクラブのフランチャイズに加盟するなどのケースが見られる。このような多角化はリスク分散を狙う行動でもあるが、建設系や不動産系の法人の場合は、キャッシュフローの改善を目的としてフランチャイズに加盟するといったケースもある。

（3）機能による類型

　法人フランチャイジーのなかには、法人として加盟しているだけのものと、エリアフランチャイズ本部（以後、エリア本部）として機能しているものとの2種類が存在している。エリア本部とは、基本的にはフランチャイジーなのであるが、それと同時に本部と契約を結んで、特定エリアにおいて本部業務の代行を委ねられたものを指す。具体的には、特定エリアで直営店を展開すると共に、そのエリアでの加盟店募集、加盟希望者の選別、契約、立地評価、店舗建設管理、加盟者への教育研修、開店後の指導（巡回指導）、加盟者のモニタリングなどを行う法人フランチャイジーのことである。その対価として、加盟金やロイヤルティーの一部を本部と分け合うことになる。

　たとえば、東京本部のフランチャイズチェーンが九州地区でフランチャイズ店を展開しようとする場合、九州地区の市場情報の入手、現地の加盟希望者の評価（選別）、契約、出店候補地の評価、開店後の加盟店へのサポートやモニタリング（監視）を行うには大きなコストと時間が必要となる。そこで、九州地区において本部機能を代行してくれる企業を選び、そこに本部の権限を委譲する契約を結ぶのである。これによって、本部は時間とコスト、人材の節減が可能となる。本部が全国展開を成し遂げるスピードを左右しているのが、このエリア本部だといえる。

　いうまでもなく、このような本部の代行を行う企業にはそれだけの資質が求められるが、現実には当該エリアあるいはその隣接地区において、すでに加盟店を運営している法人フランチャイジーが選ばれるのが一般的である。すでに

運営している店舗マネジメントの実績と経営者の資質に関する情報を、本部側が掌握しているからにほかならない。[(14)]

　このような法人フランチャイジーは、加盟者であると同時にエリア本部でもあるので、「エリアフランチャイザー」とも呼ばれる。また、エリア本部による加盟募集行為は「サブフランチャイズ」と呼ばれる。よって、エリア本部は、本部からサブフランチャイズを行う権限を与えられた法人フランチャイジーということになる。

　法人フランチャイジーがこのようなサブフランチャイズ権を有するようになると、店舗数は飛躍的に増大する可能性が生じる。第6章の「メガフランチャイジーの分析」においても述べるが、日本の大規模フランチャイジーには、サブフランチャイズを行うエリア本部が含まれているというのが実態である。また、それらは加盟者と本部の両方の性格を有することから、純粋な法人フランチャイジーとは意思決定に違いが生じると考えられる。

　アメリカのマルチユニット・フランチャイジーのなかにも、エリア本部として機能しているものが見られる。アメリカは国土が広く、州ごとに市場環境や経営環境（法的規制など）が異なるため、エリアフランチャイズ制が日本よりも多く利用されている。しかし、日本においてこのようなエリア本部の機能を有する法人フランチャイジーは、数がかぎられているのが実態である。

　実際、後述する筆者による法人フランチャイジーのデータベース（第4章）における分析対象1,310社のうち、エリア本部の機能を有するものは、大手を中心に50社程度に留まっていた（前節で述べた本部の完全子会社や連結子会社は除く）。したがって、現実には類型基準にする意味はさほど大きくはなく、分析過程で適宜その機能を考慮するのが妥当といえる。

（4）意思決定の特性を念頭に置いた類型

　以上を参考にしつつ、本研究では改めてどのような類型化が可能かを考えたい。繰り返すまでもなく、法人フランチャイジー研究の学術的意義はその意思

決定の特性を解明することにあるため、類型化をするにあたっても意思決定との関係を念頭に置きつつ演繹的に考える必要がある。

　まず考えられるのは、専業型と兼業型の2分類である。いうまでもなく、専業型と兼業型とでは、フランチャイズに加盟したきっかけや、業種やブランド選定の理由が異なるが、それ以上に、事業運営に対する基本的な姿勢などが大きく異なることは想像に難くない。その結果、さまざまな場面での意思決定に差が生じることになろう。

　ただし、専業型、兼業型にもさらに多様なものが考えられる。たとえば、専業型は起業によって1店舗からスタートし、その後、店舗を増やして成長し、法人になったもの（起業型）が基本である。この場合は、起業した創業者（オーナー）の意思決定が大きな影響力をもつことになろう。

　しかし、専業型のなかには、以前は兼業型であったが、その後に本業を廃してフランチャイズ専業に転換したものもある（転業型）。このタイプは、かつての本業との関係性が意思決定に影響することになろう。また、兼業型で展開していた企業内のフランチャイズ事業部がフランチャイズ専業の子会社として独立したものもある（子会社型）。このタイプは、意思決定に親会社の意向が影響することとなる。

　一方、兼業型ならば、本業とフランチャイズ事業との関係性が意思決定に影響を与えることになろう。たとえば、本業と同じ（近い）領域のフランチャイズに加盟することでシナジー効果を期待するものもあれば、本業とは関係性のない領域のフランチャイズに加盟することでリスクを分散したり、新たな事業ノウハウを取得しようとするものもある。

　これらの多様な類型がどのような意思決定の違いを生むのかについては、実態調査（ヒアリングなど）を行って検討したが、それについては後の章で述べたい。ここでは、演繹的に類型を提示して、それぞれの類型がどのようなもの

⒁　地方の有力企業が加盟者である場合は、いきなりエリア本部の契約が結ばれることもある。また、コンビニの場合は、現地の有力法人フランチャイジーと共同出資で現地のエリア本部を立ち上げることもある（沖縄の「ローソン」など）。

60

表1－4　法人フランチャイジーの新たな類型

大区分	小区分		特　性	意思決定の特性	備　考
A 専業型	A1	起業型	1店舗での起業から成長した専業法人	FC専業者としての効率を追求	純粋専業型
	A2	転業型	兼業で加盟したがのちに本業を廃しFC専業に転業した法人	前業の影響を受ける	加盟時兼業型
	A3	子会社型	兼業で営まれるFC事業部門が子会社として分離独立した専業法人	親会社の影響を受ける	
B 兼業型	B1	高関連型	本業との関連性が高い本部に加盟した兼業法人（リンケージ型）	本業の業容拡大・本業とのシナジー効果を重視	現在の兼業型
	B2	低関連型	本業との関連性が低い本部に加盟した兼業法人（多角化型）	リスク分散・新規ノウハウ取得を重視	

出所）筆者作成。

で、どのような特性を有するのかについて解説するに留めたい。

　さて、前述のように、法人フランチャイジーは専業型（A型）と兼業型（B型）に大別でき、それぞれをさらに五つに細分化することが可能である。これらを整理すると、上記に掲載した**表1－4**のごとくとなる。以下、順に説明をしていきたい。

専業型（A型）
A1：起業型——フランチャイジーとして1店舗で起業したものが成長して法人になったものを指す。すでに触れたように、「法人成り」と通常の法人フランチャイジーとの境界は店舗数が目安となる。個人事業の場合は、人を雇うこ

となく事業主自らが店舗を管理運営するため、一人で管理運営できる店舗数には自ずと限界が生じる。もちろん、業態や店舗立地の分散度にもよるが、筆者が行ったヒアリング調査では、特に外食店の場合は３店舗までが限界とされた。４店舗になると、各店舗の管理・指導、出店開発、採用業務などを一人で遂行することが難しくなり、それらの業務を分担するための社員を雇用する必要が生じるとされる。

　実際、個人事業であろうが法人成りであろうが、３〜４店舗に成長したタイミングで人を雇って組織を整え、通常の法人になったという回答が多かった。[15]このことから、A1型の場合は、４店舗以上の法人フランチャイジーならば個人や法人成りを排除することができるので研究対象とすることが可能となる。

A2：転業型——元々、兼業でフランチャイズを営んでいた法人（企業）が何らかの事情で本業を廃業し、フランチャイズの専業法人に転業したものである。このタイプの前業としては、ガソリンスタンドや書店、家電小売店など構造的な不況業種が考えられる。

A3：子会社型——元々、兼業でフランチャイズを営む企業におけるフランチャイズ事業部門が子会社として分離独立したものである。分離独立する要因としては、フランチャイズ事業の肥大化、意思決定の迅速化、複数の本部に加盟した場合の競業避止義務（契約上、同一企業内で類似する業態が営んではいけないこと）、従業員に対する役職ポストの確保（モチベーションの向上）などが考えられる。なお、このタイプは、一見するとA1型と同じように見えるため、その法人の沿革に迫らないと区別が難しい。

　なお、A2型やA3型の場合は、現時点では専業型の一種と見なすことができるが、フランチャイズへの加盟時点で考えると別の事業を営む法人であったことから、兼業型での加盟と見なすこともできる。このように、どの時点で捉えるのかによって分類が異なる点には留意が必要である。

---

(15)　39ページに掲載した注(1)の調査。

兼業型（B型）

B1：高関連型——本業に近い事業領域のフランチャイズに加盟したタイプである。たとえば、和食の飲食店を営む法人がファストフードのフランチャイズに加盟する、ガソリンスタンドがレンタカーのフランチャイズに加盟する、書店が古本販売のフランチャイズに加盟する、といったものが考えられる。要するに、本業と関連性が高く、本業の強化、本業との顧客の共有、あるいは本業のノウハウ活用などが期待できるフランチャイズに加盟したタイプといえる。また、事業領域を一定の範囲内に集約する戦略をとり、事業同士を結合させることでシナジー効果を追求するタイプでもある。

　なお、このタイプには、自社の店舗や施設内のスペースを活用するために加盟するものも含まれる。たとえば、スーパーやホームセンターが店舗内に入れるファストフードや100円均一ショップのフランチャイズに加盟するケースである。鉄道会社が「駅ナカ」で展開するコンビニのフランチャイズに加盟するものもこのタイプに含まれる。

　さらに、このタイプには、フランチャイズの本部企業が他のフランチャイズに加盟するケースも含まれる。たとえば、ラーメンのフランチャイズ本部がステーキチェーンに加盟する、あるいは定食店のフランチャイズ本部がコンビニに加盟して定食店とコンビニの一体型の店舗を出すといったケースである[16]。ただし、関連性の高さを何で判断するのかについては、業種・業態の近似性で測るのか、ノウハウの共通性で測るのか、シナジー効果で測るのかなど、難しい課題が残る。

B2：低関連型——本業とは関係性が低い事業領域のフランチャイズに加盟したタイプである。たとえば、繊維卸売業を営む法人が外食店のフランチャイズに加盟する、機械製造企業がフィットネスのフランチャイズに加盟する、建設業を営む法人がコンビニのフランチャイズに加盟する、といったものである。要するに、本業とのシナジー効果や本業のノウハウの活用が期待できない異業種のフランチャイズに加盟するタイプである。事業をあえて分散させる戦略といえるが、多角化によるリスク分散や異なる事業ノウハウの獲得を追求するタ

イプでもある。

　なお、理論的には、加盟時にAの専業型であったものが、その後にフランチャイズ以外の事業を開始してBの兼業型に変化するタイプも考えられる。しかし、第5章でも述べるように、現実にはAの専業型でオリジナル業態をはじめたところが見られたものの、フランチャイズでスタートしていながら、それとは無関係な事業を開始したケースは見られなかった。したがってB型には、元々別の事業を行っていた法人がフランチャイズを兼業型で開始したもの、すなわち加盟時から現在まで兼業型である類型しか設定していない。

　以上、法人フランチャイジーの類型について検討した。タイプ別の具体的な分析については第5章以降で行いたい。

⒃　たとえば、回転寿司「がってん寿司」を展開する「アール・ディー・シー」が、2000年7月に「びっくりドンキー」に加盟したり、「8番ラーメン」を展開する「ハチバン」が2018年3月に「ペッパーランチ」に加盟したケースがある。これらは、本部の業容を拡大するために同じ飲食系のチェーンに加盟した戦略である。また、コンビニを展開する「ポプラ」の本部が2014年3月にとんかつの「かつや」に加盟したケースもあるが、これは競争の激しいなかで閉店した店舗跡地を「かつや」に転換するための戦略であった。同様に、2017年10月には中華の「幸楽苑」の本部が「いきなりステーキ」に加盟し、不採算店の転業を行っている。さらには、双方の戦略的な提携も見られる。たとえば、2014年7月には「まいどおおきに食堂」の本部が「ファミリーマート」に加盟して一体型の店舗を出店したり、2018年5月にはしゃぶしゃぶの「木曽路」の本部が「天丼てんや」に加盟し、「天丼てんや」の店舗を「木曽路」の本部が拡大する契約を交わしている。

第2章

法人フランチャイジーの拡大プロセス
―その誕生から第2世代まで―

1 既存資料に見る法人フランチャイジーの拡大

　本章および次章では、日本のフランチャイズを特徴づける法人フランチャイジーがどのようにして誕生し、特に兼業型の法人加盟がどのように定着し拡大してきたのかという問題について歴史的に検討する。

　ところで、日本の法人加盟がいつからはじまり、どのように拡大してきたのかを数値で追うことは難しい。というのも、フランチャイズに関する調査は、日本フランチャイズチェーン協会が毎年行う基礎的な統計調査はあるものの、詳細な経営実態調査が定期的に行われてきたわけではないからである。とはいえ、その手掛かりとなる既存の調査資料は三つ存在している。**表2－1**は、それらの調査から法人加盟の状況に関するデータを整理したものである。この表を見ながら、既存資料で明らかにされた日本の法人加盟の状況を追ってみたい。

（1）中小企業庁［1973］『フランチャイズチェーン実態調査』[1]

　この調査は、我が国で初めて行われたフランチャイズに関する実態調査である。加盟店に対して運営主体の組織を尋ねた問いについては、全体の45.0%の

表2－1　法人加盟率の変化

中小企業庁［1973］「フランチャイズチェーン実態調査」

加盟店法人運営率	調査対象と時期
45.0%	加盟店舗への調査（回答760店）、1972年調査

経済産業省［2003］［2008］「フランチャイズ・チェーン事業経営実態調査」

加盟者の法人率		調査対象と時期
2003年版	2008年版	本部への調査結果 2003年版は2002年3月末時点の状況 （回答243社） 2008年版は2007年3月末時点の状況 （回答241社）
全体58.0%	全体70.7%	
小売54.7%	小売67.5%	
外食59.0%	外食70.5%	
サービス60.8%	サービス73.7%	
加盟時における法人率		調査対象と時期
2003年版	2008年版	加盟店舗（加盟店事業者）への調査結果 2003年版は2003年調査（回答374事業者） 2008年版は2007年調査（回答650事業者）
全体45.7%	全体45.8%	
小売42.6%	小売44.9%	
外食67.9%	外食47.0%	
サービス42.3%	サービス45.9%	

出所）中小企業庁［1972］、経済産業省［2003］［2008］の調査報告書を筆者整理。

店舗が会社組織によるものと回答している。これは大変興味深い数値である。すなわち、フランチャイズがはじまって間もない1970年代初めの時点で、すでに市中に存在した加盟店の半数近くは法人フランチャイジーによって運営されていたのである。つまり、日本のフランチャイズは、個人加盟が多くを占めていたアメリカとは状況が大きく異なる状態でスタートしていたことを示している。

　ただし、複数店舗オーナーは全体の11.4%に留まっており、ほとんどが単店舗運営者となっていた。複数店舗オーナーの平均運営店舗数も2.98店と少なかった。このことから、法人フランチャイジーが半数近くを占めていたとはいえ、その運営規模はまだ小さかったことがうかがえる。

　なぜ日本ではフランチャイズがはじまった当初から法人加盟が多かったのか、これについては次節で検討したい。

（2）経済産業省［2003］［2008］「フランチャイズ・チェーン事業経営実態調査」⁽²⁾

　日本のフランチャイズは前掲した1973年の調査後に飛躍的な発展を遂げていくが、次に大規模な調査が行われたのは2003年のことであり、30年間のタイムラグがあった。この調査は、規制改革を謳った小泉政権の「規制改革推進3か年計画」（2003年3月閣議決定）に基づいて行われたものである（2003年10月にとりまとめ）。

　それまでフランチャイズは、中小企業や小売商業（飲食業を含む）の視点から捉えられ、政府においても中小企業や小売商業を担当する部署が所管してきた（前項の調査も中小企業庁が担当）。しかし、1990年代にサービス業のフランチャイズが拡大したことで「サービス・フランチャイズ」の環境整備（法的規制など）の検討が必要となり、それに焦点を当てた実態調査が実施されたのである。このような背景から、調査は経済産業省商務情報政策局のサービス政策課によって行われることになった。

　また、この調査は、2003年調査の4年後の2007年にもほぼ同じ内容で行われ、2008年に結果が発表されている。4年間ではあるが、二つの時期の比較ができ

⑴　調査対象は、本部109社、加盟店2,997店であり、回答は本部74社、加盟店760店であった。1972年10月に郵送によるアンケート方式で実施された。
⑵　調査対象は、2003年版が本部1,071社とそれに加盟する2,035店舗であり、回答は本部243社（回答率22.7%）、加盟店374社（回答率18.5%）であった。2008年版は本部1,200社とそれに加盟する2,542店舗を対象としており、回答は本部241社（回答率20.1%）、加盟店650社（回答率25.6%）であった。この調査は、サービス・フランチャイズの実態把握に主眼が置かれていたため、サービス業の加盟店が小売業や外食業より4倍程度多く抽出されている点には留意が必要である。したがって、2003年版の加盟店の回答数374の内訳は、小売54、外食53に対して、サービス業が267となっている。2008年の加盟店の回答数も、小売業118、外食業66、サービス業466と偏りが見られる。

る点が貴重である。そこで、この二つの調査結果を比較する形で法人加盟の変化を捉えたい。

66ページの**表2－1**で見たように、本部に対して「加盟者の法人率」を尋ねた問いでは、2003年版が58.0％、2008年版が70.7％となっており、短期間に法人率が大きく増えたことが分かる。業種別で見ても、どの業種も法人率が増大している。

一方、加盟店に対して「法人と個人のどちらで加盟したのか」を尋ねた問いでは、2003年版も2008年版も、「法人での加盟」は46％弱とほぼ変わらなかった。ただし、個人で加盟したもののうち「個人で加盟したのちに法人化」したものは、2003年版で11.4％、2008年版で14.0％となっており、2008年版のほうが加盟後に法人化する率がやや高くなっていた。なお、加盟から法人化するまでに要した年数は、2008年版で平均7.3年であった（2003年版は記載なし）。

この二つの調査が実施された2003年から2008年にかけての時期は、次章で述べる中小企業による法人加盟ブームの最中であり、法人加盟が急拡大した時期であった（第5章の「図5－5　加盟年グラフ」を参照）。特に2008年版（2007年調査）は、法人加盟ブームが一段落した頃の状況を反映しているものと推察できるため、その時点での「加盟者の法人率」が70.7％に急増していたという事実は、日本の法人加盟の実態を捉えるうえで極めて重要なものといえる。

これらの調査後、フランチャイズへの法人加盟率や加盟店の法人運営率が把握できる大規模調査は現在に至るまで行われていない。

以上を踏まえて、本章と次章では1960年代から現在に至るまでの法人加盟のプロセスを六つの時期に分けて追ってみたい。前半部は本章で、後半部は次章で検討する。

本章で検討

・1960年代：法人加盟誕生の要因

・1970年代：外資系チェーンの進出と第1世代の誕生

・1980年代〜1990年代：フランチャイズの拡大と第2世代の誕生

次章で検討

・1990年代後半〜2000年代：法人加盟ブームと第3世代の誕生

・2000年代：メガフランチャイジーの台頭

・2010年代以降：複数店経営と第4世代の誕生

2 1960年代：法人加盟誕生の要因

　前節の（1）で示したように、中小企業庁［1973］の調査結果によると、フランチャイズの加盟者の経営組織は、「個人」が53.9％を占めていたものの「会社組織」が45.0％を占めていた。つまり、1970年代初頭には加盟者の半数近くがすでに法人フランチャイジーであったことが分かる。調査が行われた1972年当時は、すでにいくつかの外資系飲食チェーンが進出していたが、それへの加盟者はごく僅かであったことから、この調査結果は1960年代に誕生した日本発祥のフランチャイズチェーンの実態を示しているといえる。

　このような法人加盟の多さは、補章（290ページ）で述べるように、当時のアメリカとは大きく異なるものであった。つまり、当時のアメリカでは退役軍人を中心とする個人加盟による起業がブームになっていたのである。なぜ、日本では法人加盟が多かったのであろうか。そこで、まずは日本における当時の加盟法人の特徴について検討し、それを踏まえて、当初から法人加盟が多く見られた謎について加盟者側と本部側の両方から迫りたい。

（1）当時における法人の特徴

　日本におけるフランチャイズの黎明期である1960年代にフランチャイズに加盟した法人とはどのようなものであったのだろうか。中小企業庁［1973］の結果を基に明らかにしていきたい。

　次ページに掲載した**表2−2**は、加盟法人の規模を見たものである。表に示

表2-2 中小企業庁［1973］調査における加盟法人の規模

【会社・組合加盟者の資本金】

100万円未満	13.9%
100～200万円未満	11.8
200～500万円未満	15.8
500～1000万円未満	5.8
1000～5000万円未満	6.2
5000万円以上	1.2
無回答	45.3

【加盟社の従業規模】

1～2人	33.7%
3～4人	29.6
5～9人	17.9
10～29人	10.9
30～49人	2.4
50人以上	3.9
無回答	1.6

出所）中小企業庁［1973］の調査結果を基に筆者整理。

表2-3 中小企業庁［1973］調査における兼業型の加盟法人の状況

【総売上高に占めるフランチャイズ事業の売上の割合】

10%未満	10.7%
10～30%未満	7.6
30～50%未満	8.7
50～70%未満	7.2
70～90%未満	7.8
90%以上	53.4
無回答	4.6

【フランチャイズ事業以外の事業の内容】

農、林、漁業	1.8%
建設業	1.1
製造業	3.2
卸売業	7.7
小売業	68.0
各種商品	3.5
織物・衣服	8.1
飲食料品	22.5
家具建具	0.4
自動車・自転車	0.4
その他小売	15.5
飲食店	17.6
不動産業	4.9
運輸、通信	1.2
サービス業	11.6
その他事業	0.4

出所）中小企業庁［1973］の調査結果を基に筆者整理。

表2-4 中小企業庁［1973］調査における加盟者の前歴

【加盟者の前歴】

事業を経営していた	66.7%
サラリーマンであった	23.7
主婦、学生など	5.8
農業、漁業、林業	2.2
無回答	1.6

出所）中小企業庁［1973］の調査結果を基に筆者整理。

すごとく、当時の加盟法人は資本金規模においても従業員数においても小規模なものが多くを占めており、どちらかといえば個人事業に近い小零細規模のものが主であったことがうかがえる。興味深いのは、それらのなかに、本業を別に有する法人が兼業型で加盟していたケースが多かったことである。

　表2-3は加盟法人の兼業の状況を見たものである。すなわち、総売上高に占めるフランチャイズ事業の割合と、フランチャイズ以外の事業（本業）の業種についての回答を見たものである。それによると、フランチャイズ事業が全体に占める割合は総じて高く、半数以上が90％以上を占めていた。これは、実質的にフランチャイズ事業への転業に近いものが多かったことを示している。また、本業の業種としては、小売業（飲食店含む）が7割近くを占めていたことも分かる。

　つまり、日本ではフランチャイズがはじまって間もない頃からすでに法人加盟が半数近くを占め、かつ小売業者による兼業型の加盟が多くを占めていたのであるが、その半数以上は転業に近いものであった。

　さらに、表2-4は加盟者の前歴を見たものである（加盟後も継続中の職業を含むと考えられる）。これを見ると、「事業を経営していた」が全体の7割近くを占め、他を圧倒している。いわゆる脱サラをした個人加盟者を意味する「サラリーマンであった」は4分の1に満たない。このことからも、日本のフランチャイズの加盟者は、初期段階から事業経営者（法人の代表）もしくはその経験者（転業組を含む）が大量に加盟していたことが分かる。

　では、なぜこのような小零細規模の事業者が兼業でフランチャイズに加盟したのであろうか。その要因を加盟者側と本部側の両方から明らかにしたい。

（2）加盟者側の要因

　加盟者側の要因としては、以下に挙げる三つの理由が考えられる。それぞれについて見ていきたい。

72

商業の競争環境の変化

　一つ目は、当時の商業における競争環境の変化である。第2次世界大戦後の日本では、敗戦と共に軍の除隊者、外地からの引揚者、空襲で職場を失った人などが余剰労働力として社会に溢れた。その多くが少ない元手で現金収入が得られる（日銭が稼げる）小売・飲食業に一時的に吸収されたことはよく知られる。その後は、製造業部門の復興によってそちらに吸収されていったが、経済復興による消費拡大と共に小売・飲食業の事業者も急増していった。

　しかし、1960年代に入ると、商業分野では中堅・大手のチェーン小売業が出現して競争が激化していき、苦境に陥る小売・飲食業者が急増していった。[3] つまり、一定の構造調整の局面が訪れていたのである。[4] そのようなタイミングで、日本では素人でも開業可能なフランチャイズシステムが誕生したといえる。このことから、小売・飲食業の経営者が事業拡大（再生）や転業のチャンスを求めて、フランチャイズチェーンに加盟したと推察できる。

　70ページに掲載した表2-3で、小売業の加盟が多く占めていた背景には、このような商業における競争環境の変化があったのである。

店舗不動産の活用

　二つ目は、多くの小売・飲食業が店舗不動産を所有していたことである。高度経済成長期に入ると地価や人件費が高騰し、本部は直営店での成長が困難となっていた。そこで、既存の小零細小売業や飲食業に加盟をさせることで、それらの店舗をフランチャイズ店に転業させる戦略がとられた（後述79〜80ページ参照）。これは本部側の都合であったが、加盟者側も、前述のように競争が激しくなってきていたため、いわゆる「渡りに船」の状態で勧誘に応じたものと推測される。

ボランタリーチェーンの拡大

　三つ目は、ボランタリーチェーンとの関係性である。日本では戦前から都市部を中心に小零細小売業者と大手小売業（百貨店など）との競合が問題となっ

ていたが、それに対してはボランタリーチェーンを形成する（加盟する）ことによって解決しようとする動きが戦前から1960年代まで続いてきた。フランチャイズチェーンが拡大する以前は、ボランタリーチェーンへの加盟こそが中小零細商業者の経営強化策だという認識が一般的であった[5]。1960年代の後半に入ると、旧通産省もボランタリーチェーンによる小売業の組織化を推奨した[6]。

　ただし、1960年代当時は「フランチャイズ」という言葉がアメリカから伝わったばかりで、その内容がよく理解されていなかった。そのため、ボランタリーチェーンの一種としてフランチャイズチェーンを位置づける傾向も見られた（渥美［1967］149～152ページ、霍川［1968］70ページなど）。つまり、当時はボランタリーチェーンとフランチャイズチェーンとの区別が曖昧に認識されていたといえる。したがって、多くの中小零細事業者は、フランチャイズチェーンをボランタリーチェーンの発展形の一つとして捉えて、加盟していたとも考えられる。

　ボランタリーチェーンには、メーカー主導のもの、卸主導のもの、小売主導のものなどがあったが、いずれも同業の販売業者が連携して共同で仕入れを行

⑶　大手小売チェーンの台頭を踏まえ、日本の流通システムの変革を予言した林周二による『流通革命』（中公新書）が出版されたのも1962年のことであった。つまり、1960年代の初めは、日本の流通業に大きな構造変化が生じていた時期だったといえる。

⑷　商業統計の長期分析をした南［2012］によると、店舗数は戦後初の調査であった1952年から1982年まで一貫して増大していたが、同期間の開業・廃業状況を見ると、毎年4％前後の店が新たに登場する一方で、2～4％前後の店が消えており、商店数の見かけの増減以上に業界内で新陳代謝が進んでいたとされる。また、1960年代前半までは、従業員1～2名の店が7割を占めており、競争力に欠ける零細業者が多かったともされる（4～6ページ）。

⑸　とはいえ、ボランタリーチェーンは本部の統制が弱い同業者組織であるため、加盟者間の意見調整に時間がかかり、標準化された強力な策を講じることができない。あるいは、加盟者規模が小さく、大手に対抗できるだけの商品力や仕入れ価格の低下が実現できないといった問題も噴出していた。なお、ボランタリーチェーンは、その後、本部機能（指導力）の強化や商品開発力の強化などが図られて現在に至っている。現状については、ボランタリーチェーン協会のホームページを参照のこと。

⑹　1965年に産業構造審議会流通部会が中小小売商の自助努力を促すべくボランタリーチェーンの育成策を打ち出した。これに基づき、1966年に政府が育成の予算措置を講じ、合わせて日本ボランタリーチェーン協会が誕生した（矢作［1993］61ページ）。

い、仕入れ価格を低下させて、大手に対抗できる価格競争力と品揃え力を備えることを目的としていた。つまり、ボランタリーチェーンはあくまで有志連合的な組織であり、商品仕入れや広告宣伝の面以外では本部の強い統制を受けないのが特徴であった。

　一方、フランチャイズチェーンは本部が強い力をもっており、ブランド性が高い商号・商標の使用権やオリジナリティーの高い商品の販売権、高度なノウハウなどを武器に加盟者の店舗運営を統制するものである。したがって、ボランタリーチェーンに加盟することとフランチャイズチェーンに加盟することとの間には大きな違いがある。にもかかわらず、フランチャイズチェーンに既存の小売業や飲食業者が加盟していった背景にはさらなる要因が存在したと考えられる。

　そこで次に、当時の日本のフランチャイズシステムにおける本部の統制上の特性に着目して、その要因を探ってみたい。

（3）本部側の要因

　本部側の要因としては、以下に挙げる二つの要因が考えられる。それぞれについて詳しく見ていきたい。

システムの特性

　一つ目は、当時の日本発祥のフランチャイズが有していたシステム上の特性である。序章で述べたように、フランチャイズには「製品商標型」と「ビジネスフォーマット型」の２類型がある（３〜４ページ参照）。

　前者は基本的にメーカーが自社製品を販売するためのシステムで、加盟者は小売業者などの事業者である。本部は加盟者に対して商品を販売（卸売り）することが主眼であり、細かなノウハウの移転は行わない。したがって、本部の利益は、商品の販売（卸売り）から発生するマージン（差益）であった。

　一方、後者は、商品（メニュー）だけでなく店舗デザインや継続的な教育・

指導システムなども含めたすべてのノウハウを「フランチャイズパッケージ」として加盟者に提供する点に特徴があり、事業経験がない素人でも加盟が可能なものである。したがって、本部の利益は、加盟金（権利金）とノウハウの対価としてのロイヤルティー（売上や利益の一部を徴収する）が源泉となっている（279ページ**表補−1**参照）。

　この基本的な2類型のそれぞれの特性を踏まえて、1960年代に日本で発祥したフランチャイズシステムの実態を捉えてみたい。当時のフランチャイズには、「ダスキン」、「不二家」、「どさん子ラーメン」、「養老乃瀧」、「山田うどん」などがあったが、いずれも加盟すれば素人でも開業が可能なものであった。それゆえ、日本ではこれらを「ビジネスフォーマット型」だと認識することが多い。しかし、実態を詳細に見ると、製品商標型でもビジネスフォーマット型でもない、中間的な特徴を備えるものであった。どういうことなのか、具体的に述べていく。

　まず、これらの本部の収益の源泉を見ていくと、共通した特徴が見られる。たとえば、「ダスキン」はレンタル用の清掃具（化学雑巾）を加盟店に供給（販売）する際に発生するマージン（差益）が、「不二家」は洋菓子や包材を加盟店に卸売り販売することで発生するマージンが、「どさん子ラーメン」では麺とスープを加盟店に卸売り販売することで発生するマージンが、「養老の瀧」では食材（米・野菜・鮮魚・豆腐を除く）やオリジナル品の「養老ビール」を加盟店に卸売り販売することによって発生するマージンが、各本部の収益源となっていた。つまり、当時のそれら本部は、商品や食材の卸売業（商社）的な性格が強かったわけである。

　一方、ノウハウの供与については、開業時こそ基本的な指導が行われるものの、事業開始後の継続的なノウハウ指導はほとんど行われなかった（本部からの巡回指導員も存在しなかった）。その点では、製品商標型における卸売業的な特徴と、ビジネスフォーマット型における素人でも開業できるフランチャイズパッケージの提供という特徴をあわせもっていたといえる。[7]

　表2−5は、1960年代に日本で発祥したチェーンと1970年代初頭に日本に進

表2-5　外食系チェーンの加盟条件（1974年時点）

チェーン名	加盟金（万円）	ロイヤルティー	その他
【日本発祥のチェーン】			
不二家	無し	無し注1)	指導料2％
鮒忠	100－150	2％	無し
養老乃瀧	75－150	無し	会費月5千円
どさん子ラーメン	30	無し	宣伝費有り
8番ラーメン	30	無し	麺1個4円
山田うどん	50	無し	麺1玉50銭
ラーメン大龍	60	無し	不明
小僧寿し	30	5％	保証金20万
進々堂	30	無し	無し
タカラブネ	20	無し	無し
お菓子のコトブキ	10	無し注2)	無し
雪印スノーピア	50－75	5％	無し
ロッテリア	30－100	5％	不明
【外資系チェーン】			
ウィンピー	100	3％	無し
A&W	255	7％	無し
KFC	250	4％	共同広告費
デイリークイーン	100－300	5％	広告費3％
ミスタードーナツ	200	7％	無し
ダンキンドーナツ	600	7％	無し

注1）店頭販売分は無し、喫茶・レストランは売り上げの5％。
注2）リベートとして卸売り額の2.5～5％を徴収。
出所）東京経済［1974］『日本のフランチャイズ '74』東京経済、42ページおよび商業界［1974］
　　　『74商業界別冊　日本のフランチャイズチェーン』商業界を基に筆者作成。

出した外資系チェーンの加盟条件を比較したものである。表からも明らかなように、日本発祥のチェーンは、総じて少額の加盟金は徴収するものの、継続的なノウハウ指導の対価としてのロイヤルティーは「なし」というチェーンが多く見られる。よって、これらは資金が少ない個人でも加盟がしやすいビジネス

モデルといえる。特に、ラーメンチェーンや持ち帰り系のチェーン（「タカラ
ブネ」や「お菓子のコトブキ」など）は加盟費も安く、ロイヤルティーも「無
し」となっていることから、それらの本部の利益は供給する食材や商品から得
られるマージンに依存していたことがうかがえる。

　これに対して、表の下部に示した外資系チェーンは、加盟金も高く、ノウハ
ウ（継続的指導料含む）の対価としてのロイヤルティーも比較的高く設定され
ていることが分かる。日本発祥のチェーンのなかでも、ハンバーガー系のチェ
ーン（「雪印スノーピア」、「ロッテリア」）については加盟金やロイヤルティー
が比較的高く設定されているが、これは外資系ハンバーガーチェーンに倣った
条件と考えられる。

　このように、初期の日本発祥のフランチャイズチェーンが、食材や商材の販
売が中心でノウハウ移転に基づくロイヤルティーを徴収しないタイプ、すなわ
ち製品商標型とビジネスフォーマット型との中間型のものであったことは、先
述のように、当時日本で広がっていたボランタリーチェーンの特性を受け継い
でいるともいえる。すなわち、商標（看板）こそ統一されてはいるが、店舗設
計やデザイン、メニュー、サービス内容などのノウハウ部分に関する本部の統
制が弱いシステムであったということである。

　つまり、ボランタリーチェーンと同様に、既存の販売業者がその独立性（各
自の経営のやり方）を維持しつつ加盟できるような緩やかなシステムになって
いたのである。さらにいうなら、フランチャイズという言葉が十分に理解され
ていなかった時代であったため、ボランタリーチェーンの延長上で抵抗感なく
加盟できるように配慮されていたといえる。したがって、アメリカのビジネス
フォーマット型と比較すると、フランチャイズパッケージが未成熟で、契約に

---

(7)　小嶌 [2003]、[2006] は、このような中間的なものを「システム・フランチャイジング」
　　と呼んでおり、フランチャイズパッケージが未熟なものを指すとしている。日本で「ビ
　　ジネスフォーマット型」と呼ばれているものには、これに属するものが多いとしている。
　　ただし、フランチャイズパッケージがどのようなものであればビジネスフォーマット型
　　で、どのようなものであればシステム・フランチャイジングであるのかという境界が曖
　　昧となるので、ここではより単純に「中間型」と呼ぶことにしたい。

よる本部の統制が緩いものであった。

　しかし、店舗や内装・設備の縛りが緩いこと、ノウハウ指導がほとんどなされないこと（ノウハウが標準化されていないこと）は、裏返せば加盟者の初期投資が小さくてすむことや、加盟者の運営に関する自由裁量権が大きいことを意味する。このことが、既存の事業経営者（特に小売業や飲食業の経営者）には加盟しやすいものに映ったと考えられる。

　要するに、本部から商品や食材さえ仕入れて（購入して）いれば、他の部分では本部から口うるさい指図や干渉を受ける必要がない点が魅力の一つになっていたのである。これが、小零細の法人加盟が増えた要因になっていたと推察できる。

　では、アメリカではなぜこのような中間的なフランチャイズシステムが成立しなかったのであろうか。それは、アメリカの反トラスト法（1914年に制定された「クレイトン法」による排他的取引や抱き合わせ販売の禁止）の影響だと考えてよい。反トラスト法では、本部がその優越的な地位を利用して、加盟者に食材や商材などを本部から仕入れることを強要するといった行為が禁じられている。

　すなわち、他に代替品がないオリジナリティーの高い商品（特許物など）は本部から仕入れざるをえないものの、それとの抱き合わせで代替品が存在する一般的な商品や商材まで本部から仕入れることを強要することを禁じている。そのため、日本のように、ほとんどの食材や商材を本部から仕入れることを強要し、そのマージンから本部が利益を得ることはできない。つまり、加盟者には仕入れ先を選択する権利が与えられており、多くの場合、本部が認証（品質保証）した複数の納入業者（ベンダー）のなかから、価格や配送などの条件面で最適な業者を加盟者自身が選ぶことができるのである。本部は納入業者の紹介をするだけであり、そこから利益を得ることはできない（補章を参照）。本部は、加盟者への継続的なノウハウ提供の対価としてロイヤルティーを受け取り、それを「収益の柱」とすべきというのがアメリカにおけるフランチャイズの基本的な考え方なのである。[8]

　以上のことから、アメリカと日本の法的規制環境の違いが、1960年代から1970年代にかけて日本独特のフランチャイズシステムを生み、それが日本での初期の法人加盟を促進させた一因になっていたといえる。

地価と建設費の高騰

　二つ目は、1960年代以降深刻となった日本の土地と建設費の高騰問題、そして人手不足と賃金の高騰といった問題である。

　当時の日本では、地価高騰によって本部が店舗を確保することが難しい状況が生じていた。このことが、日本のフランチャイズ本部が求める加盟者像に大きな影響を与えることとなった。たとえば、「養老乃瀧」は直営店が100店舗に達した段階でフランチャイズを開始したが、当時、同社の専務であった植田逸美氏はフランチャイズを採用する本部側のメリットとして、店舗投資がゼロに等しく人件費も比較的少なくてすむことを挙げていた（『商業界』22（6）[1969] 86ページ）。それゆえ、同社の募集要項には、①人格高潔で経済力豊か、②駅前もしくは繁華街で立地条件にすぐれていること、③原則として土地の所有者とするが賃貸店舗も認める、④店舗は7坪以上200坪まで、⑤本部の指示による改造改装が可能なこと、などが謳われている（植田 [1967] 80ページ）。つまり、すでに条件がよい立地に店舗を構えている事業者をターゲットとしていたわけである。

　「不二家」の加盟条件にも、店舗の立地条件のよさ、一定以上の店舗の広さ、土地・建物の所有権や賃貸権をもっていることなどが挙げられており、これから新たに店舗を購入する加盟希望者は除外する、とされていた（清水 [1970] 109ページ、宮下 [1968] 59～60ページ）。ここでも、すでに店舗を運営してい

---

(8)　また、反トラスト法（1890年制定のシャーマン法）では、本部が加盟者の販売価格を決定すること（再販売価格維持）も禁じている。よって、外食の場合もメニューの価格を本部が決めることはできない。日本では、商品やメニューの価格は本部が統一的に決定し、加盟者は全国同一価格で商品やサービスを提供するのが一般的である。しかし、アメリカでは、同じチェーン店でも加盟者や店舗立地によってその価格は異なっている。価格の決定権は加盟者側にあるというのが、アメリカでの基本的な考え方である。

る既存の事業主を前提にして加盟者募集が行われていたことが分かる。

　また、「パルナス」や「お菓子のコトブキ」などの菓子メーカーも、高度経済成長によって土地価格が高騰するなか、直営店の展開が難しかったことから、競争の激化で売上高が落ちて転廃業を迫られている一般菓子小売店に着目して加盟させる方式をとったとされる[9]（霍川［1968］71ページ）。

　本節の冒頭で見たごとく、1972年の中小企業庁による実態調査では半数近く（45％）の加盟者が法人であり、しかも加盟者のうち事業経営の経験者が7割近くを占めていたが、その背景には、以上のような加盟側と本部側の要因が影響していたのである。

3 1970年代：外資系チェーンの進出と第1世代の誕生

（1）外資チェーンの日本進出と大企業の参入

　前節のごとく、法人加盟は1960年代から一定の比率を占めていたものの、その多くは小売・飲食業のような個人事業的な小零細規模の法人であった。ところが1970年代に入ると、もう少し規模が大きな中堅以上の中小企業もフランチャイズに加盟をするようになった。いわゆる「法人フランチャイジー」と呼ぶにふさわしいものは、この頃に誕生したものが最初といえる。その意味で、1970年代は第1世代の誕生期といえよう。

　この転機をもたらしたのは、1970年代に入って急増した外資系チェーンによる日本市場進出であった。よく知られるように、第2次世界大戦後に厳しく規制されていた海外からの投資は、1964年の日本のOECD（経済協力開発機構）加盟を契機として1967年から順次自由化されていった。その流れのなかで、流通サービス分野での海外からの投資自由化が断行されたのが1969年のことであった（第2次資本自由化）。これにより、翌1970年からは、表2－6のごとく多数の外資系チェーンが一斉に日本に進出することとなる。

表2－6　外資系外食チェーンの日本進出（1980年まで）

ブランド	業　　種	参入年	日本側パートナー（出資比率）	形態
スチューケトル	シチュー	1970	ヤナセ（100）	FC
KFC（ケンタッキーフライドチキン）	フライドチキン	1970	三菱商事（50）	合弁
ウィンピー	ハンバーガー	1970	東食（51）	合弁
ミスタードーナツ	ドーナツ	1971	ダスキン（100）	FC
マクドナルド	ハンバーガー	1971	藤田商店（25）、第一製パン（25）	合弁
ダンキンドーナツ	ドーナツ	1971	レストラン西武（100）	FC
バーガーシェフ	ハンバーガー	1971	不二家（100）	FC
A&W	ハンバーガー	1972	蝶理（70）、明治製菓（30）	FC
パイオニア・テイクアウト	フライドチキン	1972	三菱化成（34）、東泉（12）ほか	FC
ディッパーダン	アイスクリーム	1973	ダイエー（100）	FC
ピザハット	ピザ	1973	住友商事（30）、朝日麦酒（20）	合弁
デイリークイーン	ソフトクリーム	1973	丸紅（50）	合弁
ピザイン	ピザ	1973	住石開発（60）、住友石炭鉱業（20）ほか	FC
アンナミラーズ	アメリカンパイ	1973	井村屋（100）	FC
ウインナーワールド	ビヤレストラン	1973	三井物産、サッポロビール、ジロー	FC
バーニー・インズ	ステーキ	1973	日本ハム（40）、三菱商事（20）	合弁
シェーキーズ	ピザ	1973	三菱商事（25）、キリンビール（25）	合弁
サーティワン・アイスクリーム	アイスクリーム	1974	不二家（100）	FC
デニーズ	ファミリーレストラン	1974	イトーヨーカ堂（100）	FC
ピザ・パテオ	ピザ	1974	大阪ダイハツ	合弁
ハーディーズ	ハンバーガー	1977	兼松江商（100）	FC
ビッグボーイ	ファミリーレストラン	1978	ダイエー（100）	FC
アイホップ（IHOP）	ファミリーレストラン	1978	長崎屋（100）	FC
ロング・ション・シルバー	シーフードレストラン	1978	ダスキン（100）	FC
トニーローマ	BBQレストラン	1978	WDI（100）	FC
ウインチェルド・ドーナツ	ドーナツ	1979	ユニー（100）	FC
サンボ	コーヒー	1979	すかいらーく（100）	FC
チャーチステキサスフライドチキン	フライドチキン	1979	レストラン西武（100）	FC
シズラー	ステーキ	1979	日本コインコ（100）	FC
マリー・カレンダー	ファミリーレストラン	1980	タカラブネ（100）	FC
サークルK	コンビニ	1980	ユニー（100）	FC
ビクトリア・ステーション	ステーキ	1980	ダイエー（100）	FC
ウェンディーズ	ハンバーガー	1980	ダイエー（100）	FC
ココス	ファミレス	1980	カスミストア（100）	FC

注）リストには日本から撤退済みのものを含む。日本側パートナーは進出当初のものであり、その後変化したケースもある。（　）内は出資比率。ただし、ウインナーワールドとピザ・パテオは出資比率不明。法人加盟率は1974年時点のもの。なおマクドナルドは1976年から社員独立制によるフランチャイズを開始。表中のFCはフランチャイズを指す。

出所）川端基夫［2010］『日本企業の国際フランチャイジング』新評論、48ページの表2－2をベースに編集部［1972］「外資のフランチャイジーになった大手進出企業の思惑」月刊食堂、12（12）、80～85ページ、編集部［1973］「ファーストフード業界の1973年の動き」月刊フランチャイズシステム、5（12）、21ページ、東京経済［1974］『フランチャイズ年鑑74年版』122～127ページ、編集部［1996］「フランチャイズビジネス発展史」Franchise Age, 1996.5～7などに基づき加筆修正。

　この表で注目すべきは、日本側のパートナーである。その多くは日本の大手企業であり、食品メーカー、商社、スーパー、さらには化学や石油関係の企業も見られる。外資系チェーンは日本進出にあたって資金力があり信用のおけるパートナーを探していたが、当時は外食産業が新しい産業領域として日本で拡大しつつあった時期でもあり、国内の大手企業のほうも新たな事業領域として外食分野への参入を狙っていた。しかし、外食業のノウハウをもっていなかった大手企業が多かったことから、有力なパートナーを探していたという事情がある。表2－6は、まさに両者の利害が一致した結果を示すものといえる。

　外資系の進出によって、外食分野は新しいビジネスとして注目を集めるようになった。大企業がパートナーとなったことも、社会の外食産業に対するイメージを一変させた。1960年代に日本で発祥した外食系のフランチャイズには関心を示さなかった国内企業も、外資系チェーンへの加盟には大きな関心を寄せるようになったのである。

（2）中小企業による加盟のはじまり

　外資系チェーンへの加盟は店舗建設費が嵩むなど初期投資額が大きかったため、資金力がない個人や個人事業主の加盟は難しく、むしろ企業（法人）が取り組むべき事業と映った。また、加盟を募った日本側のパートナーは大企業であったがゆえに、加盟者選考については、個人ではなく信用度が高く資金力のある企業や、条件のよい出店候補地を所有・確保している企業が選ばれた。具体的には、日本側のパートナー企業と取引のある企業、銀行からの紹介、地方の名門企業、主要な都市に不動産を保有している企業などであった。外食経験のない法人が外食チェーンに加盟するという現象は、このように外資系チェーンの日本進出と共に広がっていった。

　ここで、二つのケースを見てみたい。まずは「KFC」（当時は「日本ケンタッキーフライドチキン」）のケースである。表2－7のごとく、「KFC」は1971年に三菱商事との合弁（出資割合50％）で日本に進出したが、その加盟者は、

表2－7　KFCの当初のフランチャイジー（1975年当時）

フランチャイジーの企業名	本　社	事業内容（親会社）
三谷合資会社	東　京	不動産、レストラン
（株）タナベ商事	兵　庫	レストラン
イナターナショナルプロビジョン（株）	北海道	親会社は建築（伊藤組）
（株）マンディ	東　京	不動産、旅行代理店
（株）大阪フード	大　阪	ホテル経営
（株）さわやか	神奈川	親会社はコカコーラのボトラー
山大産業（株）	北海道	建設
千代田観光産業（株）	群　馬	旅館業
ミネギシエンタープライズ（株）	東　京	石油代理店
（株）メディ	東　京	食品製造卸（明治屋）
山中産業（株）	大　阪	非鉄金属商社
（株）達富	京　都	喫茶店
田部林産（有）	島　根	木材
（株）リウエン商事	沖　縄	建設、不動産、ホテル（琉展会）
中川産業（株）	兵　庫	木材
信越企業（株）	新　潟	ガソリンスタンド
（株）国場組	沖　縄	建築
関西フーズ（株）	大　阪	親会社は厨房機器メーカー
（株）ケイアンドエイチ	東　京	親会社は食品問屋（広尾）
（株）ポールスター	福　岡	建設機械代理店

出所）編集部［1975］「ミスタードーナツとケンタッキーフライドチキンにみるチェーン化
　　　の動向と参入実態」レジャー産業・資料、8（8）の表1を基に筆者作成。

当初から法人が100％を占めていた。三菱商事がKFC事業を直営店で開始する
と、まだ加盟者の募集を開始していないにもかかわらず、あらゆる経路で約
400社余りの申し込みが殺到したこと、三菱商事が主導したフランチャイジー

----

(9)　このような本部側の戦略は功を奏し、「養老乃瀧」の場合は1966年から公募制のフラン
　　チャイズ制を開始したが、その僅か7年後には1,000店に達するという驚異的なスピー
　　ドで拡大した。「どさん子ラーメン」の場合も、1967年のフランチャイズ制の開始から
　　4年後に500店に達し、10年後には1,000店に達していた。

84

表2−8　ウインピーの当初のフランチャイジー（1973年当時）

フランチャイジーの企業名	店舗立地点	事業内容
（有）エコー	横浜市・伊勢崎町	製造業
（株）レストラン東急	東京都・港区青山	鉄道系
（株）清澄商事	千葉・千葉駅ビル内	飲食・レストラン
浦辺興産（株）	大阪・くずはモール内	果物卸
（有）和光	東京・金町駅前	時計・眼鏡
（株）ヤサカメイト	京都・京都駅前	バス・タクシー
（株）レストラン東急	東京・新宿歌舞伎町	レストラン
藤谷商事	栃木・佐野市	不明
（有）サン商事	新潟・長岡市	食品問屋
日産チェリー東静販売（株）	静岡・三島市、焼津 IC 横	自動車ディーラー
（有）中政商店	群馬・太田市	原糸商
（有）大和	北海道・旭川市	花月会館の運営
菱友（株）	山梨・甲府市	自動車販売
池田商事（株）	神奈川・川崎市	不動産
（株）スズケン	群馬・前橋市	ガソリンスタンド
（株）城屋	長野・長野駅前	ビジネスホテル
（合）平野石油	茨城・水戸市	ガソリンスタンド
幸の湖商事（有）	栃木・日光	ホテル
日産チェリー富山販売（株）	富山・高岡市	自動車ディーラー
日米商事（株）	山形・山形駅前	ガソリンスタンド
日本カーレン（株）	神奈川・厚木市	不明
（有）ウェストランド	東京・立川キングボール	酒屋・水道工事
大光（株）	大阪・千里	不動産
白十字フーズ（株）	東京・国立駅前	不明
静岡高速自動車（株）	静岡東名 IC 横	高速道路管理
（株）オリンピック	愛知・岡崎市	不明
個人（玉川学園 OB）	東京・玉川学園	
個人	静岡・清水市	

出所）東京経済［1973］『73日本のフランチャイズ企業』東京経済、315ページおよび編集部
　　　［1972］「外資のフランチャイジーになった大手進出企業の思惑」月刊食堂、12（12）、
　　　80〜85ページを基に筆者作成。

の選定については厳格な審査が行われ、特に加盟希望者が所有する店舗候補地の立地条件のよさが重視されたこと、そして各地方の社会的信用度の高い有力企業が選ばれたこと、などが社長の大河原伸介氏によって記録されている（大河原［1973］149ページ）。

　表2－7は「KFC」の当初のフランチャイジーであるが、このリストには三菱商事との取引があった企業や地方の有力企業が多く名を連ねている。その後、フランチャイジーが増えていったものの、現在でも加盟者は51の法人フランチャイジーのみであり、「KFC」はかぎられた加盟者を通して集約的に店舗展開を行ってきたことが分かる。

　次に、イギリス資本の「ウィンピー」のケースを見てみたい。表2－8は、「ウィンピー」の初期（1973年時点）のフランチャイジーである。同社は、食品商社大手の「東食」（のちに倒産）が日本側のパートナーであったが、「東食」は日本でのフランチャイジーを選定するにあたって、優良な店舗物件を所有・確保している点を重視したとされる。したがって、表の店舗立地点を見ても分かるように、繁華街や駅前に店舗用地を確保した法人フランチャイジーが名を連ねている（個人は2件のみ）。

　このように、日本では1970年代の外資系チェーンの進出をきっかけに異業種の企業（法人）が加盟して、新しい事業領域を開拓する（多角化する）という法人加盟が本格化した。なかでも、外資系ファストフードという新しいビジネスへの進出という、ポジティブな動機に支えられたものであった点に特徴がある。

　1990年代後半以降から目立ちはじめる本業の衰退や行き詰まり（先行き不安）を打破するためにフランチャイズに加盟するといったケースは、この時点ではまだ見られなかった。また、法人を対象とした募集も1970年代はまだ外資系チェーンの本部にかぎられていたため、中小企業の法人加盟はさほどの広がりを見せたわけではなかった。

4 1980～1990年代：
フランチャイズの拡大と第2世代の誕生

　1970年代までは、フランチャイズといえば外食産業が中心であったが、1980年代に入ると、その業種や業態が急拡大していく。特に大きな変化は、コンビニの急速な拡大と、サービス・フランチャイズ（67ページ参照）の登場と拡大であった。既存の外食チェーンも店舗数をさらに拡大させたことで日本のフランチャイズは量的にも質的にも拡大し、消費生活のなかに定着していった。また、かつてのフランチャイズに対する怪しげなイメージも払拭され、一つのビジネスのあり方として社会的な信頼性も得るようになっていった。本節では、この時期に新しい局面をもたらしたコンビニとサービス・フランチャイズが法人加盟に与えた影響について見ていきたい。

（1）コンビニの拡大

　コンビニの店舗数の増加率を見ると、1980年代（1983～1989年）は2.6倍、1990年代（1990～1999年）は2.2倍、2000年代（2000～2009年）は1.2倍、2010年代（2010～2018年）は1.3倍となっており、1980年代と1990年代の増加率の高さが際立っている（フランチャイズチェーン統計調査）。そこで、コンビニが法人加盟に与えた影響について確認をしておきたい。

　日本のコンビニは、当初からフランチャイズ加盟での拡大を前提にしており、初期は小零細小売店の近代化や効率化、あるいは商店街との共存共栄に寄与するものという位置づけがなされていた。[10] よって、コンビニ各社は既存の小零細小売店を「転業」させる形で店舗網を急拡大させていった。

　コンビニ各社が狙いを付けたのは、酒販免許やタバコの販売免許を有する小売店であった。特に酒小売店に対しては各社の争奪戦が1980年代から繰り広げられ、それは規制が緩和された1990年代末まで続いた[11]（酒販の完全自由化は2006年）。

　そもそも、コンビニのフランチャイズモデル（収益モデル）は個人加盟・家族運営を前提にした設計となっていた。たとえば、コンビニは小さな店ではあるが、多種多様な商品や機器・設備の管理、こまめな発注・在庫管理や清掃、各種のサービス対応といった多様な業務をこなす必要がある。それらの業務は、家族経営の店ならオーナーの業務として行われるためにコストが発生することはないが、雇用者にさせると教育に手間がかかるうえに人件費が嵩んで利益が圧迫される。

　つまり、コンビニは個人加盟には向いていたが、外食系のフランチャイズのように既存の中小企業が兼業で加盟するには向いていないビジネスモデルになっていた。それゆえ、コンビニの本部側も個人加盟を原則としており、中小企業などの法人加盟は受け付けないというのが一般的であった。また、本部はオーナーが複数店舗を運営することにも消極的であった。このようなことから、1980年代から1990年代にかけてはコンビニが急激に拡大していくものの、その拡大は法人加盟の拡大とはほぼ無縁の状態が続いた。

　コンビニが法人加盟に目を向けるようになるのは、後述するように2000年代に入ってからのことであり、2002年に「ファミリーマート」が最初に法人向けの契約をつくるまで待たねばならなかった（第3章を参照）。

⑽　「セブンイレブン」の元社長・会長であった鈴木敏文氏は、大型店ではできない地元商店街との共存共栄をどうしたら図れるのかという問題意識がコンビニ導入の一番のきっかけだった（『日本経済新聞』1982年1月10日付）、コンビニをはじめたときはFCシステムで商店街の近代化、活性化を進めることが目的だった（『日経流通新聞』1998年8月14日付）などと述べている。その後も鈴木は、イトーヨーカ堂の出店の際に商店街の人たちと対立した経験を踏まえ、中小小売業の弱さは規模の小ささではなく近代化や効率化の遅れだと確信していたが、それがアメリカで発見した効率的なコンビニ業態を日本に導入しようとした理由だったという内容のことを述べている（『日本経済新聞』2004年1月8日付）。これらのことから、少なくとも「セブンイレブン」は当初から小零細小売業を加盟させることを念頭に置いていたことがうかがえる。

⑾　1974年5月に開店した「セブンイレブン1号店」（東京都江東区）も、酒小売店からの転業であった。

表2-9　1980年代・1990年代に誕生したサービス・フランチャイズ

開始年	チェーン（ブランド）名
1984	センチュリー21（不動産）、明光義塾（塾）
1985	TSUTAYA（レンタルビデオ）
1986	ホワイト急便（宅配便）
1987	フジカラーパレット（フィルムプリント）
1988	
1989	
1990	
1991	ブックオフ（古本）、車検のコバック（車検）
1992	
1993	
1994	ハードオフ（中古品）
1995	やさしい手（介護）、ガリバー（中古車）
1996	がんばる学園（塾）、極楽湯（スーパー銭湯）
1997	スクールIE（塾）、QBハウス（理容）
1998	ゲオ（レンタルビデオ）、自遊空間（ネットカフェ）

注）1980〜1983年は新規参入が確認できず。
出所）各種資料を参考に筆者作成。

（2）サービス・フランチャイズの拡大：第2世代の誕生

　1980年代から1990年代は、サービス分野のフランチャイズが登場した時代でもあった。サービス分野のフランチャイズとしては、日本のフランチャイズの草分けである「ダスキン」（1963年フランチャイズ開始）があるが、それ以降は「サンルートホテル」（1970年フランチャイズ開始）や「関塾」（1976年フランチャイズ開始）が見られる程度であった。ところが、**表2-9**に示すごとく、1980年代の中盤以降、多くのサービス・フランチャイズが次々と登場してくる。

　重要なことは、この表に挙げられたブランドの多くが中小企業による法人加盟の対象になったことである。1970年代に誕生した法人フランチャイジーの第

1世代は、外資系のファストフードを核ブランドとしたものが多かった。しかし、この時期になるとサービス・フランチャイズを核ブランドにして成長した第2世代の法人フランチャイジーが登場してきたのである。

　サービス・フランチャイズは、法人加盟の視点から捉えるといくつかのタイプに分けることができる。まず、既存の事業をベースに、それを強化する目的で関連度の高いブランドに加盟するものである。「センチュリー21」は既存の不動産仲介業者、車検の「コバック」は自動車の整備業者やガソリンスタンドなどが加盟したコンバージョン型のフランチャイズである。したがって、加盟するのは個人事業主に近い小規模法人が多く、店舗数の規模はさほど大きくない。

　二つ目は、加盟時は個人だったが、その後に大規模な法人フランチャイジーに成長したものが多いブランドである。それが、「明光義塾」、「がんばる学園」、「スクールIE」といった個別指導の学習塾であった。

　教室の開設投資額が小さいこと、子どもの人口が多いエリア（市場）であることに加え、学生のアルバイト教員が確保できれば参入や教室増設が可能となる。このことから学習塾には、個人ではじめても大規模化しやすく異業種の中小企業でも参入しやすいという特徴がある。

　三つ目は、競争が激しい業種や衰退業種からの参入が多かったブランドである。それは、「TSUTAYA」（レンタルビデオ）、「ブックオフ」（中古本）、「ハードオフ」（中古家電や中古家具など）といったブランドであった。「TSUTAYA」や「ブックオフ」には、中堅の書店が加入したというケースが少なくない。新刊図書の販売に「TSUTAYA」の映像レンタルや「ブックオフ」の古本販売を付加して、本業とのシナジー効果を発揮して地域の関連需要を囲い込む戦略に利用された。他方「ハードオフ」は、大型の量販店チェーンに市場を奪われた家電店が転業をして加盟するケースが多かった。

　これらのブランドは、これまでにない新しいビジネスモデルであったため、競合が少ない新規市場を獲得し、店舗数を伸ばして大規模化した法人フランチャイジーも多く見られる（本業と加盟ブランドとの関係は第7章を参照）。

　第6章でも述べるが、のちに「メガフランチャイジー」と呼ばれるようになった大規模な法人フランチャイジーのなかにも、この時代に誕生したサービス・フランチャイズに加盟して成長した第2世代が少なからず含まれている（表6－2参照）。

第3章

法人フランチャイジーの拡大プロセス
—加盟ブームの第3世代と第4世代—

1 1990年代後半〜2000年代：法人加盟ブームと第3世代の誕生

（1）フランチャイズ支援コンサルタントの役割

　日本の法人加盟は、1960年代の小零細法人による加盟や、1970年代の中小企業による外資チェーンへの加盟（第1世代）を経て定着した。また、1980年代から1990年代にかけては、サービス・フランチャイズへの加盟を事業の柱とする第2世代の法人フランチャイジーも生まれた。ただし、この時期に成長したコンビニは、個人加盟が基本であったため法人フランチャイジーの拡大には影響を与えなかった。

　さて、「法人加盟は中小企業の魅力的な選択肢の一つであり積極的に検討する価値がある」といった内容の雑誌記事が、中小企業向けの雑誌に初めて登場したのは1990年のことであった(1)（38〜39ページ参照）。筆者が管見するかぎり、それまでは「法人加盟」という言葉が一般の新聞や雑誌の記事に出ることはなく、法人加盟はまだ一部の中小企業の関心しか引いていなかったといえる。

---

(1) 『月刊中小企業』1990年7月号、8〜11ページ。

　しかし、1990年代後半になると状況が大きく変化してくる。すなわち、中小企業における事業の多角化あるいは業容拡大を目的として、積極的にフランチャイズへの法人加盟を活用しようとする動きが広がってくるのである。こうして、中小企業の事業戦略として法人加盟が位置づけられるようになり、法人フランチャイジーが本格的に拡大しはじめる時代を迎えたのである。

　このような変化を決定づけたのは、フランチャイズ支援コンサルタントによる中小企業向けの加盟勧誘活動であった。このコンサルタントは、フランチャイズ方式での成長を望む企業（本部になりたい中小企業）を支援するものであり、本部の立ち上げから加盟店舗の拡大（チェーン化）までを請け負う業者のことを指す。

　具体的には、本部として必須といえる商品開発、ノウハウのマニュアル化、加盟モデル（収益シミュレーション）の作成、店舗設計図・デザインの作成、商品や食材の調達システムや物流システムの構築、フランチャイズ契約の設計（加盟金やロイヤルティーの設定）、契約書の作成、そして資金調達の手助けなど、本部になるために必要なことすべてを指導し、さらに「加盟開発営業」と呼ばれる加盟者の勧誘までを請け負うコンサルタント企業のことである。

　特に重要な意味をもつのは加盟開発営業であった。本部が立ち上がっても、加盟者が集まらなければ話がはじまらない。しかし、新興の本部には加盟者を募集したり選定したりする資金や人材、ノウハウがない。そこで、コンサルタント企業がその業務を代行するのである。

　コンサルタント企業は、新たな加盟者を獲得するたびに加盟者から本部に支払われる加盟金の一部（半額の場合が多い）と、毎月のロイヤルティーの一部を受け取る契約を本部と結ぶ。それに基づいて、コンサルタント企業は、中小企業や個人事業主向けに募集広告を打つだけでなく、加盟を勧誘する法人向けのセミナーを各地で実施し、さらに全国の中小企業を訪問して積極的な営業活動を展開していった。[2]

　これによって、これまでフランチャイズとは無縁であった全国の中小企業が、フランチャイズへの法人加盟という選択肢の存在を知ることとなった。実際、

コンサルタントの営業によって加盟した企業も少なくなく、日本のフランチャイズは法人加盟の時代を迎えることになった。こうして生まれたのが、第3世代の法人フランチャイジーであった。

（2）ベンチャー・リンクによる加盟開発営業と法人加盟の拡大

ベンチャー・リンクとは

　このフランチャイズ支援コンサルタントの代表格が「ベンチャー・リンク」という企業であった。この企業の親会社は、小林生産技術研究所（1964年創業）を前身とする「日本LCA（ロー・コスト・オートメーション）」であり、中小製造企業の省力化を専門とする経営コンサルタント企業であった。

　日本LCAは、多くの中小製造企業を技術面からサポートするなかで、中小製造企業の弱みが、技術よりもむしろ販売力・マーケティング力にあることを認識するようになる。そこで、技術力は高いが販売力が低い企業と販売力の高い企業とをマッチングさせるなど、各社が有する課題を企業マッチングによって補完的に解決することを目指すようになる。ただし、それを進めるためには、どのような中小企業がどのような優位性を有し、どのような課題（弱み）を抱えているのかといった情報を、収集・分析する必要があった。

　そこで、日本LCAは1986年に「ベンチャー・リンク」という子会社を立ち上げ、中小企業の情報を武器に課題解決を行う事業に乗り出した。同社は、全国の地方銀行（第二地銀）や信用金庫と次々に提携を行い、それら地域金融機関の顧客である全国の多様な中小企業をベンチャー・リンクの会員組織である「ベンチャー・リンク・クラブ」の会員にして、金融機関を介した中小企業のネットワークを組織した。そうして会員企業の詳細な情報を収集し、それに基づいて会員企業を支援する仕組みを構築していったのである。

　同社と提携を行った地方金融機関はピーク時には200行近くに達し、それら

---

(2)　2001年頃になると、銀行や総合商社がフランチャイズ支援事業に参入するようにもなった。（『日本経済新聞』2001年12月25日付）

金融機関の顧客企業を中心とした会員は十数万社に達した。[3]これにより得た大量の中小企業情報をデータベース化して、各社の課題やニーズを、情報を用いて解決していく事業（ビジネスマッチング＝各社が必要とする取引先や提携先を引き合わせる）を進めていった。

ベンチャー・リンクとフランチャイズ

　同社は、そのような会員企業の経営支援事業を進めるなかで、岡山にあった小規模なベーカリー喫茶「サンマルク」と出合う。そして、「サンマルク」をフランチャイズ本部に育てて成長させる事業に取り組んだ。1991年に「サンマルク」と支援契約を結び、サンマルク本部に出資を行ったうえで、1992年５月から加盟店を勧誘する加盟開発営業をはじめた。

　ベンチャー・リンクの支援は功を奏し、同社の加盟店開発によって加盟店を急増させた「サンマルク」は1995年12月に株式上場（店頭公開）を果たしたのであるが、それにより、サンマルク本部に出資していたベンチャー・リンクは大きなキャピタルゲインを得ることになった。

　この成功体験によって、ベンチャー・リンクは中小企業の再生や活性化にとってフランチャイズという仕組みが極めて重要な役割を果たすと共に、それがベンチャー・リンク自身にも大きな利益をもたらすことを改めて認識した。そこで、1990年代後半になると、従来の情報ネットワークやデータベースを武器とした中小企業支援事業から、フランチャイズビジネスを活用した中小企業支援へとコンセプトを転換させ、フランチャイズ本部の開発を次々に進めていくようになる。フランチャイズ本部を量産していく企業という意味の「フランチャイズ・ファクトリー」と自らを呼ぶようになったのもこの頃である。

　同社が育てたブランドは、中古車買取りの「ガリバー」や中古ゴルフ用品の「ゴルフパートナー」をはじめとして、外食系では「牛角」、「温野菜」、「まいどおおきに食堂」、「フランス亭」、「とり鉄」、「とりあえず吾平」、「高田屋」、「銀のさら」などのほか、教育系では「七つの習慣」、「ITTO」など多数に上る。これらを、「BLP（ビジネス・リンク・パートナー）」という会員組織に加盟し

表3－1　ベンチャー・リンク社の概要（2001年の東証1部昇格時）

名称	（株）ベンチャー・リンク
本社	東京都台東区寿2－1－13
設立	1986年3月1日
代表者	小林忠嗣（会長・CEO）、田中恭貴（社長・COO）
資本金	39億6,548万円
売上げ	282億6,700万円（連結、2001年5月）
経常利益	61億9,300万円（2001年5月）
従業員数	620人

出所）宮内健「ベンチャー・リンクの真実」商業界、2002年5月号、pp.177
　　　－183を基に筆者作成。

た1,600社ほど（2001年時点）のクライアント企業に紹介（加盟勧誘）してい
ったのである。つまり、コンサルタント契約をした多くの中小企業のなかから
本部に育てる企業を見いだし、他のクライアント企業に加盟させる（マッチン
グを図る）ことで本部企業の育成と加盟企業の活性化・再生という両方を同時
に実現させ、フランチャイズをフル活用した一石二鳥のビジネスモデルを構築
していったのである。

　収益は、コンサルタント料をベースにしつつも、本部企業から委託された加
盟開発営業から得られる加盟金の一部やロイヤルティーの一部が多くを占める
ようになる。さらに、最終的に本部企業を株式上場させることで、出資者であ
る同社が大きなキャピタルゲインを得ることにもなった。

　このような手法は、フランチャイズ業界でも大きな注目を集めた。参考まで
に、ベンチャー・リンクの企業概要（2001年当時）を表3－1に示しておく。

---

(3)　「ベンチャー・リンク」が急成長していた時期のビジネスの概要については、宮内
　　［2002］を参照のこと。一方、同社のビジネス手法を危惧する批判的な記事は、フラン
　　チャイジー向けの業界誌である季刊『Franja（フランジャ）』が早い段階から掲載し続
　　けた。主な記事は、2001年November号、2003年March号、2004年January号、2004年
　　May号、2005年September号、2011年January号、2012年May号、2014年September号
　　などに掲載された。

ベンチャー・リンクのビジネスモデル

　同社が育成した本部の特徴は、法人（企業）だけを加盟者として募集していたことであった。フランチャイズを、起業のツールではなく課題を抱えた中小企業の活性化や再生のための戦略ツールと明確に位置づけていたからである。また同社は、全国の数多くの地方金融機関と提携していたため、加盟勧誘した中小企業に新規事業資金のサポート（金融機関の紹介と申請手続きの支援）ができる点が強みとなっていた。金融機関側も融資案件を増やしたい思惑があったことから、積極的な融資が行われた。

　このフランチャイズの本部育成と加盟開発事業によって同社の業績は急上昇し、1995年に株式をジャスダックに上場（当時は店頭公開）すると、その6年後の2001年には東証1部への昇格を果たした。このような短期間での急激な成長ぶりは、ベンチャーブームに沸いていた当時の社会の耳目を引くこととなった。

　ところで、同社が業績を急拡大させた要因の核心は「エリア・エントリー契約」にあったとされる。同社は、単にコツコツと加盟者との契約を積み上げていったわけではなかった。それまでの日本のフランチャイズでは行われてこなかった「出店権」の販売という新たな手法を使い、大量の加盟契約を獲得していったのである。

　まず、ブランドごとに全国に多くの出店エリアを設定（市場を分割）し、そのエリア単位で出店可能店舗数を算出して、その数に応じた「出店権」を中小企業に販売するというのが「エリア・エントリー契約」の内容である。いってみれば、優先出店権の販売である。

　この契約によって発生する「エリア・エントリー・フィー」（事前に加盟者が支払う出店権利金）は、実質的には加盟金の先払いと同じであった。そのフィーは、半額が本部に、残りの半額がベンチャー・リンクに入る契約となっていたため、同社はエリア・エントリー契約を次々に行って、それによって得られたフィーを売上高として計上していった。[(4)]これが、同社の売上高が急増した要因であった。また、フィー自体の利益率が非常に高かったことから企業利益

も急増したのである。

　中小企業に加盟を勧誘する際には、この出店権を複数店舗分まとめて購入することをすすめたとされる。特定エリアの出店権をまとめて購入すると、そのエリアの市場独占が可能となるからである。加盟者が法人であるため、まとまった投資が可能であることを前提にした販売手法である。ただ、同社の営業マンは、「今買っておかないと、もう地元エリアでは出店する余地がなくなる」とか「加盟金がどんどん上昇するので、今のうちにまとめて買っておいたほうがよい」などと加盟者を煽るようなセールスを展開したとされ、それが投機的な加盟契約や当該の中小企業の力量を超えた加盟を誘引・拡大したという結果をもたらしたともされている。[5]

　ただし、このような出店権を優先的に付与する契約はアメリカではよく見られるものであり、また日本でも、それ自体には法的な問題はないとされる。[6]

ベンチャー・リンクのビジネスモデルの行き詰まり

　同社は、多くのフランチャイズ・ブランドのエリア・エントリー契約（優先出店権）を短期間で大量に中小企業と結んだ（に販売した）ことから、同社の業績は急上昇した。しかし、優先出店権を得ても、現実には営業に適した（利益が出る）立地をすぐに確保することは難しい。それにもかかわらず、あまりにも大量の優先出店権を短期間に全国で販売したため、次第に店舗物件の確保

---

(4)　日本フランチャイズチェーン協会では、出店ができていない段階で加盟金などを受け取って売上高に計上することは禁じていた。フランチャイズ本部は、加盟者の店舗が営業を開始するまで責任をもって指導をするのが原則であるため、それまでは「預かり金」としておき、開店して初めて売上高に計上するのがルールであった。ベンチャー・リンクも、終盤はそのように処理を変更したが、そのことで売上高は大きく減少した。

(5)　かつてベンチャー・リンク系のフランチャイズ本部に加盟した経験を有する中小企業8社へのヒアリング調査によると、同社の営業担当は、複数の出店権（5〜10店分）を一括購入することによるエリア独占をすすめることが多かったため、投資額が膨れ上がったとされる。また、人気のある飲食ブランドの場合は、当初は1店当たり400万円であった加盟金が、最終的には1,000万円にまで引き上げられたケースもあったとされる。

(6)　エリア・エントリー契約の法的解説については、神田［2018］318〜323ページを参照のこと。

が追いつかなくなっていった。また、加盟者の多くはフランチャイズの経験が
ない中小企業であり、出店開発や立地判定のノウハウを独自に有していなかっ
たことも状況を悪化させた。

　その結果、エリア・エントリー・フィー（加盟金に相当）を支払ったにもか
かわらず、いつまでも出店・開業に至らないケースが多発することになった。
この背景には、ベンチャー・リンクが自己の売上高を伸ばすため、各エリアの
出店可能店舗数をやや過大に設定したこともあったとされる。[7]

　ベンチャー・リンクの2002年5月期の決算では、過去最高の203億円の売上
高を計上したが、一方で未出店枠は3,000件余りに達していたとされる（『日経
流通新聞』2004年8月19日付）。結局、出店ができないために、エリア・エン
トリー・フィーなどの先行投資金の回収が困難になって苦境に陥る加盟者（中
小企業）が続出し、エリア・エントリー・フィーの返還をめぐる訴訟が多数起
こされることになった。[8] たとえ開店しても、開店後のサポート体制が不十分で、
収益を上げられない加盟者が多く出現することにもなった。

　その後、同社は未開店枠のフィーの部分的な返金に応じたり、開店後のサポー
ト体制を強化するための投資を強いられることになった。この混乱から同社
の業績は急落し、2001年3月の東証1部昇格から僅か2年後の2003年5月期の
連結最終損益で62億円の赤字（前期は52億円の黒字）を計上し、翌2004年5月
期の連結最終損益は158億円もの赤字に陥った。

　その後は再建に奔走するも、かつて育てた優良な本部企業が自立するように
なって、同社との加盟開発契約を解除するようになったほか、BLP会員も減
少を続けて同社の収入源が縮小していった。決定的であったのは、2009年2月
に資本・業務提携を行っていた日本振興銀行が2010年9月に民事再生法の適用
を申請したことで、資金面の後ろ盾を失ったことである。

　結局、同社は2011年10月に上場廃止となり、自主再建の道も絶たれ、2012年
3月に民事再生法の申請をすることで終焉を迎えた。負債額は52億6,000万円
であった。日本の中小企業の活性化を基本理念とした同社は、結果的に多くの
中小企業の経営を毀損するという正反対の結果を残して姿を消すことになった。

（3）ベンチャー・リンクが日本のフランチャイズに与えた影響

　同社の活動に対してはさまざまな評価がなされてきた。特に、投機的なエリア・エントリー契約を中小企業にさせたこと、出資して育てた本部を上場させて巨額のキャピタルゲインを得ることが最終目的になっていたこと、営業担当者による強引な勧誘手法、結果的に多くの中小企業の経営を毀損してしまったこと、そしてフランチャイズ事業の社会的イメージを低下させたことなどについては批判が多いが、それらについては深入りしない。ここでは、日本における法人加盟の拡大に与えた影響にだけ焦点を当てたい。

　同社が日本のフランチャイズに与えた影響は、以下の三つに整理できる。

法人加盟という選択肢の浸透

　まず、基本的に全国の中小企業に向けた加盟開発営業が、日本の多くの中小企業にフランチャイズへの法人加盟という選択肢の存在を知らしめたという事実は否定できないであろう。全国で展開された彼らの加盟営業活動は多くの成果を上げ、外食産業やサービス業を中心としたフランチャイズへの法人加盟を急増させた。同社から直接的な勧誘を受けずとも、同社と提携していた金融機関を経由して加盟を促された中小企業も多かった。当時は、金融自由化の荒波のなかで、各地の金融機関が生き残りをかけて新たな融資先の確保に奔走していた時期であったからである。

　その結果、特に兼業型の法人フランチャイジーが大量に全国に生まれた。要するに、フランチャイズによる事業多角化ブームが起きたのである。それが、

---

(7)　法人フランチャイジーへのヒアリング調査による。

(8)　同社に対しては合計47社から訴訟が起こされたが、ベンチャー・リンク側の敗訴は1件だけで、残りは勝訴または和解であったとされる（2018年に行った元ベンチャー・リンク幹部へのヒアリング）。損害を受けた企業が多数あったにもかかわらず訴訟に発展したケースが少なかった背景には、被害を受けたことを表に出したくない企業が多かったこと（特に地方の優良企業など）、ある程度の規模を有する法人の場合は損金として処理ができたこと、そもそも契約事項であるため勝訴が困難であることが事前に予想できたこと、などの要因があった。このような点にも法人加盟の特徴が表れている。

現在の日本のフランチャイズの特性を決定づけたことは間違いない。また、法人だけを加盟の対象としたフランチャイズ本部が日本で数多く生まれたことに対しても、同社の影響があったといえる。

ただし、同社が提携したり自主開発を行ったりしたブランドの多くが加盟者とのトラブルを抱えたことで、中小企業の間でフランチャイズに対する懐疑的な捉え方が広がったことも否めない。ベンチャー・リンクが牽引した法人加盟ブームであったが、その後の同社の衰退あるいは訴訟の多発と共に、法人加盟が下火になっていったことも見落としてはならないであろう。

フランチャイズの運営ノウハウ

かつて同社が加盟営業を行ったブランドに加盟した法人フランチャイジーの経営者へのヒアリングにおいて、同社から学んだノウハウを尋ねたところ、①計数管理のノウハウと、②従業員のモチベーション管理のノウハウを挙げる企業が多かった。

①は、経験と勘で行いがちな店舗運営を数値で管理することの重要性である。経営者としては当然のことといえばそれまでであるが、キャッシュが回転しているためルーズになりがちな店舗の財務管理を徹底して管理するノウハウは、中小企業にとって大きな刺激になったという。

②は、とりわけ外食業で重要となるものである。同社は、アルバイトを含めた従業員のモチベーションを高揚させ、店長とアルバイトの一体感をつくり出すために、接客コンテストなどを開催して店舗単位で競わせるというイベントをしばしば企画したとされる。その効果は大きく、アルバイト従業員の定着率の改善や、やりがいの創出、労働効率の改善（ひいては収益の改善）に大きく寄与したとされる。

このような従業員のモチベーション管理を重視するノウハウは、ベンチャー・リンクが倒産したあとも、同社と関係した本部や法人フランチャイジーに受け継がれているケースが多かった。

フランチャイズ人材の輩出

　同社は、2000年前後のベンチャーブームのなかで、起業家を目指す優秀な若者を多く集めた企業として知られたことも忘れてはならない。当時は、大学卒業者の人気コンサルティングファームの一つであった。それゆえ、従来のフランチャイズ業界には集まらなかったであろう意欲的で多彩な人材が同社に集まった。急成長したため、他業界や他のコンサルタント企業からの中途採用者も多かったとされる。

　筆者による法人フランチャイジーの経営者に対するヒアリング調査では、ベンチャー・リンクの営業手法に対する批判や不満の声も多く聞かれたが、その一方で「ベンチャー・リンクの関係者には高学歴者も多く、それまでのフランチャイズ業界の人たちとは違った印象をもった」、「数値を駆使した理路整然とした合理的なアドバイスを受けた」、「今まで考えてなかった新しい視点をもたらしてくれた」などと述懐する人も少なくなかった。同社の元社員も、「営業担当者は、論理的な説明力を徹底して教育された」と述べている。

　かつて同社に席を置いた多くの人々が、その後フランチャイズ業界に散っていき、本部の幹部、法人フランチャイジーの幹部、コンサルタント、さらには起業家として活躍していることも事実である。その意味では、同社はフランチャイズ業界に、従来とは異なった多様な人材を送り込んだインキュベーター（孵化器）の役割を果たしたともいえる。

2 2000年代：メガフランチャイジーの台頭

　法人加盟ブームの最中である2000年頃になると、「メガフランチャイジー」と呼ばれる大規模な法人フランチャイジーが注目を集めるようになった。メガフランチャイジーとは、文字通り店舗数や売上高で規模が大きなフランチャイジーを指す。ただし、その定義はあいまいであり、確定したものはない。

　なかには「10店舗以上を運営するフランチャイジーを指す」と広く定義する

ものも見られるが、業界で最も一般的に用いられている定義は中小企業診断協会の東京支部によるもので、「運営店舗数が30店舗以上、もしくはフランチャイズ部門の年間売上高が20億円以上」というものである。しかし、それとて明確な根拠があるわけではない。このようなメガフランチャイジーの詳しい実態分析は第6章に譲ることにし、ここでは法人加盟の拡大に与えた影響だけを述べたい。

さて、業界誌などに「メガフランチャイジー」という言葉が登場するのは1990年代中盤からであるが、前章で述べた1990年代の法人加盟ブームにより、2000年頃からはメガフランチャイジーを目指す法人も増大していった。2000年代の業界雑誌や経済誌を見ると、大規模な法人フランチャイジーやその経営者が紹介された記事が増え、メガフランチャイジーをタイトルに冠した複数の著作（小林［2002］、杉本・伊藤［2006］）が出版されていることから当時の関心の高さがうかがえる。さらには、経済産業省系の独立法人・経済産業研究所［2003］や中小企業診断協会東京支部［2005］によるメガフランチャイジーの実態調査も行われた。

注目すべきは、これらのメガフランチャイジーのなかには株式上場を行うものが出現したことである。筆者の調査では、1993年の「プレナス」（本社：福岡）による店頭公開を皮切りに、全部で15社の法人フランチャイジーによる株式上場（店頭公開含む）が確認できた。しかし、そのうちの10社は1990年代の後半から2000年代の前半にかけての10年間に上場を行っており、この時期に、いわば上場がブームになっていたこともうかがえる（近年、新たな上場は影を潜めている）。

このような上場によって、法人フランチャイジーが単なる本部が提供するマニュアルの実施機関に留まるのではなく、独自の企業価値を有する存在であることが社会的に認識されるようになっていった。つまり、フランチャイズビジネスでも、やり方によっては大規模に事業展開ができる可能性をもっていることが認知されるようになっていったのである。その結果、メガフランチャイジーになることを目指す起業家や法人フランチャイジーも見られるようになり、

法人加盟の拡大に間接的に寄与していったといえる（第6章参照）。

　ただし、2000年代後半になると、先述のベンチャー・リンクに絡むトラブルや訴訟が世間の耳目を引くようになり、安易な法人加盟はリスクが大きいことも広く認知されるようになった。そのようなこともあって、2008～2009年のリーマンショックを経た2010年代に入ると、メガフランチャイジーが雑誌で取り上げられることは減少していった。

　なお、メガフランチャイジーの詳細な分析と検討については第6章で行うこととする。

3　2010年代以降：複数店経営と第4世代の誕生

　法人加盟ブームは、2010年代に入るとやや下火になる。「業界の風雲児」とも呼ばれたベンチャー・リンクが2012年に倒産すると、中小企業のフランチャイズ加盟熱も大きく低下していった。しかし一方で、この頃から法人加盟に関する新しい動きが進行してくる。それが、複数店経営の拡大である。

　従来の法人加盟は加盟者側からの動き、つまり中小企業の事業戦略のなかで進展してきたが、この複数店経営は本部側の戦略に基づいた動きであり、その点でこれまでとは異なる法人加盟の新しい文脈が形成されたのである。

　実は、2000年代に入って以降、各本部は個人加盟者よりも法人加盟者のほうが本部にメリットをもたらすことに気付いていた。すなわち、個人よりも法人のほうが、資金力、人材確保力、店舗不動産確保力、リスク対応力、経営者としての経験蓄積といった面で優位性があることから、本部とのトラブルも少な

⑼　業界誌・季刊『Franja（フランジャ）』では、メガフランチャイジーの経営者を紹介する連載を繰り返し掲載している。2001年から2004年の「あるフランチャイジーの軌跡」、2002年から2003年の「メガフランチャイジー群像」、2006年から2007年の「ピープル：メガフランチャイジー群像」である。このほかにも、メガフランチャイジー企業やその経営者を取り上げた記事が多い。
⑽　当時は、「ほっかほっか亭」のエリア本部であった（第6章参照）。

く、本部との協調関係を生みやすいことが明らかになってきたからである（10
～13ページを参照）。

　また、本部にとって、多数の店舗を経営するフランチャイジーは、本部によ
る教育研修や指導の手間が省けるといったメリットもある。本部側としては、
1店舗ずつ運営する個人フランチャイジーを多数抱えるよりも、多店舗を運営
するだけの能力をもつ少数のフランチャイジー（その多くは法人フランチャイ
ジー）に集中的に多店舗出店を果してもらうほうが、経営も安定すると共に本
部の管理コストも低減させることができる。また、本部の意向が伝わりやすく
なるため、加盟者とのトラブルも減ることになる。

　さらに、近年では1970～1980年代に加盟した個人フランチャイジーの高齢化
が顕著となり、承継が難しくなった店舗を引き受けてくれる優良なフランチャ
イジーを育てることも本部としては課題となってきている。加えて、近年の人
手不足への対応力も、多店舗を運営するフランチャイジーのほうが高いとされ
る（店舗間で人手を回せるため）。

　経済産業研究所［2003］の調査でも、すでに加盟店舗の69.2％、つまり約7
割が複数店経営者による運営であることが明らかとなっている。また、中小企
業診断協会東京支部［2007］は、複数店経営者に対する本部側の優遇策を調査
している。それによると、30社中21社が優遇策を有しており、ロイヤルティー
の逓減、加盟金の逓減、インセンティブの導入、物件情報の優先的提供、社内
SV育成の応援などの策がすでに講じられていた。

　また、黒川［2005］では、経済産業研究所［2003］を基に、2003年時点での
複数店舗経営者の平均店舗数を6.46店と推計している。このような複数店経営
の拡大が、法人フランチャイジーの増大を促す要因の一つとなったことは想像
に難くない。

　このように、2000年代初めから複数店経営はすでに存在感を示していたわけ
であるが、それが業界内で拡大していくのは2000年代後半からのことである。
この時期の大きな変化は、従来は個人に限定して加盟募集をしてきたコンビニ
の本部が複数店経営を推奨するようになったことである。「ファミリーマー

ト」や「ローソン」は、この頃から法人加盟にも注力するようになり、そのための優遇制度を整備しはじめる。[11]この背景には、既存店売上高の長期低迷で新規の個人加盟者が集まりにくくなると共に、2000年頃からは初期における加盟者の高齢化が進行してきたことがある。ただし、そのなかにあって「セブンイレブン」だけは、その後も個人に限定した募集を続けていった。なお、2010年以降は、やはりそれまで個人加盟が中心だったラーメンチェーンの本部も複数店加盟を推奨するようになり、その拡大が見られた。

　この結果、「ローソン」の場合は、2020年2月末時点で、すでに75％以上の店舗が複数店経営オーナーによる運営とされる。一方、「ファミリーマート」も、2019年時点で加盟者の約4割が複数店のオーナーであるとされる。なかには、40店舗以上を運営する専業型の法人フランチャイジーに成長した加盟者も見られる。

　この両社は法人の兼業型加盟も認めているが、法人加盟を例外的にしか認めていない「セブンイレブン」も、複数店運営については推奨するようになっている。「セブンイレブン」の複数店オーナーの比率は不明だが、複数店経営を行っている店舗の割合は全体の47％に達している（各社ホームページより）。[12]

　このように、複数店経営は本部の成長力を強化することから、各本部は個人・法人の区別なく加盟者に推奨するようになり、それへのインセンティブを設けるようになっている。

　表3-2は、複数店経営の支援制度（インセンティブ）を整理したものである。外食系やサービス系は支援内容を公表していない本部が多いので企業名は伏せてあるが、インセンティブは「加盟金」、「ロイヤルティー」、「その他」の

[11]　『日経流通新聞』（2006年5月18日付）では、「ファミリーマート」、「ローソン」、「am/pm」の3社が法人加盟を拡大させつつあり、2007年2月までに合計150〜200店の法人加盟店舗が開業する見通しであること、また「サークルKサンクス」や「ミニストップ」も法人向けの新契約開発を検討していることを報じている。
[12]　同社が初めて法人と契約を行ったのは、「JR西日本」の子会社と駅ナカのコンビニ出店に関する契約を結んだ2014年のことであった。同社は、現在でも公募では個人を原則としており、鉄道会社などとの契約は例外的な位置づけとなっている。

106

表3－2　複数店経営者への支援制度（インセンティブ）

企業名	業種	支援（インセンティブ）の内容		
		加盟金	ロイヤルティー	その他
ローソン	コンビニ		総荒利益高に応じて2～6％優遇	開店準備手数料50万円（税抜き）を免除 2店舗目～5店舗目の増店時に奨励金150万円を支給 2店舗目～5店舗目までの出店時には20万円分のクルー募集支援 2号店目から認定店長1名で店舗運営が可能 6店舗目以降の出店時奨励金50万円を支給
ファミリーマート	コンビニ			加盟者所有店舗の場合は営業総利益に店舗数に応じた割合を乗じた額を付与。本部所有店舗の場合は月4万円
セブンイレブン	コンビニ		2号店目から3％減（1号店開店5年後の翌月より全店に適用）	
外食A	ドーナッツ		加盟10年ごとに1％ずつ低下	
外食B	フライドチキン		本部の基準に合致する店舗改装をすれば1年間2％減（期間限定）	
外食C	とんかつ		4店舗以上で0.5％減、7店以上で1％減、10店以上で1.5％減、20店以上で2％減	
外食D	そば		4店舗以上で0.5％減、6店以上でさらに0.1％減、8店以上でさらに0.2％減、10店以上でさらに0.2％減	
外食E	定食	2店目100万円減、3店目以降150万円減（1店目は400万円）		
外食F	サンドイッチ	2店目以降100万円減（1店目は150万）		
外食G	アイスクリーム			売上高に応じたキャッシュバック制（1～2店0.7％、3店0.8％、4店1％…10～11店2％、20店以上3％）
外食H	ラーメン	2店目以降2割減	2店目以降4.7→3％	
外食I	カフェ			食材の仕入れ総額に応じたキックバック

出所）コンビニ3社は各社HP。外食は筆者による本部および法人フランチャイジーへのヒアリングによる。

3種に大別できる。インセンティブの内容にはあまり共通性は見られず、各本部独自の考え方が反映されていることがうかがえる。

　この複数店経営が拡大しはじめた2000年代後半、本部側がどのような認識をもっていたかについて知ることができる資料として中小企業診断協会東京支部［2007］がある。これは、本部を対象にして法人・複数加盟者に関するアンケート調査を行ったもので、142社にアンケート調査票を送り30社から回答を得ている。これによると、複数出店に関する対応としては、回答をしたすべての本部が加盟者の複数出店を認めており、さらに「今後も一層、推奨していきたい」とする本部が53.3％を占めていた。なお、複数出店に積極的な本部は75％が外食系であった。

　この調査では本部が複数店経営を推奨する理由も尋ねているが、それを見ると、複数出店すれば「加盟店がオペレーションに慣れ生産性が高くなる」および「加盟店が企業として成長できる」が24.1％、「本部の指導が軽減される」が10.1％、「安定した資金力を持ち赤字にも耐えられる」が17.7％、「単独オーナーより信金力や人材面に優れており、今後も出店可能だから」が12.7％となっていた。

　以上のことから、日本のフランチャイズ本部は2000年代から外食系を中心に加盟者の複数店経営に積極的であったが、2000年代後半からはそれがコンビニなどに拡大していったことが分かった。複数店経営は、結果的に個人フランチャイジーの法人化や法人による加盟を促した。こうして生まれた法人フランチャイジーが第4世代である。

　このなかには、コンビニを運営する法人が多く含まれていることが特徴になっている。本部による複数店経営の推進傾向は、フランチャイズを取り巻く環境に大きな変化がないかぎり今後も拡大すると考えてよかろう。したがって、この第4世代は今後も増大していくと見てよかろう。

4 法人フランチャイジーの拡大プロセス（まとめ）

前章と本章で明らかになった法人加盟の拡大プロセスを簡単にまとめると、以下のようになる。

❶法人加盟は1960年代から多く見られたが、内容的には小売・飲食業を中心とした個人事業的な小零細法人が中心であった。

❷日本で法人加盟がはじまった背景には、競争激化で新たなビジネスチャンスを求めていた小零細事業経営者の思惑と、地価・建設費の高騰および人手不足が進むなかで出店投資を回避したかった本部側の思惑があった。

❸法人加盟の本格化のきっかけは、1970年代の外資系の外食チェーンによる日本進出であり、中小企業が多角化の一環でそれらに加盟して法人フランチャイジーの第1世代となった。外資系の多くが法人のみの募集としたため、この時代に法人加盟というあり方が確立した。

❹1980年代から1990年代にかけて店舗が急増したコンビニは、個人加盟が中心で法人加盟の拡大には寄与しなかった。しかし、同時期に誕生したサービス・フランチャイズは法人加盟の第2世代を誕生させた。

❺1990年代後半になると、「ベンチャー・リンク」をはじめとするフランチャイズ支援コンサルタント会社が登場し、中小企業の法人加盟営業を強力に展開した。これにより、法人加盟がブームとなり、急拡大すると共に中小企業の事業戦略として定着していった。これが第3世代であった。

❻このようななか、2000年頃からメガフランチャイジーが注目を集めるようになり、それを目指した法人加盟も見られるようになった。

❼2010年頃になると法人加盟ブームは落ち着きを見せるが、一方で複数店経営を推進する本部が増大し、本部主導での法人加盟が進展するようになる。複数店経営は、これまで個人加盟を進めてきたコンビニやラーメンといった業界にも広まり、第4世代となって今日に至っている。

第**4**章

データベース構築とヒアリング調査

1 分析対象を捉えるために

　日本には一体どれだけの法人フランチャイジーがあるのか、またその素顔は
どのようなものなのであろうか。残念ながら、この素朴な疑問に答えることは
極めて困難である。というのも、すでに述べたように、日本の法人フランチャ
イジーに関するまとまったデータが存在しないからである。その大きな要因は
二つある。

　一つ目の要因は、日本にはフランチャイジーの業界をまとめる団体が存在し
ないことである。日本のフランチャイズ業界の団体としては、「日本フランチ
ャイズチェーン協会」（1972年設立）が存在するが、そのメンバーは本部企業
だけであり、フランチャイジーは加入していない。フランチャイジーの組織と

---

(1)　アメリカには全国規模のフランチャイジーの団体が二つあり、さらに州ごとにも加盟者
　　の組織が存在している（補章参照）。
(2)　当時はアメリカで悪徳フランチャイズが横行し、社会問題になっていたことから、日本
　　での健全な育成の必要性を感じたフランチャイズ本部企業が中心となり、旧通産省の支
　　援を得て社団法人として設立された。東京経済［1986］には、設立に至る詳細な経緯が
　　対談の形でまとめられている（44～59ページ）。この団体の特徴は、倫理綱領がいち早
　　く作成された点や、特定業種における企業団体ではなく、業種を超えたシステムの団体
　　であるという点に見いだせる。

しては、本部ごとに組織されたものがあるに留まる。

　そのような本部ごとの加盟者組織は、本部の意思伝達のための組織あるいは加盟者同士の親睦会的な存在に留まっているのが実態である。そのため、そのような本部ごとの組織が有する加盟者情報はかぎられたものとなり、外部への開示もなされていない。

　二つ目は、本部自体が加盟者の情報開示を行っていないことである。[4] 本部側からすれば加盟者は独立したパートナーという位置づけになるため、本部が加盟者の情報（リストなど）を公開することが建前上できないからである。したがって、本部に問い合わせても、フランチャイジーの社名すら把握できないというのが実態である。

　そこで筆者は、以下のごとく取り組むべき五つの課題を設定した。

①法人フランチャイジーの基本情報のデータベースを独自に構築する。

②法人フランチャイジーのなかには携帯電話機の代理店を営むものがあるが、携帯電話機の代理店を分析対象に含めるべきかどうかを検討する。

③上記の①と②を踏まえた分析対象と、その数の確定を行う。

④法人フランチャイジーの全体規模の推計を行う。

⑤データベース分析を踏まえて、多様なタイプの法人フランチャイジーを対象とした実態調査（ヒアリング調査）を行う。

　本章では、この五つの課題に対して、筆者がどのように取り組んだのかについて明らかにしたい。

2 データベース構築の手順と手法

（1）法人フランチャイジーの社名の収集

　五つの課題のなかで、とりわけ重要なものが日本の法人フランチャイジーの

全体像に迫る手掛かりとなるデータベースの構築である。しかし、既存の企業リストが存在しないため、筆者は以下のような手順と手法で法人フランチャイジーの社名を収集していった。

❶フランチャイジーの業界雑誌『Franja（フランジャ）[(5)]』（トーチ出版）や飲食業の業界雑誌『月刊食堂』（柴田書店）などで過去に紹介された法人フランチャイジーの情報収集。

❷本部のホームページに掲載されている「加盟者の声」欄などに紹介された法人フランチャイジーの情報収集。

❸企業の基本情報（事業概要・所在地・代表者名・電話番号・創業年・資本金など）のデータベースである「Baseconnect　β版」（無料版）[(6)]を利用した法人フランチャイジーの情報収集。

❹求人・アルバイト募集サイトのフランチャイズ店の募集広告ページを利用した、法人フランチャイジーの情報収集。

❺その他、各種調査資料、新聞、インターネット上の記事などに見られる法人フランチャイジーの情報収集。

なお、このなかで法人フランチャイジーの社名の収集に最も効果的であったものは❸と❹であった。

---

(3)　アメリカにおける同様の組織である「International Franchise Association」にはフランチャイジー（加盟者）も加入しており、2002年には初めてフランチャイジー出身の会長が誕生している。

(4)　加盟者数やフランチャイズ店舗の数すら公表していない本部も少なくない。日本フランチャイズチェーン協会が毎年公表している「フランチャイズ統計」においても、加盟者に関する情報（加盟者数や店舗総数に占めるフランチャイズ店の数や比率など）は示されていないが、その理由は、本部側が開示しないことによるとされる（同協会へのヒアリング）。

(5)　季刊『Franja（フランジャ）』誌は2016年に休刊となっているため、バックナンバーの記事を精査した。

(6)　この企業情報データベースを提供している「Baseconnect社」（本社：京都市）は、2017年創業の法人向け営業支援を行う企業である。調査時点の2019年9月時点で912,425件の企業情報を掲載しており、2020年7月時点では100万件を超えている。

112

（2）ホームページでの企業情報収集

　以上のような手順と手法で収集した法人フランチャイジーの社名を基に、インターネット上で各社のホームページを探し、企業の基本データのほか、加盟ブランド、店舗数、加盟年、専業・兼業（本業の内容）の区別、従業員、年間売上高などの情報を確認していく作業を行った。

　もちろん、すべての企業がホームページを有しているわけではない。フランチャイズ専業の法人フランチャイジーの場合は、あくまで加盟するブランドの店舗を運営する「黒子」だという意識が強い法人も多く、ホームページを開設しない法人が多く見られる。また、他の事業と兼業でフランチャイズ事業を営む企業の場合は、フランチャイズ事業を営んでいる事実をホームページ上で公表していないケースも少なくなかった。

　すでに述べたように、本部企業は加盟者リストを開示していないが、筆者は作業過程で大手外資系ファストフード2社の法人フランチャイジーの一覧を偶然目にすることができた。そこで、それを基にそれらのホームページを確認したところ、開設率は両社共に30％余りに留まっていた。この割合は、次に述べる携帯電話機の代理店においても同様であった。

　ホームページを開設していない法人フランチャイジーは、店舗数が10店舗未満のものが中心であったが、なかには30店以上もの店舗を運営している法人フランチャイジーがホームページをもっていないケースも確認できた。法人フランチャイジーのステルス性の高さを示すものといえよう。

　なお、ホームページに記載されているデータは最新のものとはかぎらなかったが、概ね2年以内（多くが2018年以降）のデータを収集することができた。また、ホームページは有してはいないが、求人サイトなど別のデータソースから詳細情報が得られた企業が184社あった。

　この段階で収集したデータ項目は、①組織種別（有限会社か株式会社かなど）、②社名、③ホームページの有無、④本社住所（郵便番号含む）、⑤電話番号、⑥代表者氏名、⑦加盟ブランド数、⑧ブランド別運営店舗数、⑨オリジナ

ル業態の有無、⑩資本金、⑪創立年、⑫タイプ類型、⑬前業（転業型の場合）、⑭本業（兼業型の場合）、⑮親会社の本業（子会社型の場合）⑯フランチャイズ事業開始年、⑰年間売上高（FC部門）、⑱従業員数（全体）、⑲従業員数（フランチャイズ部門）、⑳海外進出状況、の20項目であった。

　もちろん、すべての企業について20項目すべてが把握できたわけではないが、原則的に①〜⑮までの項目把握をデータベースへの組み入れの条件とした。なお、⑯以降については把握率が低下したが、それについては第5章の項目別の分析のところで述べる。

3　携帯電話の代理店に関する扱い

　ところで、法人フランチャイジーのなかには、フランチャイズ事業と共に携帯電話機の販売代理店業務を営む企業が見られる。このような代理店企業を分析対象とするかどうかを検討する必要がある。

　そもそも、携帯電話機の販売代理店とは、「NTTドコモ」、「au」、「ソフトバンク」といった「キャリア」と呼ばれる通信回線事業者（以下、事業者）と契約を行って携帯電話機を販売する業者のことである。携帯電話機の販売店は、ほぼ100％が代理店契約を交わした業者の店舗となっている。販売代理店の収入源は、携帯電話機の売買差益のほか、事業者からの各種手数料やリベートである。

　代理店には、事業者と直接契約を行った1次代理店、1次代理店と契約をした2次代理店、2次代理店と契約をした3次代理店といったヒエラルヒーが存在する（店舗の外観からは見分けがつかない）。事業者が1次代理店に携帯電話機を販売（卸売り）し、そこから2次、3次代理店へと転売されていくため、代理店の売買差益は次第に減少していくことになる[7]。

　いうまでもなく、携帯電話機の事業者はフランチャイズ本部ではない。もちろん、日本フランチャイズチェーン協会の会員でもない。フランチャイズ業界

は経済産業省の監督下にあるが、携帯電話機の代理店業界は総務省の監督下にある点も異なる。しかし、事業者と代理店との関係（契約内容）を見ると、以下に挙げる三つの特徴があることが分かる。

❶事業者のブランド名を統一的に掲げ、事業者が提供（卸売り）する携帯電話機だけを販売する専売店となっている。

❷店舗の内装やレイアウトに大きな制約はない（什器類のみ統一）。

❸事業者の収益源は携帯電話機の売買差益と顧客が支払う通信料金であって、代理店からのロイヤルティーは徴収していない。

　これらの特徴から、実質的には携帯電話機の「製品商標型フランチャイズ」（補章を参照）に非常に近いものと見なすことができる。筆者による代理店へのヒアリングにおいても、携帯電話機の代理店は実質的にはフランチャイズ制だと認識されている傾向が見られた。それゆえ、法人フランチャイジーがさほどの違和感なく携帯電話機の代理店業に参入したり、逆に携帯電話機の代理店が外食やサービスのフランチャイズ事業に参入するケースが見られた。

　これまでは法人フランチャイジーが携帯電話機の代理店を事業ポートフォリオに加えるケースが増えてきていたが、ここ数年は逆に携帯電話機の代理店がフランチャイズ事業に参入するケースが増えている。この背景には、近年はスマートフォンへの乗り換え需要の一巡や、手数料やリベートの減少などで携帯電話機の代理店における収益性が低下しつつあるため、新しい事業分野を模索している代理店企業が増えてきていることが挙げられる。

　このような実態を踏まえて、本研究ではフランチャイズ事業と携帯電話機の代理店事業の両方を兼業で営んでいる法人（企業）も分析の対象に加えることとした。

　携帯電話機の代理店の業界には「一般社団法人全国携帯電話販売代理店協会」（2014年設立）[(8)]が存在しており、その会員名簿が利用可能となる。会員数は、2020年7月1日現在で正会員140社、準会員338社の計478社である（会員数は若干の減少傾向にある）。そこで、この名簿にある掲載業者のホームページに

あたり、飲食業やサービス業などのフランチャイズ事業を兼業で営む代理店企業を抽出した。ただし、ホームページを開設していない企業も相当数あり、ホームページの開設率は30％強に留まっている。

　会員名簿に掲載されている代理店で詳細が確認できた企業と会員外で詳細が判明した代理店企業の合計は238社で、これをデータベースに加えた。

4 分析対象とした企業数の確定

　以上の手順を経て構築したデータベースの総件数は1,519社となった。(9) ただし、携帯電話機の代理店事業だけを営む171社については、厳密には法人フランチャイジーとはいえないために除外し、さらに専業型の法人フランチャイジーで3店舗以下の規模の38社を除いた1,310社を本研究の分析対象とした。

　ここで、専業型で3店舗以下の法人を除いた理由は、第1章で指摘した通り3店舗以下のものは「法人成り」の可能性があるからである。ただし、専業型で3店舗以下であったとしても、加盟時において兼業型であったもの135社については「法人成り」の可能性が低いことから分析対象に含めている。

---

(7)　以前は事業者間の利用者獲得競争が激しかったことから、特に後発の事業者は販売拠点を増やす目的で2次・3次代理店の急増を容認していたが、近年は事業者からのバックマージンが低下してきたため、2次代理店以下の経営が苦しくなっているとされる。また、事業者による代理店の統制も強くなっていることから、1次と2次がほとんどを占めるようになっている。

(8)　携帯電話機の販売時における契約をめぐっては、2010年頃から代理店の手数料稼ぎを目的とした不明朗なオプション契約が付加されることが多くなりはじめ、顧客とのトラブルが急増していた。それを重く見た総務省が、いわば業界の倫理規範団体として、業界の倫理ルールづくりの機能を担わせるべく設立を促したという経緯がある。2014年に設立されたのち、2016年に倫理綱領が制定され、2017年には「あんしんショップ認定制度」が創設された。2020年4月時点のショップ加入率は84.8％とされる（同協会ホームページより）。

(9)　この法人フランチャイジーのデータ収集からデータベース作成までの一連の作業は2018年9月から2019年12月にかけて筆者が行った。

5 法人フランチャイジーの全体規模の推計

（1）データベースからの推計

全体規模の推計についてはいくつかのやり方があろうが、まずは筆者による データベースの構築作業を基にした推計を行いたい。

データベースを手掛かりにして法人フランチャイジーの総数を求めるために は、まずはデータベースの補足漏れを補正したうえで、データベースの対象外 とした1店舗運営の法人数を推計して加える必要がある。そこで、以下の手順 で推計を試みる。なお、後述する（独）経済産業研究所［2003］では、1店舗 運営者は法人・個人合わせて74.2％、2店舗以上が25.8％という数値が出され ているので、以下ではこれを使う。

まず、データベースの規模別の捕捉率を考慮した補正結果を示したものが、 **表4−1**である。この捕捉率とは、筆者のデータベース構築時の作業経験を基 にした大雑把な値であるが、基本的には大規模な法人フランチャイジーほど捕 捉率が高く、小規模なものほど低いと見積もっている。先述のように、データ ベースはインターネット上での検索作業を基に構築したが、本部のブランド名 を手掛かりとすることが多かった。しかし、日本には本部が1,328（2019年度 フランチャイズチェーン統計調査）も存在する[10]ことや、ホームページを開設し ていない法人が多く見られたことから、小規模な法人フランチャイジーを中心 にかなりの遺漏があったと推測できる。それらを考慮すると、2店舗以上の法 人フランチャイジー数は、5,164社に補正することができる。

ただし、これには1店舗運営の法人フランチャイジーが含まれないので、そ れを求めなければならない。1店舗運営の法人フランチャイジーとしては、法 人成り（第1章参照）や小零細の法人が考えられるが、そのほかにも、かつて は多店舗展開をしていた法人フランチャイジーが規模を縮小したもの、あるい は独自開発したオリジナルブランド店に軸足を移したものも含まれる。

このような1店舗法人フラ
ンチャイジーの数を求めるに
は、全フランチャイジー数に
先の経済産業研究書の調査値
である74.2%を掛け、その中
から法人数を算出すればよい
のであるが、残念ながら全フ
ランチャイジー数のデータや
1店舗運営者の法人比率のデ
ータは存在しない。

そこで、まずはデータベー
スの補正値を使って法人・個
人を含めた全フランチャイジ
ー数を推計したい。データベ
ースの補正値は5,164であっ
たが、これには個人の複数店
運者は含まれていない。個人

表4−1　店舗数規模別の捕捉率と推定数

店舗数	確認数	捕捉率	推定数	構成比
2−9	689	20%	3,445	66.7
10−19	337	30%	1,123	21.7
20−29	124	40%	310	6.0
30−39	55	50%	110	2.1
40−49	41	50%	82	1.6
50−59	14	60%	23	0.4
60−69	14	60%	23	0.4
70−79	13	70%	18	0.3
80−89	3	70%	4	0.1
90−99	3	70%	4	0.1
100−199	14	80%	18	0.1
200−299	2	80%	3	0.1
300以上	1	90%	1	0.0
合計	1,310		5,164	100.0

出所）筆者作成。

の場合はオーナー1人で店舗を管理するため、店舗数が1桁（2−3店）のも
のが多いと考えられる。したがって、**表4−1**の2−9店の数3,445が個人を
入れると2倍になると見積もると、法人・個人の複数店舗運営者総数は8,609
になる。

この数値が、前掲の経済産業研究所の25.8%に相当すると考えると、全フラ
ンチャイジー数は33,368となる。逆に捉えるなら、残りの74.2%に相当する
24,759が1店舗運営者の総数となる。

このうちのどれだけが法人であるのかは分からないが、筆者のデータベース

────────────────

⑽　1,328のうち、日本フランチャイズチェーン協会の会員となっているチェーン数は363
（27.3%）であることから、この統計が会員外のチェーンも多数捕捉した業界統計とな
っていることが分かる。

構築作業時の感覚に照らすと、1店舗運営者でも2〜3割は法人であろうと推測できる。仮に20％なら4,952社、25％なら6,190社、30％なら7,427社となる。もちろん、これらの比率は推測の域を出ない。

2店舗以上の法人フランチャイジーの補正値は5,164社であったので、1店舗運営者における法人率が、20％なら10,116社、25％なら11,354社、30％なら12,591社となる。以上、かなり大雑把な推計ではあるが、これが筆者のデータベースを手掛かりにした推計値である。要するに、日本には10,000〜12,500社程度の法人フランチャイジーが存在するのではないかと推測できるのである。

（2）既存調査を基にした推計

日本では、（一社）日本フランチャイズチェーン協会が毎年発表する「フランチャイズチェーン統計調査」が最も信頼度が高い統計となっている。

同統計によると、2018年度時点で、先述のごとくチェーン数（本部数）は1,328であり、総店舗数は264,556店となっている。しかし、この統計はチェーン本部にアンケート調査を行った統計であることから、加盟者に関する情報を得ることはできない。たとえば、各本部の加盟者数の数すらも明らかになっておらず、店舗数も直営店と加盟店の合計値しか分からない。そこで、これまでの実態調査結果や推計値を調べると、以下に示す三つの資料が参考になる。順に見ていきたい。

① （独）経済産業研究所 [2003]「メガフランチャイジー実態調査に関する調査」

これは、当時注目されていたメガフランチャイジーに対する初めての調査であるが、ブームであった法人加盟の実態が分かることが特徴となっている。経済産業省傘下にある経済産業研究所が、2003年に672の本部に対してアンケート調査を行い、175社から回答を得ている。[11]

この調査では、1店舗だけを運営するオーナーは全業種で74.2％を占めていた。また、店舗ベースで捉えると、1店舗オーナーの店が全体の30.8％、複数

店オーナーの店舗が69.2％を占めていたことが判明している。

②黒川孝雄 ［2006］⁽¹²⁾による推計

　黒川［2006］では、自身が経験的に推定した業種別の加盟店の率が示されている。それによると、コンビニが95％、その他小売が50％、外食が70％、サービスが90％とされており、全店舗に占める加盟店の率を79.1％と推定している。また黒川は、「フランチャイズチェーン統計調査」と①の経済産業研究所の調査結果を基に1法人当たりの運営店舗数を6.46店とし、複数店出店者の数を18,707人と推計している。複数店出店者には個人も含まれるため法人フランチャイジーとイコールではないが、これは貴重な推計値となる。

③経済産業省 ［2008］「フランチャイズチェーン事業経営実態調査」

　これは、経済産業省が2007年に1,200の本部と2,542の加盟店に対して行ったアンケート調査で、241社の本部と650店の加盟店から回答を得たものである。それによると、全店舗における加盟店の割合は70.9％であった。また、加盟店の法人加盟率（加盟店のうち法人によって運営されている店舗の率）は全体で70.7％⁽¹³⁾となっていた。

　以上の資料はいずれも古いものであり調査時期も異なるが、その後に法人フ

---

(11)　（株）フランチャイズ・アドバンテージへの委託調査。調査時期は2003年8～9月。

(12)　黒川孝雄はハンバーガーチェーンの「明治サンテレオ」を立ち上げた初代の社長であり、日本フランチャイズ協会会長も歴任し、その後は長年にわたってフランチャイズ専門のコンサルタントとして活躍してきた。黒川は豊富な経験と知見を基に、フランチャイズに関する多数の論考を業界誌や自身がインターネット上で運営する「フランチャイズ研究所」のなかで発信してきたが、その冷静で正確な分析は業界でも評価が高い（現在は勇退済み）。

(13)　この調査が行われた2007年は、第2章でも明らかにしたように法人フランチャイジーブームの末期であった。その後は中小企業の法人加盟が減少していったが、一方で従来は個人加盟を進めてきたコンビニやラーメンなどの本部が複数店経営（法人化）を推奨するようになってきたことを考慮すると、店舗の法人運営率70.7％という数値は、現在においても大きな変化がないと判断できる。

120

ランチャイジーを調査したものが存在しないので、利用可能なものとしては最新のものとなる。各資料の値については、その後の業界の変化を考慮しても、また筆者の知見に照らしても、現在でも大きくは変わらないと判断できる。したがって、この三つの資料を基に法人フランチャイジーの全数を二つの方法で推計してみたい。

推計1

まず、②の黒川［2006］では、個人も含めた複数店オーナー数が18,707人と推計されていた。全オーナーのうち法人が占める割合は不明であるが、③の経済産業省［2008］における加盟店の法人加盟率が70.7％であったので、18,707人にそれを単純に掛けると13,226社となる。黒川の数値は不確定要素が大きいものの、これは一つの推定値といえる。

推計2

次に、2018年の「フランチャイズチェーン統計調査」における店舗総数264,556店に、三つの資料のなかで比較的新しい③の経済産業省［2008］における加盟店率70.9％を乗ずると、現在の加盟店総数は187,570店となる。これに、同調査の法人による運営率70.7％を乗じた132,612店が法人運営の店舗総数と推計できる。

問題は、これらの店舗が何社の法人フランチャイジーによって運営されているかである。それは、1法人フランチャイジー当たりの平均運営店舗数が分かれば求められる。

前述のごとく、黒川［2006］ではそれは6.46店と推計されているが、これは個人も含めた複数店経営者一人当たりの平均運営店舗数であるし、2006年の古い数値であることから、現在の法人フランチャイジーの運営店舗数はもう少し高めの数値になっていると考えられる。

ちなみに、筆者のデータベースに収録された法人フランチャイジーの、1法人当たりの平均店舗数は15.60店であった。そこで、黒川の数値を修正すべく、

ここでは黒川と筆者の中間値である「11.03店」を平均運営店舗数として採用してみる。この中間値で法人運営店舗の総数132,612店を除してみると、法人フランチャイジーの総数は12,023社となった。

　以上の「推計1」と「推計2」から、既存の調査や推計を利用した法人フランチャイジーの総数は12,000〜13,000社程度と推定することができる。
（1）項と（2）項の異なる方法での推計は、それぞれに大胆な推測や不確定要素が多く入り込んでいるものの、結果的に比較的近い値が得られた点は非常に興味深い。このことから、日本の法人フランチャイジーの総数（1店舗を含む）は10,000〜13,000社あたりだと見てよいであろう。

（3）1店舗の法人フランチャイジーの意義

　ところで、今回は分析対象からは外しているが、1店舗だけを運営している法人フランチャイジー（法人成りを除く）とは、どのような企業なのであろうか。

　筆者が作業過程で確認できたもののなかには、フランチャイズ事業を開始したばかりの法人もあったが、かつては多数の店舗を運営していたもののリストラを重ねて1店舗だけを残存させるに至った法人も多く見られた。

　リストラの要因としては、フランチャイズ事業部門の業績不振と推測されるものが多かったが、特に外食系では独自に開発したオリジナル業態やオリジナルブランドに事業の柱をシフトさせたケースも少なくなかった。のちに検討するが、オリジナル業態やブランドの育成は外食系の法人フランチャイジーにとっては共通した課題となっており、加盟して時間が経過すると、加盟事業とオリジナル事業とのバランスをどのようにとるのかが問題となる。

　このように、1店舗の法人フランチャイジーは、単に規模が小さな弱小フランチャイジーという意味に留まらず、法人フランチャイジーが有する重要な経営上の課題を内包した存在とも理解できる点に留意すべきである。

6 ヒアリング調査の概要と利用

　データベースの分析については次章に譲るが、このデータベースを踏まえて、多様なタイプの法人フランチャイジーを対象としたヒアリング調査を行ったので、この調査概要について記しておきたい。なお、このヒアリング調査で得られた情報は、主に第7章から第9章の分析に用いている。

（1）調査概要

　ヒアリング調査は面接を基本とし（ZOOM は 3 社）、半構造化インタビュー法で行った。時間は 1 社当たり 1 時間から 2 時間で、最短40分、最長 4 時間であった。そして、経営者（代表）またはフランチャイズ事業の責任者（主に役員）を対象に行っている。

　ヒアリングは、予備調査と本調査の 2 段構えで行った。まず、2018年 6 月に全体の研究計画を立てるための予備調査（フィージビリティスタディの一環）として 4 社の法人フランチャイジーに対してヒアリングを行い、質問すべき内容を精査した。その後は、データベースの構築作業と並行して本調査を開始し、2018年中に 7 社を追加し、2019年に60社、2020年 1 月に 7 社をヒアリングした。[14] 最終的なヒアリングの実施法人数は78社であった。これは分析対象である全1,310社のうちの約 6 ％に相当する。

　調査対象法人は、データベースに収録された法人フランチャイジーのなかから、タイプ類型、店舗数規模、加盟ブランドの業種、所在地、さらには兼業型では本業の業種バランスなども考慮してピックアップした。ちなみに、ヒアリング調査の依頼を行った法人数は160社であったが、前述したように、そのうちの78社（48.8％）が応じてくれた。

　なお、ヒアリング調査は法人フランチャイジーだけではなく、本部企業 8 社に対しても行っている（2018年、すべて外食系）。これは法人加盟者に対する

本部側の認識を調査するためのものであった。さらに、フランチャイズ支援コンサルタント企業の元役員、フランチャイズ専門の弁護士・司法書士、フランチャイズ専門のコンサルタントらとも面会し、情報収集を行った。

（2）ヒアリング対象法人の特徴

　ヒアリングを行った78社の法人フランチャイジーの特性は**表4－2**（124ページ）のごとくである。

　まずタイプ類型であるが、フランチャイズ専業の法人と兼業の法人とは、およそ6対4の割合であった。データベース全体の構成比が約6対4であるため、偏りはないといえる。店舗数規模については、比較的小規模な法人に重点を置いてヒアリングを行った。小規模な法人ほど、経営者の意思決定が加盟実態に反映されていることや、加盟の経緯が聞き出しやすいとの判断からである。

　加盟ブランドの業種は、外食にやや偏っている。本社所在地は、交通の利便性や時間の関係から筆者の大学に近い京阪神が多いが、地方圏の法人も意識的に取り上げた。結果的に、大都市圏と地方圏の割合は約6対4であった。

（3）ヒアリングの内容

　ヒアリングでは、前半にあらかじめ設定した共通項目を尋ね、後半ではそれを踏まえてトピックを絞って深く聞き出す手法をとった。また、タイプ別に質問内容を変更した。具体的には以下の通りである。

　すべての法人に共通して尋ねたことは、基本データ（加盟ブランド、店舗数、加盟年、資本金、売上高など）、ブランド（本部）選択の基準、成長（店舗拡大）のプロセス、店舗拡大プロセスで生じた課題とその解決策、現在の経営上の課題などであった。

⒁　当初は100社を目指したが、新型コロナ感染拡大の影響で中断せざるを得なかった。

表4－2　ヒアリング対象法人

【タイプ】

タイプ		法人数	割合(%)	全体
専業	A1型	15	61.5	61.6
	A2型	22		
	A3型	11		
兼業	B1型	14	38.5	38.4
	B2型	16		
計		78	100.0	100.0

【本社所在地】

		法人数	割合(%)
大都市圏	首都圏	7	61.5
	京阪神	31	
	名古屋	10	
地方圏	東　北	1	38.5
	北関東	5	
	信　越	1	
	北　陸	1	
	東　海	4	
	近　畿	10	
	中　国	5	
	四　国	2	
	九　州	1	
計		78	100.0

【店舗数規模】

規模（店）	法人数	割合(%)	全体
100以上	8	10.3	17
70－99	5	6.4	19
50－69	6	7.7	28
30－49	15	19.2	96
10－29	25	32.1	461
2－9	19	24.4	689
計	78	100.0	1,310

【加盟業種（延べ数）】

加盟業種	法人数	割合(%)	全体
飲　　食	54	55.7	684
小　　売	25	25.8	448
サービス	13	13.4	428
携　　帯	5	5.2	67
計	97	100.0	1,627

注）「全体」とは、データベースの1,310サンプル全体を指す。サンプル全体の分析は第5章を参照。
出所）筆者作成。

　オリジナルブランドを展開している法人の場合は、開発の経緯やその成否、開発上の課題（苦労）などを尋ね、複数ブランド加盟法人の場合はブランド間のシナジー効果などを尋ねた。その他、経営者のキャリア、経営者としての信条、フランチャイズ事業および地域市場への思いなども適宜尋ねている。

　タイプ別では（60ページ参照）、フランチャイズ専業のA1型に対しては、フ

ランチャイズで起業をした経緯を、A2の転業型に対しては転業した経緯を尋
ねた。A3型（子会社型）に対しては、分離独立の経緯、親会社の業種や特性
および親会社との関係性などを念頭に前述の質問を行った。

　一方、兼業のB1型とB2型に関しては、本業と加盟ブランドの関係性（本業
と本部選択との関係）に重点を置いた質問を行った。本業とのシナジー効果、
本業とフランチャイズ事業との売上・収益比率、本業とフランチャイズ事業間
での人事交流の実態なども付加した。その他、海外進出をしている法人、上場
している法人に対しては、それに関する質問を行っている。

（4）ヒアリング調査の利用

　ヒアリングは社名を一切公表しないことを条件にして受け入れてもらったこ
とから、本研究においてはヒアリング結果の出所法人名を記していない点に留
意してほしい。社名を挙げて個別の法人フランチャイジーについて記した部分
でも、ヒアリング内容には触れず、公表データの範囲で分かる内容に留めてい
る（ヒアリング対象であったかどうかも判別できないようにした）。ただし、
4社については許諾を得たうえで社名や経営者名を出して、ヒアリング内容に
触れている。

　ヒアリング調査は、基本的には筆者のフランチャイズそのものに対する理解
と、法人フランチャイジーに対する理解を深めるためのものであり、分析や解
釈を行う際の認識基盤を構築することが主目的であった。知り得た情報につい
ては、必要に応じて部分的に引用するに留めており、個別法人のヒアリング結
果の紹介や回答の集計・分析などは行っていない。

　具体的には、第1章での法人フランチャイジーに関する基本的理解の部分、
第2章と第3章の法人加盟の拡大プロセスにおける分析の一部、第6章におけ
るメガフランチャイジーの分析の一部、第7章の本業と本部選択との関係分析
の一部、第8章の意思決定の実態分析、第9章の中小企業や地方企業としての
分析の一部で使用した。

第5章

法人フランチャイジーの実態
（データベースの分析）

1 全体概要

（1）地理的分布特性

　フランチャイズビジネスは人々の消費活動と密接に結び付いたものであるた
め、その市場は概ね人口に比例すると考えてよい。したがって、法人フランチ
ャイジーも、基本的には人口に比例する形で全国に分布すると考えられる。こ
の点について検証してみたい。

　次ページの**図5-1**は、データベースを基に都道府県別の法人数を表したも
のである。東京都、大阪府、愛知県の3大都市域への集中度が高いが、その分
布は日本全国に及んでいる。今回のデータベースにおいては、すべての都道府
県で法人フランチャイジーが確認できたことから、全国にフランチャイズビジ
ネスの市場が存在していることがうかがえる。

　また**表5-1**（129ページ）は、上位15位までの都道府県を見たものである。
この表では、法人フランチャイジーと人口との関係を確認するために、都道府
県別に法人フランチャイジーの構成比と人口の構成比を比較している。これに
よると、法人フランチャイジーは人口にほぼ比例する形で分布していることが

128

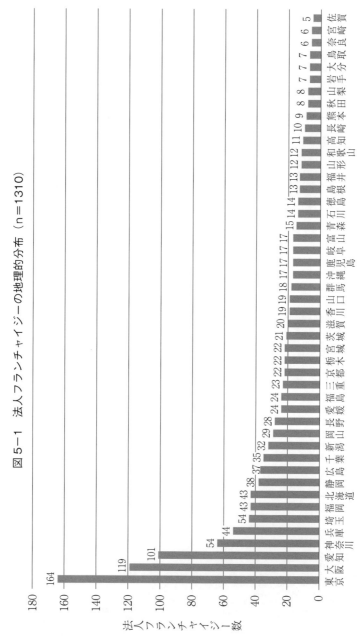

図5−1　法人フランチャイジーの地理的分布（n=1310）

表5－1　本社所在地の上位都道府県

順位	都府県名	法人数	法人構成比	人口構成比	人口順位
1	東 京 都	164	12.5	10.9	1
2	大 阪 府	119	9.1	7.0	3
3	愛 知 県	101	7.7	6.0	4
4	神奈川県	64	4.9	7.3	2
5	兵 庫 県	54	4.1	4.3	7
6	埼 玉 県	44	3.4	5.8	5
7	福 岡 県	43	3.3	4.0	9
7	北 海 道	43	3.3	4.2	8
9	静 岡 県	38	2.9	2.9	10
10	広 島 県	37	2.8	2.2	12
11	千 葉 県	35	2.7	4.9	6
12	新 潟 県	32	2.4	1.8	15
13	岡 山 県	29	2.2	1.5	20
14	長 野 県	28	2.1	1.6	16
15	愛 媛 県	24	1.8	1.1	28
15	福 島 県	24	1.8	1.5	21
	小計	879	68.6	67.0	
	全国合計	1,310	100.0	100.0	

注）グレー部分は、人口分布比率より法人フランチャイジーの
　　分布比率のほうが高い都府県。
出所）データベースを基に筆者作成。

確認できる。つまり、東京、大阪、名古屋の3大都市を擁する都府県が上位を占め、横浜、神戸、福岡といった大都市を擁する県がそれに続いている。上位3都府県に全体の約30%の法人フランチャイジーが集中し、上位15位までに全体の7割近くが所在していることが分かるが、上位15位までの人口比率もこれとほぼ同率となっている。

　ちなみに、全都道府県の法人フランチャイジー数と人口との相関係数は

130

0.433と高くなかったが、上位15位の相関係数は0.883と非常に高くなっており、上位都道府県における両者の強い関係性がうかがえる。⁽¹⁾このことは、多店舗を運営する法人フランチャイジーは人口がある程度集中した地域に成立しやすいことを示している。

（2）地方圏におけるフランチャイズビジネス

ただし、法人フランチャイジーのビジネスチャンスが単純に人口に比例しているのかというとそうではない。**表5−1**でグレーに着色した都府県は、法人フランチャイジーの構成比が人口構成比を上回っている都府県である。それは、上位3位の大都市部と、広島、新潟、岡山、長野、愛媛、福島の各県であることが分かる。すなわち、法人フランチャイジーは単純に人口に比例して分布するだけでなく、人口順位が中位クラス（12〜28位）の地方圏においても、その市場ポテンシャルを超えて法人フランチャイジーが分布する地域が存在していることが分かる。

このことは、フランチャイズビジネスは地方圏でも貴重なビジネスチャンスを提供しており、法人フランチャイジーが成立する余地が大きいことを示唆するものと考えられる。また、この表からは法人フランチャイジーの規模までは分からないが、地方圏でも運営店舗数の規模が大きな法人フランチャイジーが存在しており、この事実がそのことの証左となっている。

第6章の「メガフランチャイジーの分析」でも触れるが、日本で最大の運営店舗数を誇る法人フランチャイジー（企業グループを除く）は群馬県の企業であるし、運営店舗規模で30位までの本社所在地を見ると、大都市圏域（東京、大阪、愛知、福岡および隣接県の兵庫、埼玉、神奈川、千葉）のほかに、岩手、宮城、福島、新潟、滋賀、香川、愛媛、広島、宮崎、沖縄といった地方圏の企業が多く見られる。このことから、法人フランチャイジーは地方経済を語る場合にも重要なカギを握る企業となっていると推察することができる。

（3）運営店舗数の規模

　次ページに掲載した**図5－2**は、運営店舗数の規模分布を10店舗階層ごとに見たものであり、**表5－2**はその規模別の構成比を見たものである。**図5－2**では、2～9店舗の小規模な法人フランチャイジーが抜きん出て多くなっており、**表5－2**からは、それが全体の半数強となる52.6％を占めていることが分かる。

　さて、**図5－2**のグラフを見ると、規模によりいくつかの崖（断絶）が見られる。一つ目の崖は2～9店舗と10店舗台との間、二つ目は10店舗台と20店舗との間、三つ目は20店舗台と30店舗との間にある。

　これについて**表5－2**で構成比を確認すると、二つ目の崖である10店舗台と20店舗台は25.7％と9.5％、三つ目の崖である20店舗台と30店舗台も9.5％と4.2％となっており、それぞれ倍以上の大きな差が見られる。また、30店舗以上のものは合計で160法人（12.2％）にすぎず、なかでも50店舗以上となると64法人（4.8％）、100店舗以上となると17法人（1.3％）にとどまる。

　このような崖は何を意味するのであろうか。まず、10店舗の前後でなぜ大きな崖が形成されるのかについて、従業員の雇用の視点から検討してみたい。第2章で、個人事業主から法人への切り替えは、4店舗程度に達した段階で行われる傾向があると指摘した。これは、4店舗以上になるとオーナー1人では店舗の運営管理が難しくなり、法人組織にして社会保障や福利厚生を整え、従業員（パートナー）を雇用する必要が生じることが理由であった。

　業種・業態にもよるが、外食のレストラン業態の場合だと、おおよそ4店舗ごとに運営管理マネージャーを1人雇用する必要があるとされる。したがって、10店舗未満だと2人で何とか運営管理が可能だが、10店舗を超えると、さらに1人従業員を増やす必要が出てくる。小零細企業にとっては新たな雇用が大きな負担となるため、雇用を増やして10店舗を超える規模に成長するのか、逆に、

⑴　人口密度との相関係数も、全都道府県では0.355と低かったが、上位15都道府県では0.866と高くなった。

132

図5-2　店舗数規模の階層別分布

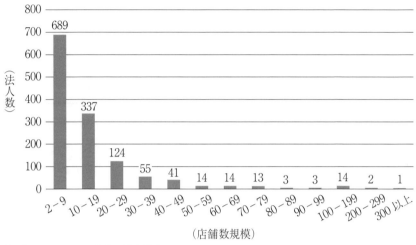

（店舗数規模）

出所）データベースを基に筆者作成。

表5-2　店舗数規模別の捕捉率と推定数

店舗数	確認数	構成比	捕捉率	推定数	推定構成比（%）	
2-9	689	52.6	20%	3,445	66.7	88.5
10-19	337	25.7	30%	1,123	21.7	
20-29	124	9.5	40%	310	6.0	
30-39	55	4.2	50%	110	2.1	9.7
40-49	41	3.1	50%	82	1.6	
50-59	14	1.1	60%	23	0.4	
60-69	14	1.1	60%	23	0.4	
70-79	13	1.0	70%	18	0.3	1.4
80-89	3	0.2	70%	4	0.1	
90-99	3	0.2	70%	4	0.1	
100-199	14	1.1	80%	18	0.3	
200-299	2	0.2	80%	3	0.1	0.4
300以上	1	0.1	90%	1	0.0	
合計	1,310	100.0		5,164	100.0	100.0

出所）データベースを基に筆者作成。

あえて店舗数を10店舗未満に抑制して雇用を増やさないかという選択に迫られる。この10店舗という崖の背景には、このような法人フランチャイジーの経営問題が存在する。10店舗台と20店舗台との間の崖、20店舗台と30店舗台との間の崖にも同様の雇用問題が存在している。つまり、適切な人材がどれだけ確保できるのかが運営店舗数規模を規定する一つの要因となっている。

　また、外食業の場合は、運営店舗数の増大がブランドの増大を伴うことも多い。一つのブランドで一つの地域内に出店できる数には自ずと限界が生じる。そのため、出店地域を広域化させないかぎり、異なる業態やブランドに加盟せざるをえないからである。

　一般的に、加盟ブランドが増えればマネジメントのコストは大きくなり、経営効率は低下すると考えられている（複数ブランド加盟のメリットについては次節参照）。したがって、市場や人材確保の状況をにらみつつ、運営の適正規模をどのように考えるのかが課題となる。

　10店舗台と20店舗台の間、20店舗台と30店舗台の間に崖が存在するということは、その境界が、経営上の新たな選択を迫ることを示している。いずれにせよ、運営店舗数は時間と共に増大していくものではなく、特に2桁に達したのちは、企業としての効率のよい適正規模をどのように考えるのかという経営者の判断を映すものだと見てよい。

（4）加盟ブランドの数と業種

　1法人当たりの加盟ブランド数は平均2.2ブランドであったが、これをさらに詳しく見ていきたい。

　次ページに掲載した**図5－3**は加盟ブランド数の規模分布を示したものである。法人フランチャイジーは1ブランド加盟のものが全体の半数強となる52.6％、3ブランドまでで全体の84.9％、5ブランドまでで94.6％を占めている。6ブランド以上に加盟するものは71社、そのうち10ブランド以上のものは12社見られ、最多は15ブランドであった。

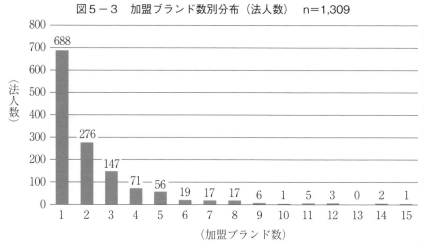

図5−3　加盟ブランド数別分布（法人数）　n＝1,309

注）不明1件を除く。
出所）データベースを基に筆者作成。

表5−3　加盟業種

【加盟業種（延べ）】

	法人数	構成比
外食	684	42.0
小売	448	27.5
サービス	428	26.3
携帯	67	4.1
計	1,627	100.0

【業種の組み合わせ】

	法人数	構成比
外食＋小売	109	26.1
外食＋サービス	127	30.4
小売＋サービス	68	16.3
外食＋小売＋サービス	34	8.1
外食＋携帯	29	6.9
小売＋携帯	18	4.3
サービス＋携帯	32	7.7
外食＋小売＋サービス＋携帯	1	0.2
計	418	100.0

出所）データベースを基に筆者作成。

　また、表５−３（左側）で加盟ブランドの業種の大区分を見ると、外食が最多を占めた。なお、複数の業種に加盟している法人418社について表５−３（右側）でその業種の組み合わせを見ると、「外食＋サービス」が最多で全体の30.4％を占め、続いて「外食＋小売」が26.1％、「小売＋サービス」が16.3％の順となっている。

「外食＋サービス」という組み合わせが最も多い背景には、次の２点が影響している。一つは、外食業やサービス業のなかに法人だけを募集している本部が多く見られることであり、二つ目は法人加盟ブームを引き起こしたフランチャイズ支援コンサルタント（第３章参照）が開発・支援した本部に外食業とサービス業が多かったことである。

　この業種分類を、外食を４種、小売を４種、サービスを５種に細分化して詳しく捉えたものが、次ページの図５−４のａとｂである。

　まず図５−４ａでは、レストラン業態への加盟法人が多いことが分かる。この業態には、居酒屋、中華店、ラーメン店、ハンバーグ店など多くのものが含まれるため自ずと加盟法人数も多くなるが、理由はそれだけではない。この業態は外食のなかでも初期投資が大きな業態であり、多くの場合、１店舗当たり5,000万円から１億円超の資金が必要となる。そのため、投資力が大きい法人による加盟が多くなっていると推される。

　外食のなかで２番目に多かったのはファストフード業態である。これには外資系のものが含まれるが、第２章でも見たように、外資系は法人を中心に加盟募集をしてきたことから、現在でも法人中心のブランドであることが影響していると推察できる。また、図５−４ｂの１法人当たりの平均店舗数を見ると、ファストフードが13.1店、レストランが9.2店、カフェ・喫茶が4.6店と業態間の差が大きかった。

　小売分野については、コンビニに加盟している法人が比較的多かったが、１法人当たりの運営店舗では18.1店と全業種のなかで群を抜いて多かった。第２章でも見たように、コンビニは長らく個人加盟が中心であったが、2000年代中盤以降は本部が複数店化を進めていることもあり（第３章）、法人の加盟を認

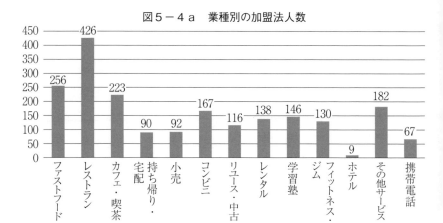

図５－４ａ　業種別の加盟法人数

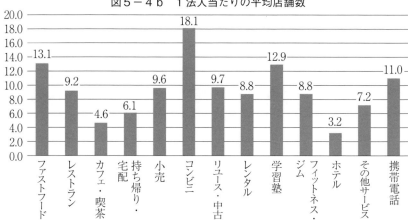

図５－４ｂ　１法人当たりの平均店舗数

出所）データベースを基に筆者作成。
注）法人総数は1,310社。各業種のブランド例は以下の通り。
ファストフード：KFC、マクドナルド、ミスタードーナッツ、モスバーガー、サーティーワン、ピザーラ
レストラン：びっくりドンキー、大阪王将、かつや、牛角、大戸屋、鳥貴族、花月嵐らーめん、まいどおおきに食堂、赤から、温野菜、丸源ラーメン
カフェ・喫茶：ドトール、プロント、コメダ珈琲、タリーズ、ナナズグリーンティ
持ち帰り・宅配：リトルマーメイド、銀のさら、シャトレーゼ、ビアードパパ、ほっかほっか亭、ホットモット
小売：オートバックス、イエローハット、業務スーパー、成城石井、無印良品、マツモトキヨシ、ダイソー、ハックルベリー
コンビニ：セブンイレブン、ローソン、ファミリーマート、ミニストップ
リユース・中古：ブックオフ、ハードオフ、アップル、カーセブン、ガリバー、ゴルフパートナー、おたからや
レンタル：TSUTAYA、オリックスレンタカー、ニコニコレンタカー、ガッツレンタカー
学習塾：明光義塾、ITTO、スクールIE、東進衛星予備校、キッズデュオ
フィットネス：カーブス、エニタイムフィットネス、ウィルジー、ゴールドジム
ホテル：サンルート、スーパーホテル、アパホテル
その他サービス：コバック、イレブンカット、茶話本舗、ハウスドゥ、ティア
携帯電話：ドコモ、au、ソフトバンク、Yモバイル

める本部が増えてきている。コンビニの運営は、同じチェーン同上では高度に
標準化され、オペレーションの統一度が高いことから、投資力さえあれば店舗
が増やしやすいことが背景にあると考えられる。

　サービス業については、法人数では「その他サービス」がやや多くなってい
る。これには自動車の車検や不動産仲介、美容室、デイサービスなどが含まれ
るが、特に不動産仲介系が多くを占めている。１法人当たりの店舗数では、学
習塾が12.9店とサービス業のなかでは最多であり、全業種のなかでも３番目に
多かった。また、学習塾のなかには100店舗を超える教室を運営するものも複
数見られることから、大規模な法人が平均を押し上げていると推察できる。な
お、携帯電話も１法人当たりの店舗数が11.0店と比較的多くなっていた。

（5）加盟年

　次ページの**図５－５**は加盟年を見たものである。この場合の加盟年とは、最
初のブランドに加盟した年であり、フランチャイズ事業の開始年を意味する。
加盟年が判明したものは1,310社中896社（68.4％）であった。加盟年はホーム
ページの沿革欄を基に調べたが、元々フランチャイズ専業の個人事業または法
人としてスタートしたものについては、沿革欄で確認できない場合でも創業年
を加盟年と見なした。

　このグラフによると、最も古いものは1966年に「ダスキン」に加盟した法人
であり、最も新しいものは2019年に加盟した法人３社であった。このグラフで
加盟が多く見られた時期を捉えると、2002年の47件が最大値となっている。こ
の年の前後を見ると、30件以上の年が続いており、1990年代の中頃から2000年
代の中頃までの約10年間にフランチャイズ事業を開始した法人が多く存在して
いることが分かる。この時期は、第３章でも見たごとく法人加盟がブームにな
った時期であり、フランチャイズ支援コンサルタントによる加盟営業が非常に
活発だった時期と重なることから、その影響が反映されていると推測できる。

138

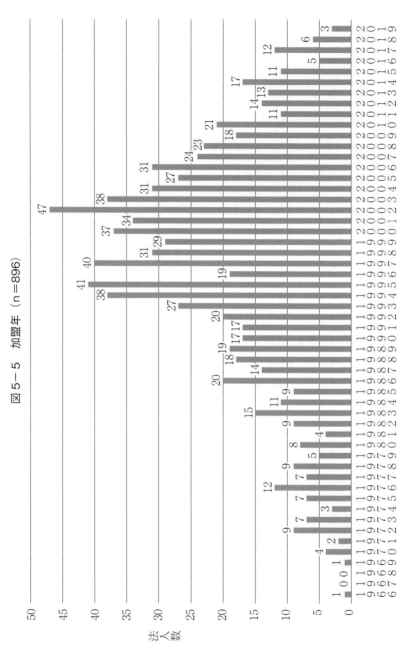

図5−5　加盟年 (n=896)

法人数

出所) データベースを基に筆者作成。

（6）資本金

　資本金は事業の元手であることはいうまでもないが、法人フランチャイジーの場合、その額が実際の店舗数などの事業規模と直接的に関係しないことが多い。この要因には、兼業型の法人フランチャイジーが多く見られることがある。すなわち、フランチャイズ加盟時に別の事業を営んでいた企業の場合は、資本金額が前業や本業の影響を受けることになるからである。また、フランチャイズの専業法人としてスタートした企業でも、その後にフランチャイズ以外の独自事業を行うようになり、資本金がその影響を受けるケースも見られる。

　このようなことから、資本金額は単独では法人フランチャイジーを捉える指標とはなり難い。ただし、専業型でスタートしてフランチャイズ事業のみを営むものであれば、資本金額は指標となる可能性がある。そこで、専業型でスタートして（フランチャイズで起業して）、フラン

表5－4　フランチャイズ専業企業の資本金規模（n＝377）

資本金規模	法人数	比率	店舗数規模
20億円代	1	0.3	77
10億円代	1	0.3	118
5〜9億円代	2	0.5	15〜64
2〜4億円代	3	0.8	32〜62
1億円代	14	3.7	4〜144
9,000万円代	7	1.9	5〜63
8,000万円代	4	1.1	4〜38
7,000万円代	4	1.1	18〜31
6,000万円代	2	0.5	7〜112
5,000万円代	21	5.6	4〜43
4,000万円代	14	3.7	7〜45
3,000万円代	21	5.6	4〜45
2,000万円代	23	6.1	4〜50
1,000万円代	157	41.6	4〜82
500〜999万円	41	10.9	4〜74
100〜499万円	61	16.2	4〜122
99万円以下	1	0.3	7
合計	377	100.0	

注）フランチャイズ専業企業のみ。店舗数は4店舗以上のもの。
出所）データベースを基に筆者作成。

(2)　たとえば建設業の場合は、資本金2,000万円以上かつ自己資本額が4,000万円以上でないと建設業を営む認可が下りないことから、資本金額が大きくなる傾向にある。

チャイズ事業のみを営むものと推測できる法人だけを抽出して、そのなかで資本金が判明した377件について整理したものが前ページの**表5－4**である。

　資本金額は20億円を超えるものから50万円まで千差万別であったが、この表を見ると1,000万円代以下が多く、全体の約7割を占めている。とりわけ、株式会社では1,000万円の法人が142社（全体の37.7％）あり、有限会社では300万円の法人が48社（全体の12.7％）存在して多数を占めた。

　これらは、2006年までの会社法において、資本金が株式会社の場合は1,000万円以上、有限会社の場合は300万円以上と定められていた頃の名残りと考えられるが、法改正から十数年を経た現時点でもその額が標準的な法人フランチャイジーの資本金規模となっている（2006年の会社法改正以降は、最低資本金額の制約がなくなっている）。このことは、事業開始後に店舗数が増大しても、それに伴って資本金が増えていくとはかぎらないことを示している[3]。

　また、同じく**表5－4**で店舗数と資本金との関係を見ると、その関係性も低い。たとえば、資本金が5億円を超えても14店舗しか、1億円でも7店舗しか運営していない法人もある。他方、資本金が300万円でも122教室もの学習塾を運営する法人が存在している。このことから、法人フランチャイジーにおいては、資本金額と運営店舗数との関係性が低いことが確認できる。ちなみに、この377のサンプルにおける両者の相関係数を求めると0.37となり、やはり相関性は高くないことが分かる。

（7）オリジナルブランドの開発率

　フランチャイズは、ノウハウなどを取得するのは容易であるが、契約による縛りが厳しく、またロイヤルティーの支払いがあるため利益率も高くはない。したがって、多くの法人フランチャイジーのなかには、コストがかかってリスクが大きいものの、自由度が高くて利益率が高いオリジナル業態の開発にチャレンジするところが見られる。ただし、フランチャイズ契約のなかには「競業避止義務[4]」が存在するため、フランチャイズで営むものと同じ業態のオリジナル

ブランドの開発はできない。あくまでも、それに抵触しない範囲でのことになる。

　とはいえ、そもそも何をオリジナル業態と見なすのかについては判断が難しいものも少なからず存在した。したがって、確度はやや落ちることを断っておきたいが、データベースのなかで何らかのオリジナル業態を開発していると見なせる法人が331社見られた。これは全体の25.3％に相当し、4社に1社はオリジナル業態を有していることになる（タイプ別の分析は147〜148ページ）。

　オリジナル業態の開発で圧倒的に多かったものは、外食業のオリジナル業態店の開発であった。最も多く見られたのは、外食業のフランチャイズに加盟しつつ、業態の異なるオリジナル飲食店を営むケースである。たとえば、ファストフードのフランチャイズに加盟したのちに、オリジナルの焼肉店やカフェを開業するといったケースである。フィットネスのフランチャイズに加盟したのちに、オリジナルのリラクゼーション店や介護サービス店を営むケースも見られたが、外食業以外のケースは少なかった。

　外食業が多く見られるのは、加盟店の運営によって得られたノウハウが異なる業態であっても転用しやすいことや、新規の業態開発がやりやすいことであろう。しかし、フランチャイズ事業を営むことの最大のメリットは、理論的には事業リスクの低減と業態開発コストの回避にある。にもかかわらず、わざわざリスクが高く、開発コストもかかるオリジナル業態を開発するのかという理由については、第8章においてヒアリング調査の結果も参照しつつ、改めて検討したい。

⑶　第1章の「法人成り」のところで説明したように、資本金が1,000万円を超えると会計年度1期目と2期目における消費税の免除は受けることができなくなるため、意図的に資本金額を抑えるといったことが行われる場合もある。
⑷　競業避止義務とは、本部が有する独自のノウハウを加盟者が流用する（流出させる）ことを防止するための契約上の規定である。一般的に、外食業においては同じ業態の店を開発することは固く禁じられている。また、同業のフランチャイズに加盟することも、他チェーンへのノウハウ流出の観点から禁じられている。しかし、業態が変わればこの規定には抵触しないし、場合によっては、別会社を設けることで規定への抵触を回避しているケースも見られる。基本的には、本部と加盟者との信頼関係で判断がなされることが多い。

2 タイプ別分析

（1）法人フランチャイジーのタイプ

　第1章ですでに述べたごとく、法人フランチャイジーは五つのタイプに分けられることからタイプ別の分析を行いたい。

　次の表は、**表1‐4**を再掲したものである。各類型の要点を振り返っておきたい（詳細は第1章参照）。

　まず、法人フランチャイジーは、大きくフランチャイズ事業を専業とするものと、別に本業をもちつつ兼業型でフランチャイズ事業を営むものとに分けられる。ただし、専業型と兼業型の区分は単純ではないことには留意すべきである。たとえば、兼業でフランチャイズ事業を開始しても、のちに本業を廃業するとフランチャイズ専業になる。さらに、兼業型フランチャイジーのフランチャイズ事業部が分社化すれば、フランチャイズ専業の法人（子会社）になってしまう。よって、専業か兼業かは、現状で捉えるのか、加盟時で捉えるのかによって違ってくる点に注意が必要とされる。(5)

　捉える時点によって区分が変わることを考慮して、本研究では以下のようなタイプを設定した。まずは、現状における専業型を「A型」、兼業型を「B型」と呼んで区分する。そのうえで、A型を加盟時の状況でさらに三つのタイプに分ける。

　すなわち、加盟時から現在まで専業である（フランチャイズ事業で起業をした）「A1型（起業型）」と、加盟時は兼業型だったが、のちに本業を廃して専業型に転業をした「A2型（転業型）」、そして加盟時は兼業型だったが、のちにフランチャイズ部門をフランチャイズ専業の子会社として独立させた「A3型（子会社型）」の三つである。

　一方、B型は、兼業の内容によって二つのタイプに分けられる。本業と関連性が高い業種に加盟した「B1型（高関連型）」と、本業とは関係性が低い業種

表1-4　法人フランチャイジーの新たな類型

大区分	小区分		特　性	意思決定の特性	備　考
A 専業型	A1	起業型	1店舗での起業から成長した専業法人	FC専業者としての効率を追求	純粋専業型
	A2	転業型	兼業で加盟したが後に本業を廃しFC専業に転業した法人	前業の影響を受ける	加盟時兼業型
	A3	子会社型	兼業で営まれるFC事業部門が子会社として分離独立した専業法人	親会社の影響を受ける	
B 兼業型	B1	高関連型	本業との関連性が高い本部に加盟した兼業法人（リンケージ型）	本業の業容拡大・本業とのシナジー効果を重視	現在の兼業型
	B2	低関連型	本業との関連性が低い本部に加盟した兼業法人（多角化型）	リスク分散・新規ノウハウ取得を重視	

出所）筆者作成。

に加盟した「B2型（低関連型）」である。B1型は、本業の業容を拡大あるいは強化するための加盟であり、経営ノウハウの転用・応用や市場・顧客の共有を可能にする業種やブランドに加盟するものである。たとえば、ガソリンスタンド企業が中古車販売やレンタカーのフランチャイズに加盟するようなケースである。

　これに対してB2型は、本業とは関係性が低い新分野のノウハウ取得や新規

---

(5)　第1章の末尾で述べたごとく、理論的にはA型の専業型であったものが、その後に別の事業を開始してB型に転換することも考えられる。しかし、オリジナル業態を開始したケースはあっても、フランチャイズと無関係な事業を開始したケースは見られなかった。したがってB型は、元々別の事業を行っていた法人がフランチャイズを兼業型で開始したもの、すなわち加盟時から現在まで兼業型である類型しか設定していない。

市場への進出をするための加盟であり、自前の経営ノウハウの転用・応用や市場・顧客の共有ができないものに加盟するものである。たとえば、ガソリンスタンド企業が居酒屋やフィットネスクラブのフランチャイズに加盟するようなケースである。

ただし、このB1型とB2型の区分には判断の難しいものもあり、あいまいさが残る点に留意が必要である。

（2）タイプ別の構成比

表5-5は、この類型に従ってデータベースの法人フランチャイジーのタイプ別構成比を見たものである。

表のごとく、A型とB型の割合は約6対4となった。ただし、加盟した時点で捉えると、創業時＝加盟時からフランチャイズ専業であるA1型が37.3％に対して、加盟時には別の本業をもっていたA2型とA3型およびB型の総計は62.7％となり、約4対6と比率が逆転する。つまり、加盟時点では6割以上が兼業型でフランチャイズ事業を開始していることになる。この点は、序章で述べたごとく、日本のフランチャイズにおける大きな特徴として認識する必要がある。

なお、A3型（子会社型）のなかには、鉄道会社系の法人フランチャイジーが36社含まれている。これらは、鉄道会社が「駅ナカ」の開発を進めるためにホームの売店をコンビニ化したり、駅構内の飲食店を人気チェーン店に置き換えることを目的としてフランチャイズに加盟したもので

表5-5　タイプ別構成比

		実数	構成比（％）		加盟時の専・兼業比（％）
A（専業）	A1	496	37.9	61.6	専業37.3
	A2	122	9.3		兼業62.7
	A3	189	14.4		
B（兼業）	B1	197	15.0	38.4	
	B2	306	23.4		
計		1310	100.0	100.0	100.0

出所）データベースを基に筆者作成。

ある。その場合、ほとんどが子会社にフランチャイズ事業を担当させるケース
が多いことから、A3型に分類されている。

（3）タイプ別の地理的分布

　表5-6はタイプ別の地理的分布である。どのタイプも、基本的には大都市
を有する都府県やその隣接県が上位に位置している。なかでも、A2型の転業
型のトップが愛知県であることが目を引く。愛知県は、かつては繊維系産業が
盛んであったが、近年は衰退したことからフランチャイズに転業した中小企業
が多く見られることが影響していると推察される。

　三大都市圏の集中度は、専業型がA1・A2・A3の合計で33.0％、兼業型が
B1・B2の合計で25.2％と、専業型の大都市圏集中度がやや高い傾向が見られる。

　一方、兼業型は三大都市圏への集中度が小さく、地方圏に分散していること
が分かる。これは、地方の中小企業のなかにも、フランチャイズ事業を兼業で

表5-6　タイプ別の地理的分布（％）

順位	A1		A2		A3		B1		B2	
1	東京	13.9	愛知	16.8	東京	14.8	大阪	9.9	東京	13.4
2	大阪	11.6	東京	13.3	大阪	9.2	愛知	7.3	愛知	7.9
3	愛知	6.3	大阪	7.1	福岡	6.6	神奈川	6.3	大阪	6.2
4	神奈川	6.1	北海道	6.2	愛知	6.1	東京	5.7	静岡	4.6
5	埼玉	4.0	神奈川	5.3	兵庫	5.6	北海道	4.2	兵庫	4.6
三大都市圏 集中度	31.8		37.2		30.1		22.9		27.5	
	33.0％						25.2％			
三大都市圏 店舗平均	16.9店		19.1店		20.9店		8.7店		10.9店	
地方圏 店舗平均	18.0店		24.4店		21.2店		9.9店		9.7店	

出所）データベースを基に筆者作成。

行う企業が少なくないことを示すものである。なお、店舗数規模の平均値では
Aの専業型のほうが大きいが、タイプ別に三大都市圏と地方圏を比べると、大
きな差がないことが分かる。

（4）タイプ別の加盟ブランド数と店舗数

表5－7は、タイプ別に加盟ブランド数と店舗数の平均値を見たものである。
加盟ブランド数は、A2型（転業型）がやや多くなっているものの、さほど大
きな差は見られない。このことは、ブランド数を増やすかどうかは、タイプの
異なりという問題ではなく、各法人フランチャイジーの戦略的な経営判断であ
ることを示唆している。

これに対して店舗数の平均値は、専業のA型は兼業のB型の2倍である。こ
れは、専業型ではすべての投資を店舗増大に振り向けることが可能であるが、
兼業型は社内の1事業部としてフランチャイズ事業が営まれているため、投資
に限界があることを示していると理解できる。

表5－8は、このタイプ別の店舗数規模についてさらに詳細に見たものであ
る。まず、専業型（A型）の平均店舗数が兼業型（B型）より大きいことは先
に述べたが、この表からは、A型に30店舗以上の大規模フランチャイジーや50

店舗以上のメガフランチャイジーが集中している様子が分かり、これらが店舗数の平均値を押し上げていたことが分かる。特に100店舗以上のものは、1社を除いてすべてA型であることが注目される。

逆に、2～9店舗および10～19店舗クラスの小規模な法人フランチャイジーに目を向けると、

表5－7　タイプ別の加盟ブランド数と店舗数の平均値

タイプ		加盟ブランド数平均	店舗数平均	
A 専業	A1	2.0	17.3	20.4
	A2	2.7	22.8	
	A3	2.4	20.2	
B 兼業	B1	1.8	10.5	10.2
	B2	2.2	9.9	

出所）データベースを基に筆者作成。

表5－8　タイプ別店舗数規模

店舗数	A1	A2	A3	B1	B2	合計
2－9	201	56	83	141	208	689
10－19	164	28	51	31	63	337
20－29	61	15	21	12	15	124
30－39	29	4	12	1	9	55
40－49	17	5	9	3	7	41
50－59	5	1	2	2	4	14
60－69	2	7	2	2	1	14
70－79	6	2	5			13
80－89	1			2		3
90－99	1	2				3
100－199	8	2	3	1		14
200－299			2			2
300以上		1				1
合計	495	123	190	195	307	1,310

出所）データベースを基に筆者作成。

B型では9割近い占有率となっているのに対して、A型では7割程度となっている。このことから、法人フランチャイジーの規模は、A型に大規模なものが多く見られ、B型は小さなものがほとんどであることが明らかになった。B型は本業とのバランスをどのようにとるのかという経営上の課題があることから、A型のように単純にフランチャイズ事業を成長させていくとはかぎらないことを暗示している。

（5）タイプ別のオリジナル業態開発状況

　オリジナル業態の所有実態をタイプ別に捉えたものが**表5－9**である。先述（140〜141ページ）のごとく、オリジナル業態の開発を行っているのは331社、

148

全体の25.3％を占めている。つま
り、4社に1社が独自業態を開発
し展開していることになる。これ
をタイプ別に見ると、Aの専業型
（A1・A2・A3の合計）が216社
（65.3％）、Bの兼業型（B1・B2
の合計）が115社（34.7％）と、
専業型のほうがオリジナル業態の
開発に積極的であることが分かる。
特に、オリジナル開発が多いタイ

表5－9　オリジナル業態の開発状況

タイプ	総数	独自業態 所有法人数	率（％）
A1	495	100	20.5
A2	123	37	30.1
A3	190	79	40.3
B1	195	26	13.5
B2	307	89	28.6
計	1,310	331	25.3

出所）データベースを基に筆者作成。

プはA3型（子会社型）の法人であり、40.3％がオリジナル業態を展開している。
この要因については第9章で検討する。

　一方、Bの兼業型については、本業との関係性が高いフランチャイズに加盟
しているB1型が26社（13.5）に対して、本業との関係性が弱いフランチャ
イズに加盟しているB2型が89社（28.6）と多くなっている。B2型は、そも
そも本業にとらわれず広い視野で多角化を模索する傾向が強いタイプであるこ
とから、オリジナル業態の開発にも柔軟に望んでいると推察できる。

　ただし、オリジナル業態を開発するかどうかは、そもそも当該法人がフラン
チャイズをどのような形で利用しているのか、経営者がフランチャイズ事業を
どのように考えているのかといったことが影響していると考えられる。これら
の点についても、第9章で改めて検討したい。

第6章

メガフランチャイジーの分析

1 規模区分の境界とメガフランチャイジー

　法人フランチャイジーの規模区分に関する議論は、これまで学術的にも実務的にも行われてこなかった。業界でしばしば用いられてきた規模に関する区分は、①メガフランチャイジーであるかないかという区分、②単店舗運営か複数店舗運営かという区分、③1ブランド加盟か複数ブランド加盟かという区分、くらいであった。②と③は明確な区分であるが、①についてはメガフランチャイジーの定義が問題となる。

　このメガフランチャイジーという用語は、アメリカでも日本でも使われているが、どちらの国においても業界用語として使われてきたことから、何をもって「メガ」と見なすのかという学術的な定義は存在しない。日本で「メガフランチャイジー」という言葉が注目を集めた2000年代は、「メガ＝超」という意味ではなく、実質的には「メガ＝大規模」という意味で使われていたと見てよい。というのも、通常考えられる「小規模」、「中規模」、「大規模」といった規模区分は業界では用いられてこなかったからである。

　業界では、「メガ」かそれ以外という2区分、あるいは「メガ予備軍」という区分（これにも定義はない）を入れて3区分しか存在してこなかった。さら

に、メガフランチャイジーという言葉が業界でもてはやされた2000年代前半は、メガフランチャイジーと称される存在になることが法人フランチャイジーの経営者たちの間で一つの目標や憧れとなっていたという実態がある。つまり、「メガフランチャイジー」とは、法人フランチャイジーの「成長のゴール」を示す意味をもち、経営者たちを鼓舞するための言葉でもあった。したがって、そのような情緒的な意味合いの部分を排して、純粋な規模カテゴリーとして、「メガ」を含めた法人フランチャイジーの規模区分を検討する必要がある。

メガフランチャイジーの定義については、第1章で述べたように、中小企業診断協会東京支部のフランチャイズ研究会が定めた「フランチャイジーが多数（通常30店舗以上）の店舗を経営しているか、またはフランチャイジーとしての売上高20億円以上の規模のフランチャイジー」という定義が広く受け入れられている。要するに、運営店舗数が30店舗以上、もしくはフランチャイズ事業の年間売上高が20億円以上という定義である。ただし、これには明確な根拠がなく、いわば経験的な基準といえる。

この定義は、自社がメガフランチャイジーに該当するかどうかを確認する際には貴重な指標となろう。しかし、その法人フランチャイジーがメガフランチャイジーであるかどうかを外部の者が判別しようとする場合、売上高を把握することは難しい。というのも、法人フランチャイジーのほとんどが非上場の企業であり、兼業の企業も多いため、フランチャイズ部門だけの年間売上高を把握することが困難だからである。したがって、外部の者が客観的にメガフランチャイジーであるかどうかを判定しようとする場合は、比較的把握が容易な店舗数が「30店舗以上」の部分を指標とするのが現実的といえる。

第5章で見たように（**図5-2**参照）、店舗数規模ごとに見た法人フランチャイジー数にはいくつかの「崖」が見られた。なかでも、30店舗以上になると法人数が非常に少なくなってしまう事実は注目に値する。したがって、30店舗以上を「メガフランチャイジー」とした従来の定義には、根拠はなかったものの、20年を経た現在でも一定の意味を有していることが分かる。とはいえ、現在においても30店舗以上を「メガ」と呼ぶことが適切かどうかについては一考

の余地が残されている。

　以上のことを踏まえて、ここではデータベースに基づきながら、「メガ」を含めた法人フランチャイジーの規模区分について再度客観的に検討してみたい。

　一般的な規模のカテゴリーとしては「小規模」、「中規模」、「大規模」という区分が考えられ、「大規模」のなかでも「超大規模」といえるものが「メガ」に相当すると考えるのが妥当であろう。これをデータベースに当てはめて考えてみる。

　表6−1は、データベースを基に店舗規模数ごとの把握法人数とその構成比を見たものである。この表で、店舗規模別に把握法人数と推定法人数の変化を追っていくと、第5章でも述べたように、いくつかの段差が存在していることに気付く。すなわち、1店舗台と10店舗台との間、10店舗台と20店舗台との間、20店舗台と30店舗台との間、さらには40店舗台と50店舗台の間である（表中の太線で引いた境界）。

　これを基に区分を考えると、表に示したごとく、法人数の段差に着目して、9店舗までを「小規模」、10店舗〜29店舗までを「中規模」、30店舗以上を「大規模」に大きく分類することができる。さらに、「大規模」のなかで段差が見られるのが50店舗の前後であることから、50店舗以上のものを「メガ」と呼ぶことが適切であろう。これが、データベースに基づく現在における規模区分である。

表6−1　規模区分の境界と構成比

店舗数規模	法人数	規模区分（実数）	構成比（％）
2−9	689	小規模	52.6
10−19	337	中規模（461）	35.2
20−29	124		
30−39	55	大規模（96）	7.3
40−49	41		
50−59	14	メガ（64）	4.9
60−69	14		
70−79	13		
80−89	3		
90−99	3		
100−199	14		
200−299	2		
300以上	1		
合計	1,310		100.0

出所）データベースを基に筆者作成。

　これを構成比で見ると、小規模が52.6％を占め、中規模が35.2％、大規模が12.2％、そのうちのメガが4.9％となる。上位５％程度であるなら「メガ」と呼んでも問題はなかろう。なお、「メガ」に該当する法人数の実数は、データベースでは64社となる。⁽¹⁾

　以上のことから、本研究では、日本におけるメガフランチャイジーの定義を「フランチャイズでの運営店舗数が50店舗以上」のものとして議論を進めることとしたい。なお、この店舗数にサブフランチャイズの店舗数を含めるかどうかが課題となるが、それについてはのちほど検討したい。

2　日本のメガフランチャイジー（50店舗以上）

　154～155ページに掲載した**表6－2**は、50店舗以上を運営するメガフランチャイジー63社について、法人名、店舗数、タイプ、本社所在地、加盟ブランドと、その店舗占有率などを見たものである。なお、店舗数は当該法人の店舗のうちフランチャイズ店のみをカウントしたものであり、当該法人のオリジナルブランドの直営店舗数は入っていない。店舗数は、2020年９月１日時点での確認数である。

店舗数

　店舗数の１位は371店舗を有する「セーブオン」である。この法人は、元々「セーブオン」という名称のコンビニを展開する本部企業であったが、2017年に「ローソン」とメガフランチャイジー契約（エリア本部契約）を結び、既存店の名称を「ローソン」に転換した法人である（ローソンとの資本関係はない）。34位の「新鮮組本部」も同様で、元々「新鮮組」というコンビニの本部であったが、2008年に「ローソン」とメガフランチャイジー契約を行っている（同じく資本関係はない）。また、13位の「アイル・パートナーズ」は、元々香川県と徳島県で「サンクス」を120店舗ほど展開していたエリア本部「サンクス東

四国」(香川日産自動車販売とサンクスとの共同出資で設立)であったが、そ
れが2013年に「セブンイレブン」との契約に転換したものである。このような
経緯をもつこれら3社は、純粋な法人フランチャイジーとはやや異質となる経
緯を有している。

 また、2位、3位、5位、8位、50位、61位(2社)の法人は、名称からも
分かるように鉄道会社の駅構内の商業スペースを運営する企業である。これら
は特に既存の「駅ナカ」の売店をコンビニに転換する目的で法人フランチャイ
ジー化した企業であることから、これらも一般的な法人フランチャイジーとは
異質な存在といえる。

 このようなものを除くと、4位の「G-7スーパーマート」(154店舗)が、ま
さに1店舗加盟から成長してきた法人フランチャイジーとしてトップになる。
7位の「G-7オートサービス」(130店舗)と同じく「G-7ホールディングス」
傘下の企業であることから、両社を合わせると突出した規模を有する法人フラ
ンチャイジーとなっている。このほかにも、傘下にはフランチャイズ店を運営
する法人がさらに2社(ランク外、計35店舗)あることから、この「G-7ホー
ルディングス」は計300店舗を超える日本最大の法人フランチャイジーだとい
うことができる。同社については、156〜157ページに掲載したコラムを参照し
てほしい。

 同様に、1店舗加盟から巨大化したものを見ると、100店舗以上の法人は9
社に絞られる。1位は先述の「G-7ホールディングス」、2位が「REGAO」、
3位が「WITS」と「クオリティフーズ」、5位が「オーシャンシステム」、6
位が「ブレンズ」、7位が「ホットマン」、8位が「太陽エンタープライズ」、
9位が「ありがとうサービス」である。

 ところで、表6-2のなかで店舗数に「☆印」が付いているものは、エリア
本部制に基づくサブフランチャイズ店の数を含んでいるものであり、13社存在

---

(1) ちなみに、表4-1で示した推定法人数にこの区分を当てはめると、小規模が66.7%を
  占め、中規模が27.8%、大規模が5.5%、そのうちメガが1.8%となり、データベースよ
  りもさらに裾野が大きな規模分布となった。

154

表6-2　日本のメガフランチャイジー（50店舗以上）

	法人名	店舗数	型	本社	主要加盟ブランド（店舗占有率）・ブランド総数	
1	セーブオン	☆371	A2	群馬	ローソン（100%）	1
2	ジェイアール西日本デイリーサービスネット	226	A3	兵庫	セブンイレブン（97.3%）	1
3	JR九州リテール	☆212	A3	福岡	ファミリーマート（99.1%）	1
4	G7スーパーマート（上場）	154	A3	兵庫	業務スーパー（100%）	2
5	JR九州ファーストフーズ	147	A3	福岡	KFC（27.2%）、ミスタードーナツ（18.4%）	8
6	REGAO	☆144	A1	広島	温野菜（56.3%）、牛角（29.2%）	5
7	G7オートサービス（上場）	130	A3	兵庫	オートバックス（49.2%）、オートバックスカーズ（38.5%）	2
8	近鉄リテーリング	124	A3	大阪	ファミリーマート（75.0%）	9
9	WITS	119	A1	東京	ITTO個別指導（90.0%）、みやび個別指導（10.0%）	2
9	クオリティフーズ	119	A1	新潟	マクドナルド（100.0%）	1
11	オーシャンシステム（上場）	☆117	B1	新潟	業務スーパー（83.0%）、ヨシケイ（17.0%）	2
12	ブレンズ	☆116	A1	沖縄	ほっともっと（94.0%）、やよい軒（6.0%）	2
13	ホットマン（上場）	110	A2	宮城	イエローハット（80.0%）、TSUTAYA（8.2%）	8
13	アイル・パートナーズ	☆110	A3	香川	セブンイレブン（100%）	1
15	太陽エンタープライズ	109	A1	神奈川	牛角（23.9%）、ミスタードーナツ（16.5%）	10
16	ありがとうサービス（上場）	107	A2	愛媛	ハードオフ（27.1%）、オフハウス（27.1%）	8
17	みちのくジャパン	☆95	A2	岩手	ほっかほっか亭（84.2%）、サーティーワン（10.5%）	3
17	Dダイニング	95	A1	千葉	マクドナルド（100%）	1
17	タニザワフーズ	95	A2	愛知	KFC（52.6%）、吉野家（12.6%）	8
20	イー・ホールディングス	87	A1	愛知	ITTO個別指導（42.5%）、ジオスバイリンガル（35.6%）	3
21	サンエー（上場）	86	B1	沖縄	マツモトキヨシ（33.7%）、エディオン（15.1%）	11
22	ひらせいホームセンター	81	B1	新潟	ダイソー（61.7%）、TSUTAYA（32.1%）	5
23	トラオム	79	A1	大阪	鳥貴族（96.2%）	2
23	ゼロエミッション	79	A2	東京	ハードオフ（44.3%）、オフハウス（31.6%）	5
25	ファイブスター	78		滋賀	ココス（100%）	1
25	イートスタイル	78	A1	宮崎	サーティーワン（33.3%）、久世福商店（24.4%）	8
25	さわやか	78	A3	東京	KFC（83.3%）、牛角（10.3%）	4
28	リックプレイス	77	A3	東京	ITTO個別指導学院（100%）	1
29	トップカルチャー（上場）	76	A1	新潟	蔦屋書店（88.2%）、TSUTAYA（9.2%）	2
29	シャボンドゥ	76	A1	福島	KFC（50.0%）、ピザハット（19.7%）	8
31	豊昇	74	A1	埼玉	マクドナルド（100%）	1
32	エムデジ	73	A1	北海道	ドコモ（61.6%）、エニタイムフィットネス（11.0%）	6
33	イズミ・フード・サービス	72	A3	広島	サーティーワン（47.2%）、ミスタードーナツ（27.8%）	4

	法人名	店舗数	型	本社	主要加盟ブランド(店舗占有率)・ブランド総数	
34	Vidaway	70	A3	東　京	TSUTAYA（100%）	1
34	新鮮組本部	☆70	A2	東　京	ローソン（100%）	1
36	大宮電化	66	A2	埼　玉	オフハウス（47.0%）、ハードオフ（45.5%）	5
36	エコノス（上場）	66	A2	北海道	オフハウス（25.8%）、ブックオフ（25.8%）	5
38	エジュテックジャパン	65	B1	埼　玉	ベネッセ英会話（100%）	1
38	ヌマニウコーポレーション	64	A2	栃　木	ハードオフ（40.0%）、オフハウス（32.3%）	6
40	フジタコーポレーション(上場)	☆64	A1	北海道	ミスタードーナツ（35.9%）、瑪蜜黛（35.9%）	14
41	サンパーク	63	A2	大　阪	丸源ラーメン（19.1%）、シャトレーゼ（19.1%）	11
41	アジアル	63	A2	愛　知	びっくりドンキー（77.8%）、大戸屋（15.9%）	3
43	大和フーヅ	62	A3	埼　玉	ミスタードーナツ（74.2%）、モスバーガー（24.2%）	3
43	タカサワ	62	B1	長　野	オリックスレンタカー（91.9%）	2
43	キャリアプラン	62	A2	神奈川	東進衛星予備校（100%）	1
46	ジー・ディー・エス	☆61	A2	静　岡	牛角（100%）	1
47	キノシタ	☆60	A1	静　岡	まいどおおきに食堂（56.7%）、オートバックス（16.7%）	7
47	エコプラス	60	A3	宮　城	オフハウス（41.7%）、ハードオフ（40.0%）	4
47	サンコー	☆60	B2	栃　木	ほっともっと（100%）	1
50	西武鉄道（上場）	59	B1	東　京	TOMONY（ファミリーマート系・100%）	1
51	ケー・アンド・アイ	58	A1	千　葉	KFC（86.2%）、カプリチョーザ（8.6%）	3
52	Misumi	57	B2	鹿児島	KFC（78.2%）、TSUTAYA（16.4%）	3
52	プラス	57	A1	東　京	TSUTAYA（84.2%）、HEART BREAD ANTIQUE（5.3%）	6
54	かんなん丸（上場）	56	A1	埼　玉	庄や（55.4%）、日本海庄屋（37.5%）	3
54	日本テレメッセージ	56	A1	東　京	ソフトバンク（60.7%）、こばんはうすさくら（26.8%）	7
56	アメリカヤコーポレーション	55	A2	群　馬	ペッパーランチ（16.4%）、からやま（14.5%）	12
56	システムステーション	55	B2	神奈川	エニタイムフィットネス（83.6%）、auショップ（14.5%）	3
56	だるま	☆55	B1	愛　知	サーティーワンアイス（47.3%）、カーブス（23.6%）	7
56	モバイルコム	55	A1	愛　媛	カーブス（72.7%）、ドコモショップ（27.3%）	2
60	田部	54	B2	島　根	KFC（59.3%）、ピザハット（38.9%）	3
61	東急ステーションリテールサービス	52	A3	東　京	ローソン（67.3%）、ミスターミニッツ（13.5%）	5
61	コミュニティー京成	52	A3	千　葉	ファミリーマート（96.2%）、プロント（3.8%）	2
63	ゴトー	50	B2	静　岡	ブックオフ（58.0%）、TSUTAYA（24.0%）	5

注）店舗数はフランチャイズ店舗のみの数。☆はサブフランチャイズ店を含めた数値を示す。型はAがフランチャイズ専業、Bが他事業との兼業を示す。なお、ピーアップ（東京、115店）は外食も2店運営しているが他はすべて携帯電話の代理店であるため外した。また、38位のヌマニウコーポレーションは、担当エリアでヌマニウ・イースト（46店）とヌマニウ・ウエスト（18店）に分社化されているが、加盟ブランドは同じであるため合算している。
出所）データベースおよび各社ホームページ（2020年9月1日閲覧）。

G−7ホールディングス
──日本最大の法人フランチャイジー

　創業者の木下守氏（現名誉会長）は、1965年の大学卒業後、百貨店勤務を経てカー用品をガソリンスタンドなどに卸売り販売する「本條商事」に勤務していた。この企業の仕入れ先が「大豊産業」（現在の「オートバックス」）であった。1974年になると、「大豊産業」が東大阪市で新しくカー用品の小売店を開業する。これが「オートバックス」のプロトタイプ店（実験店）であった。

　かねてよりカー用品の小売事業に将来性を感じていた木下氏は、この加盟店になるために1975年6月に退社を決断。そして、同年10月、加古川市のボウリング場の駐車場内に整備スペース（ピット）付きのカー用品店を開店した。これが、同社のはじまりとなった。まだ、「オートバックス」のフランチャイズシステムが完成する前のことであった。

　この新しい業態の店は自動車ユーザーの心をつかんで、予想の2倍となる売上高を計上するほどの盛況を呈した。店舗数は、1年間余りで4号店まで急拡大した。さらに木下氏は、1976年からファストフードや中華、レンタルショップなどのフランチャイズにも加盟し、業容を拡大していった。

　木下氏の信条は、「フランチャイズは、本部と加盟店が協力してこそ発展する」というものである。加盟店側からも積極的に提案し、本部もそれを吸収し

G−7ホールディングス・グループ（創業者記念館、神戸市）

図　セグメント別・売上構成比

オートバックス・ 車関連 20.8%	業務スーパー 51.4%	その他 27.8%

出所）「2020年9月期通期決算説明会資料」より。

て共に発展すべきという考え方である。今では当たり前になったことだが、カー用品店が車検を行うようになったのも、加盟店側の木下氏のアイデアがはじまりで、のちにそれを本部が取り入れている。

　オートバックス事業はその後も順調に発展し、2001年頃には40店舗に達していた。しかし、常に新しい事業を模索していた木下氏は、この頃、兵庫県の田舎町に多くの客が殺到する珍しいスーパーがあることを知った。それが「業務スーパー」であった。

　木下氏はこのビジネスモデルに将来性を感じ、すぐさま個人出資で実験店を2店舗出店し、狙い通りの成果が得られたことで2002年に法人として加盟契約を行って展開を開始した。これが、のちに同社の二つ目の柱になった。オートバックス事業と同様、ファーストステージのビジネスモデルの将来性を素早く見抜いた目利き力がカギを握ったといえる。

　2020年9月時点の状況を見ると、「業務スーパー」が155店、「オートバックス」が71店となっており、売上構成を見ても、図のように業務スーパー事業が、オートバックス・車関連事業を凌駕している。さらに、2009年創設の独自事業である農産物直売所「めぐみの郷」45店や、2015年に買収した精肉店「ミートテラバヤシ」144店、2020年買収のミニスーパー「99イチバ」73店も伸びつつあり、2本柱の加盟事業の脇を固めている。

　同社の成長は、常なる事業探索と大胆な事業ドメインの更新がもたらしたといえる。また、事業展開のスピードの速さにも目を見張るものがある。しばしば「フランチャイズ加盟は時間を買うこと」と言われるが、同社の発展スピードは、他者が築いたビジネスモデルの将来性を見抜いて素早く取り入れ、市場適応のための修正を加えつつ資金投入をして成長させていく、法人フランチャイジーならではのものだといえるだろう。（2018年8月のヒアリングに基づく）

158

している。また、エリア本部機能を有する法人は、特に90店舗以上の上位グループのなかに多く見られる（7社）。このエリア本部の影響についてはのちに検討したい。

タイプ

　表6-2で、法人フランチャイジーのタイプを見ると、Aの専業型が63社中51社と81.0％を占めており、フランチャイズ事業に専念している法人が多いことが分かる。一方、Bの兼業型は、学習塾チェーン、スーパーやホームセンターのチェーン、ガソリンスタンドのチェーンを営む企業など、多店舗開発や多店舗運営のノウハウを有した企業が多い。

　Aの専業型のメリットは、経営資源の集中と意思決定の迅速化が実現できることである。したがって、現在は兼業型で営む企業も、将来的にはフランチャイズ専業に転業したり（A2型への転換）、フランチャイズ部門を独立させる（A3型への転換）可能性が考えられる。

　もう少し詳細に見ると、専業型はA1型が20社、A2型が15社、A3型が16社となっており、起業型ではじまって成長したものが多いが、元々は兼業ではじめて転業したA2型や、兼業でフランチャイズ事業をはじめたのちにフランチャイズ部門を分社・独立させたA3型も少なくない。

　他方、兼業型については、B1型が7社、B2型が5社となっており、本業との関連性が高いタイプが多くを占めている。具体的には、食品スーパー企業が関連業態としてディスカウント系のスーパーをフランチャイズで展開するケース（オーシャンシステムズ）、総合スーパー企業が運営するショッピングセンター内に多様な専門店や外食店をフランチャイズで展開するケース（サンエー）、ホームセンター企業が自店舗内に100円均一ショップや書店・レンタル店を導入して複合店化を図って集客力を強化するケース（ひらせいホームセンター）、学習塾チェーンの本部企業が英会話教室を展開するケース（エジュテックジャパン）、ガソリンスタンドのチェーンがレンタカー店を運営するケース（タカサワ）である。これらは、関連する業種・業態への加盟により本業の強

化を図る戦略といえる。

本社所在地

　メガフランチャイジーの本社所在地を見ると、東京、大阪、愛知は全体の４分の１程度で、他は地方圏に拠点を置く企業である。それらは、地方の有力企業またはその系列企業が多く、地方企業が有する当該地域での店舗展開力（開発力）の大きさや消費市場への密着度の強さがうかがえる。これを本部側から捉えるなら、地方圏の有力企業と組むことが本部の成長力に大きな影響を及ぼすことを暗示しているといえる。

　フランチャイズ事業は、一見すると標準化されたシステムのようにも見えるが、実際の店舗開発や運営に際してはローカルな市場環境に適応させねばならない部分も多いことから、地方に根付いた企業に優位性や成長機会が生じると見てよかろう。この点については第９章で改めて論じたい。

加盟ブランド

　主要な加盟ブランドについては、コンビニ、外食業、小売業、サービス業と多様であり、業種的には特段の偏りは見られなかったが、本部を見ると全国展開している大規模なものが多い。つまり、メガフランチャイジーは全国的に知名度の高いブランドを核に成長してきたことが分かる。

　また、メガフランチャイジーのなかには、加盟するブランド数を絞り込んで、経営資源を集中させてきた法人も多い。先の**表６－２**では、１ブランド加盟が16社、２ブランド加盟が10社となっており、全体の４割以上を占めている。主要ブランドの占有率（フランチャイズ店舗総数に占める当該ブランド店の割合）を見ても、１ブランドで100％もしくは90％以上を占めているものが23法人と約４割弱あり、さらに上位２ブランドの合計占有率が80％以上のものは44社と全体の約７割を占めている。

　これらのことから、巨大な店舗数に達するには限定されたブランドを集中出店するスタイルが効果的であることがうかがえる。ただし、この戦略がとりや

すいのは、大都市市場よりも競合する加盟者が少ないために地域独占型で一気に店舗が増やせる地方圏市場となるであろう。メガフランチャイジーに地方圏の法人が多い背景には、絞り込んだブランドで大量出店が可能だったことがあったのではないかと考えられる。

3 エリア本部機能の効果

（1） メガフランチャイジーへの影響

メガフランチャイジーのなかには、エリア本部機能を有するものが含まれている（**表6－2**の店舗数に☆が付いたもの）ことはすでに指摘した。つまり、直営店での店舗展開だけではなく、サブフランチャイズを行って地域本部として活動している法人である。

エリア本部であれば、理論的にはサブフランチャイズによって店舗数を急増させることが可能となることから、メガフランチャイジーに成長する可能性が高くなると考えられる。ここでは、エリア本部制が法人フランチャイジーの成長に与えている影響を検証してみたい。

表6－3（162〜163ページ）は、データベースのなかからエリア本部機能を有する法人フランチャイジーをすべて抜き出したものである。これを見ると、そもそもエリア本部機能を有する法人フランチャイジーは34社しか確認できず、そのうちメガフランチャイジーは半数に満たない（もちろん、データベース自体が完全ではない点には留意が必要である）。本部機能を有しながらも店舗数が1桁台の法人も見られる。

表の右端に記した「寄与率」は、サブフランチャイズの店舗数が判明した法人について、サブフランチャイズ店が当該法人の全店舗数に占める割合を計算したものである。それを見ると、総じて寄与率は高くはなく、60％に満たないものが多く見られる。

　このことから、エリア本部機能は店舗数の増大に一定の寄与はするものの、店舗数増大に与える影響に関しては、法人間で大きな差が存在していることが確認できる。いうまでもなく、エリア本部がどれだけのサブフランチャイズ店を開発することができるのかについては、ブランド自体がもつ魅力や競争力、そして当該法人の加盟開発力（加盟営業力）がカギを握っているからである。

　さて、エリア本部を置くブランド側に目を移すと、「牛角」、「温野菜」、「まいどおおきに食堂」といった、かつてベンチャー・リンク社が加盟開発に関与したブランドが多く見られることから、同社の戦略が反映されていると理解できる。(2) それ以外のブランドは、「小僧寿し」、「ほっかほっか亭」、「ほっともっと」、「銀だこ」といった、個人加盟で小規模店舗を展開する持ち帰り業態のタイプが多く見られることが特徴である。

　一方で、店舗投資額が大きなタイプのブランド——「サブウェイ」、「すみれ」、「高田屋」、「玄品ふぐ」など——のエリア本部も見られるが、どのブランドもサブフランチャイズの店舗数は少なく、エリア本部制が有効に機能しているようには見えない。

（2）エリア本部制のその後

　ところで、エリア本部制を採用するかどうかは、いうまでもなく本部側の戦略となっている。筆者が管見するかぎり、日本で最初にエリア本部制を本格的に導入したのは「小僧寿し」と「ほっかほっか亭」であり、1970年代のことであった。(3) しかし、**表6-3**を見ると、現時点ではエリア本部制を採用する本部

----

(2)　「牛角」の本部である「レインズインターナショナル」は、かつては「土間土間」も含めてすべてのブランドでエリア本部制を採用していた。しかし、近年ではエリア本部制は積極的に採用していない。

(3)　「ほっかほっか亭」は、当初は県ごとに本部となるフランチャイジーを配置していたが、1985年には東部（東日本）、関西、九州・山口県の3地域本部に再編して統制するようになった。東部を「ダイエー」が、関西を「ハークスレイ」（大阪）が、九州・山口県を「プレナス」（福岡）が担当したが、のちに東部は「プレナス」に統合された。

表6−3　エリアフランチャイズ本部機能を有する法人フランチャイジー

法人フランチャイジー	本社	型	ブランド・エリア・店舗数	店舗数	寄与率
セーブオン	群　馬	A2	ローソン（群馬、埼玉、栃木、茨城、千葉、新潟、山形、福島）371	371	
JR 九州リテール	福　岡	B2	ファミリーマート（北部九州）242	244	
REGAO	広　島	A1	牛角（中国・四国）直5、FC37、温野菜（中国・四国・九州沖縄）直4、FC77、かまどか（中国・九州）直6、100時間カレー（中国・四国・九州沖縄）直4、FC6、牛角次男坊　直4、FC1	144	84.0
オーシャンシステム	新　潟	B1	業務スーパー（富山・新潟・山形・秋田・宮城・福島・茨城・群馬・長野）直47、FC46	112	41.1
ブレンズ	沖　縄	A1	ほっともっと（沖縄・長崎・佐賀・広島）直55、FC35、PC19、やよい軒（沖縄）直営4、PC3	116	49.1
アイル・パートナーズ	香　川	A2	セブンイレブン（香川・徳島・愛媛）110	110	
みちのくジャパン	岩　手	A3	ほっかほっか亭（岩手・青森）80	95	
新鮮組本部	東　京	A2	ローソン（メガフランチャイズ契約）70	70	
フジタコーポレーション	北海道	A1	瑪蜜黛（北海道・東北）9	64	
ジー・ディー・エス	静　岡	A1	牛角（静岡、長野、山梨、新潟）直4、FC57	61	93.4
キノシタ	静　岡	A1	まいどおおきに食堂（静岡・山梨・長野・新潟・神奈川）直6、FC28	60	46.7
サンコー	茨　城	B2	ほっともっと（茨城県）58	58	
だるま	愛　知	B1	温野菜（東海）5	55	
サニーフーヅ	高　知	A3	小僧寿し（四国）直21、FC16	46	34.8
NBF	岡　山	A3	まいどおおきに食堂（中国）直6、FC28	43	65.1

法人フランチャイジー	本社	型	ブランド・エリア・店舗数	店舗数	寄与率
豊田産業	愛 知	B2	まいどおおきに食堂（愛知東）直2、FC 13、お好み焼き本舗（愛知西・岐阜）直1、FC5、すみれ（愛知・岐阜・三重）直2、FC2	35	
タコプランニング	東 京	A1	銀だこ（埼玉）33	33	75.8
ハートランド	埼 玉	A1	お好み焼き道とん掘（四国・山口）直25、FC 3	28	
ビーエムファクトリー	愛 媛	A1	まいどおおきに食堂（四国）24	24	
ユウショク	愛 媛	A1	リンガーハット（四国）11	22	
アイビス	北海道	A2	牛角（北海道）直12、FC9	21	42.9
神姫フードサービス	兵 庫	A3	まいどおおきに食堂（兵庫県西部）直7、FC12	21	57.1
森孵卵場	香 川	B2	牛角（四国）9	20	
釣屋水産食品	富 山	B1	まいどおおきに食堂（北陸）直4、FC 10	17	58.8
エフシーワン	大 阪	A1	まいどおおきに食堂（南九州）直6、FC8	15	53.3
ジェイマックス	福 岡	B2	まいどおおきに食堂（北部九州）直3、FC10	13	76.9
いちい	福 島	B2	まいどおおきに食堂（東北）7	13	
どうきゅう	北海道	B1	まいどおおきに食堂（北海道）6	12	
よなちゅう商事	埼 玉	A1	浜屋焼太郎（北海道）1	11	
フードクリエイト	愛 媛	A1	サブウェイ（四国）1、銀だこ（四国）5	8	
シモデンフードサービス	岡 山	A3	高田屋（大阪・兵庫・中国・四国）6	6	
西日本畜産	大 分	B2	ほっかほっか亭（大分）3	5	
グリーンランド	宮 城	A1	玄品ふぐ（東北）1	5	
リレーションズ	富 山	A3	すみれ（北陸甲信越）1	4	

注）本部の子会社は除く。解約済みのエリア本部は掲載せず。寄与率の空白は不明の意。直は直営店数、FC はサブフランチャイズ店数、PC はパートナー契約店数、数値のみは区分不明。
資料）各社ホームページおよび本部ホームページ（2020年8月30日閲覧）。

164

はかぎられている。また、エリア本部制をとっていても、全国を戦略的・網羅的に分割してエリア本部を配置しているものは見られない。[4]

　日本のフランチャイズ本部は、少なくとも2010年代の前半頃にはエリア本部制をとるところが少なくなかったと推察される。それは、2011年にフランチャイズ研究会（東京都中小企業診断士協会認定団体）によって出された『エリア・フランチャイズ制度に関する調査報告書[5]』からもうかがえる。当時は、コンビニ業界でもエリア本部制をとるところが多く見られた。

　しかし、表6-3を見ると、その後エリア本部制は拡大しておらず、コンビニ業界などではむしろ縮小へと向かっていった。その理由として、三つの要因が考えられる。

　一つ目の要因はフランチャイズモデルの変化である。エリア本部制のメリットは、いうまでもなく本部が店舗数や展開エリアを短期間に拡大できる点にある。1970年代に生まれた、初期投資額が小さな持ち帰り業態のような個人加盟主体のフランチャイズモデルでは、加盟者数が非常に多くなるため、加盟希望者の審査や管理、教育に要するコストが展開地域の広域化につれて膨大になる。コンビニも同様に個人加盟が多く、本部の管理コストが嵩む。そのため、地域ごとにエリア本部を設置することが成長スピードの増大と本部のコスト低減に貢献する。特に、本部所在地から遠い市場（海外も含む）を開拓する場合は、加盟営業や開店後の管理コストの負担が大きくなるためにエリア本部制が用いられたのである。

　しかし、その後、フランチャイズモデルが多様化し、初期投資額の大きなモデルが主流となって法人加盟者が増えてくると事情が変わってくる。すなわち、法人向けの加盟営業のノウハウを有し、それへの適切な経営資源の投入ができないとエリア本部としての機能が果たせなくなるからである。そうなると、エリア本部が可能な法人フランチャイジーが見つからなくなっている。

　一方、1990年代後半からベンチャー・リンク社のようなフランチャイズ支援コンサルタントが活躍したことはすでに述べた（第3章参照）が、それにより本部は加盟開発業務を専門的なノウハウを有したコンサルタント企業に外注す

るようになっていった。ちなみに、経済産業省［2008］の調査でも、本部（全業種）の35.7％が「加盟者募集・契約交渉」業務を社外依託しており、本部の社外委託業務のなかで1位となっていた。とりわけ、外食業においては、60.0％の本部がそれを社外委託しているという結果も出ていたのである。[6]

　二つ目の要因は、本部が成長し、経営資源を蓄積するようになってきたことである。そもそもスタートアップ段階の経営資源が乏しい本部にとっては、エリア本部制は成長エンジンになる可能性を有している。しかし、エリア本部を介在させると、当然のことながら加盟金やロイヤルティーの一部をエリア本部企業と分け合わねばならず、本部の収入が減少することになる。したがって、本部の成長と共に、エリア本部の存在意義は低下してくる宿命にあるといえる。また、本部が成長すると、本部の収益性を高めると共に統制を強化するために既存のエリア本部を子会社化したり、吸収合併するケースも見られるようになる。[7]

　三つ目の要因は、エリア本部制が有するリスクへの警戒である。[8]エリア本部が多数の店舗をサブフランチャイズによって傘下に置くようになると、当然のことながら、本部に対する発言権が増す。場合によっては本部の統制が利かなくなり、それが経営上のリスクになることもある。このリスクへの懸念も、エリア本部制が拡大してこなかった背景にあると見てよかろう。

---

(4)　エリア本部となっている法人フランチャイジーが確認できなかったため**表6−3**には掲載されていないが、「ホワイト急便」は全国を細かなエリアに分割してエリア本部を配置しており、7,000もの加盟店を獲得している。これは例外的なケースといえる。

(5)　この報告書では、アンケート調査により、13社のエリア本部制をとる本部企業から回答を得ている。

(6)　何らかの業務委託を行っている本部は、全241社のなかで84.6％を占めた。ただし、依託業務内容の全回答数は28と少なく、外食業は5であった。委託業務内容の2位は「チェーンの宣伝活動」であった。

(7)　「サンクスKサンクス」は、2006年に「サンクス西四国」（愛媛・高知のエリア本部）を、2010年に「サンクス・ホクリア」（石川・福井のエリア本部）を、2015年には「サークルケイ四国」（四国4県のエリア本部）をそれぞれ完全子会社化している。

(8)　アメリカでは、国土が広いため、大規模なマルチユニット・フランチャイジーにサブフランチャイズ権やマスターフランチャイズ権を与えるケースが見られる。

　実際、2000年代の後半以降は、エリア本部と本部との対立によって本部からの離反に至ったケースが続出した。たとえば、弁当チェーン「ほっかほっか亭」の九州・山口県地区や東日本（青森・岩手除く）のエリア本部権を有していた「プレナス」（福岡）が、2008年に運営方針をめぐって対立していた「ほっかほっか亭総本部」から離脱し、新しいブランドである「ほっともっと」で独立したことは業界でもよく知られる出来事となった[9]。また、コンビニ業界でも、「サンクス」のエリア本部が、2011年から2014年にかけて他のブランドに転換するケースが相次いだ[10]。表6−2（154ページ）の13位「アイル・パートナーズ」も、元は「サンクス」のメガフランチャイジーであったが、2013年の契約満了後、「セブンイレブン」に契約転換している。

　これらの背景には本部の商品開発力への不満などがあったとされており、ブランドの競争力が弱くなると、エリア本部やメガフランチャイジーが離反するというリスクが生じることを示している。

4 上場メガフランチャイジーの経営実態

　メガフランチャイジーのなかには、株式上場を行っているものが見られる。それには2種類あり、本業で上場したのちに法人フランチャイジー化したものと、純粋にフランチャイズ事業者として成長したのちに上場に至ったものである。表6−2でいうと、前者は21位の「サンエー」（本業はスーパー）や36位の「エコノス」（元は家電小売業）、50位の「西武鉄道」がそれに該当する。ここでは、このような企業は除外し、純粋に法人フランチャイジーとして上場した後者に絞って検討を行いたい。

　さて、法人フランチャイジーとして初めて株式上場を行ったのは、1993年に店頭公開を行った「プレナス」（「ほっかほっか亭」のエリア本部）であった。その後、2014年までに15社が上場を行ったが、そのうち1社は上場廃止となり、2社が本部に転換したため、現在は12社となっている（第3章参照）。

表6－4　上場7社の概要

法人名	型	店舗	本社	市場	上場年	主ブランド（店舗占有率）	本部持ち株比率	備考
G-7ホールディングス	A1	284	兵庫	東証1部	1996	オートバックス(22.5%)業務スーパー(54.2%)	スミノホールディングス5.31%	2020.3月期
オーシャンシステム	B1	112	新潟	JASDAQ	2008	ヨシケイ(17.0%)業務スーパー(83.0%)	0%	2020.3月期
ホットマン	A2	110	宮城	JASDAQ	2014	イエローハット(80.0%)	イエローハット15.59%	2020.3月期
ありがとうサービス	A2	107	愛媛	JASDAQ	2012	ハードオフ(27.1%)オフハウス(27.1%)ブックオフ(20.6%)	ハードオフ3.92%ブックオフ3.92%	2020.2月期
トップカルチャー	A1	64	新潟	東証1部	2000	蔦屋書店(88.2%)	TSUTAYA20.00%	2019.10月期
フジタコーポレーション	A1	64	北海道	JASDAQ	2005	ミスタードーナツ(35.9%)	ダスキン7.81%	2020.3月期
かんなん丸	A1	56	埼玉	JASDAQ	1998	庄や(55.4%)日本海庄屋(37.5%)	大庄3.32%	2019.6月期

注）店舗数はフランチャイズ店のみ。G-7ホールディングスの店舗数は、G7スーパーマートとG7オートサービスの合計値。上場年は初上場年で店頭公開を含む。スミノホールディングスはオートバックスを創業した住野家の持ち株会社でオートバックスセブンの株式5.3%を保有。

出所）各社有価証券報告書などを基に筆者作成。

168

表6－5　上場7社の財務概要

法人名	種別	売上高 （億円）（対5期前）	経常利益 （億円）（同）	純利益 （億円）（同）
G7ホールディングス	小売系	1326.4 （＋27.7）	60.0 （＋86.2）	34.5 （＋88.7）
オーシャンシステム	小売系	561.3 （＋17.1）	12.0 （＋20.4）	7.5 （＋49.2）
ホットマン	小売系	212.2 （＋1.8）	6.4 （＋67.7）	2.8 （＋29.9）
ありがとうサービス	小売系	81.9 （－2.5）	2.8 （－54.4）	0.6 （－81.0）
トップカルチャー	小売系	305.4 （－5.6）	1.7 （－78.0）	1.5 （－62.2）
フジタコーポレーション	外食系	46.3 （－10.1）	△0.2（－131.3）	△1.0（－339.5）
かんなん丸	外食系	35.0 （－39.3）	△1.3（－170.3）	△3.1（－521.8）

注）時価総額は2010年9月11日時点。
出所）各社の有価証券報告書。

　表6－4は、上場した法人フランチャイジーのなかで、50店舗以上のメガフランチャイジーに成長した7社の概要を見たものである。まず、この7社のタイプは、A1型が4社、A2型が2社、B1型が1社であり、専業型のフランチャイジーがほとんどを占めている。

　本社所在地を見ると、三大都市のものは1社もなく、すべてが地方（もしくは大都市近郊）を市場とする企業である点は注目に値しよう。また、上場市場については、東証1部が2社、JASDAQが5社であり、メガフランチャイジーといえどもその多くは新興企業としての位置にあるといえる（メガフランチャイジー以外の東証1部上場法人は「ナック」1社のみ）。

　ところで、法人フランチャイジーは、上場にあたって加盟する主要ブランドの本部から出資を受けることが多い。この表でも、7社のうちの6社が本部からの出資を受けている。とはいえ、出資比率は高くなく、実質的には本部との関係性の強化、あるいは本部による信用保証といった性格のものである。ただし、「トップカルチャー」は20％を本部が所有しているため、本部である「カルチャー・コンビニエンス・クラブ」の持分法適用会社となっている。もちろん、出資は本部の考え方に基づくものである。業務スーパーの本部である「神

自己資本率（％）	売上高経常利益率	発行株数（千株）	時価総額（億円）	備考	
38.1→45.9	3.1→4.5	26,672	739.9	2020.3月期	連結
37.4→39.2	2.1→2.1	10.833	143.0	2020.3月期	単体
40.2→45.2	1.8→3.0	7,275	39.5	2020.3月期	単体
40.8→45.0	7.3→3.4	953	14.7	2020.2月期	単体
25.3→15.2	2.3→0.6	12,688	48.2	2019.10月期	単体
3.7→0.6	1.1→0.0	1,759	9.0	2020.3月期	単体
83.0→78.1	3.1→0.0	4,351	30.5	2019.6月期	単体

戸物産」は、多数の店舗を展開する「G-7ホールディングス」に対しても、「オーシャンシステム」に対しても出資を行ってはいない。

　次に、財務の内容を捉えたい。まず、売上高や利益は、企業によってかなりのばらつきが見られる。また、5期前との変動率にも大きな差がある。のちにも述べるが、これは各社が加盟している主要ブランドの特性や盛衰の影響を大きく受けていることに起因する。実際、近年は小売系（レンタル・中古品売買を含む）のフランチャイジーと外食系のフランチャイジーとの業績に大きな差が出ていることが分かる。このようなことも法人フランチャイジーの財務上の特徴といえる。

　では、企業の安全性を示す指標とされる自己資本率はどうか。自己資本率が

(9)　同社の直営・加盟店計約2,300店のうち、約2,000店が「ほっともっと」に転換した。この結果、業界1位の店舗数であった「ほっかほっか亭」は3位となり、「ほっともっと」が1位となった。

(10)　「サンクス」のメガフランチャイジーは、2011年に「サンクスアンドアソシエイツ富山」（77店）が「ローソン」への事業譲渡を行っている。また、2012年に「シー・ヴイ・エス・ベイエリア」（109店）が、2013年に「南九州サンクス」（111店、鹿児島・熊本のエリア本部）が、2014年に「京阪奈サンクス」（95店）が、それぞれ「ローソン」に鞍替え（契約転換）を行った。

低いことは、外部からの借り入れが多いことを示している。なお、自己資本率は固定資産が多いと分母が肥大して低下していく点には留意すべきである。

中小企業庁の調査では、自己資本率は黒字企業の平均値で小売業が36.7%、飲食サービスが14.4%となっている。したがって、大まかには、小売系の法人フランチャイジーなら40%以上、外食系なら20%以上あれば安全と見てよかろう。7社の実態を見ると、外食系の「かんなん丸」が突出して高く、その他も2社を除いて安全圏に入っており、概ね安全性は高いと見てよい（個別企業の事情は次節）。

売上高経常利益率は、文字通り売上高に占める利益の比率を示すものであるが、この値を増やすには、いうまでもなく売上高を増やすか、諸コストを低下させるかしかない。この値の目安については、経済産業省の「企業活動基本調査」（2018年実績）が参考になる。

この調査では、平均値で小売業が3.0%、飲食サービス業が4.1%となっている。**表6-5**（168〜169ページ）に示した7社を見ると、そのうちの4社がこの目安に届いていないものの、フランチャイズ事業の場合はロイヤルティーが発生するため、利益率はもう少し低くなる可能性もある。そのことを考慮すれば、7社中4〜5社はクリアしていると見ることもできる。ただ、大きく超えているものは「G-7ホールディングス」のみであるため、売上高の伸びやコスト削減に課題を抱える企業が多いことがうかがえる。

5 上場7社の個別動向

「**G-7ホールディングス**」（兵庫）は、売上高が1,300億円超と群を抜いて大きく、経常利益、純利益、売上高経常利益率などにおいても他社を圧倒しているほか、時価総額も740億円に達している。特に注目に値するのは、経常利益と純利益における5期前からの上昇率である。これには、主力事業となっている「業務スーパー」の加盟事業やオリジナル業態の好調さが貢献しているものと

推測される（同社の詳細については156〜157ページの**コラム**を参照）。

「**オーシャンシステム**」（新潟）は唯一の兼業型で、弁当・給食事業を祖業とし、その後「ヨシケイ」の宅配事業や独自ブランドで食品スーパー事業に参入し、さらに「業務スーパー」にも加盟して上場に至った企業である。上場には、フランチャイズ事業の貢献があったといえる。現在は、独自の食品スーパー事業とフランチャイズの業務スーパー事業とが相乗効果を発揮し、どちらの部門も全売上高の4割弱を占めている。利益貢献率を見ると、「業務スーパー」と「ヨシケイ」の事業が53.5％と半分超であることから、まさにフランチャイズ事業で成長を遂げた企業であることが分かる。「業務スーパー」はエリア本部を担っている（**表6-3**を参照）。

「**ホットマン**」（宮城）は、カー用品店から「イエローハット」のフランチャイジーになり、東北地方における自動車社会の発展と共に成長した。全国的には車離れが進行しているとされるが、東北地方における自動車へのニーズはまだまだ根強いとされ、今後も地域市場のニーズに寄り添って成長しようとしている。

　ところで、同社がイエローハット事業を核としつつ、「TSUTAYA」、「カーセブン」、「コメダ珈琲」といった、「イエローハット」の来店客に補完的なサービスを提供することができるブランドに加盟してきたことは注目に値する。加盟ブランドのポートフォリオの一つのあり方を示すケースとして興味深い。

「**ありがとうサービス**」（愛媛）は四国の有力なミシン販売店であったが、本業が時代の流れで縮小するなかで外食のフランチャイジーを開始し、その後、「ブックオフ」や「ハードオフ」に加盟して成長を遂げた。フランチャイズによる多角化で事業領域を転換した典型例である。地元のニーズをくみ取る形で加盟ブランドを選択しつつ、メガフランチャイジーにまで発展した企業といえる。近年は、リユース店でのカンボジア市場への進出や、地元の温泉施設や地元産品の直売場の運営といった地方創生に関する取り組みも行っており、法人

⑾　中小企業庁「平成30年中小企業実態基本調査」。

フランチャイジーの枠を超えて、地方企業としての使命を追求する姿勢も見られる。

「**トップカルチャー**」（新潟）は、「カルチャー・コンビニエンス・クラブ」の「蔦屋書店」の１店舗加盟からはじまり、蔦屋書店ブランドほぼ１本で成長を遂げた企業である。新潟や長野を中心とする地方市場における書籍と映像レンタルに対するニーズを、先行的・独占的に吸収して成長し、東証１部に上場する数少ない法人フランチャイジーとなった。しかし、近年は、市場がリアル店舗よりも検索性に優れたインターネットでの通販やレンタルに浸食されるなど環境条件は厳しい。加盟する業態が抱える本質的な課題の影響が見られると共に、単独ブランド加盟で効率よく伸びてきたことの反動もうかがえる。

「**フジタコーポレーション**」（北海道）は、「ミスタードーナツ」の１店舗加盟からスタートして「ミスタードーナツ」と「モスフード」を成長エンジンとしてきた。地域市場でのこの二つのブランド力がやや低下してきた2002年以降は、他の外食系ブランドに次々と加盟して、現在では合計14ブランドを運営するマルチフランチャイジーとなった。とはいえ、現在でも「ミスタードーナツ」が23店と最多を占め、ブランド多角化の効果は見えない。近年は、むしろ独自ブランドの育成に注力しており、それが第二の柱として成長しつつある。ただ、**表６－５**（168～169ページ）の財務概要からも分かるように、経営状況には厳しいものが見られ、多数ブランドでの事業展開の効率性が問われているといえる。

「**かんなん丸**」（埼玉）は居酒屋「大庄」の社員独立店から1982年にスタートし、埼玉という東京郊外の人口急増市場を舞台に急成長した。「大庄」の大衆割烹「庄や」や「日本海庄や」が全店舗の９割を占める、まさに大庄ブランドだけでメガフランチャイジーにまで成長した企業である。1998年には上場も行い、フランチャイズを利用した個人起業で成功した代表例とされた。自己資本率が非常に高い安定性が強みであるが、居酒屋は競争が激しい領域であるがゆえに、近年の業績は低下傾向であった。直近ではもち直しつつあったが、居酒屋業態はコロナ感染拡大による影響が甚大であったために2020年６月期は赤字となった。加盟ブランドを絞って急成長した法人フランチャイジーが内包する脆弱性

を示すものとなっている。

　以上、上場7社の個別の経営状況を見ると、メガフランチャイジーといえども加盟ブランドの盛衰に翻弄される面が見られ、改めて法人フランチャイジーの経営が加盟ブランドの特性に大きな影響を受けていることが理解できる。また、上場フランチャイジーは、地域の市場ニーズをうまく把握して成長してきた地方企業が多いことも分かる。それゆえ、地域の消費者ニーズにマッチしたブランドをいかにして選択するのかが重要となるが、それに留まらず、その後の市場や消費者の変化に合わせた対応力も問われている。すなわち、新しい事業ポートフォリオへの転換、新しいブランドへのスイッチングをいかにして行うのかも課題となる。この問題については第8章で改めて論じたい。

6 アメリカのメガフランチャイジー

　アメリカにおいてもメガフランチャイジーの確たる定義はないが、第1章でも述べた「マルチユニット・フランチャイジー（Multi-unit Franchisee）」（41ページ）のなかで特に大規模なものを指す。つまり、本部と大規模な複数店開発契約を行っているものであって、日本のメガフランチャイジーのように1店舗ごとの契約を積み上げて成長してきたものとは根本的に異なる。

　また、アメリカでは専業型のものがほとんどを占めており、それゆえ法人フランチャイジー同士で合併（M&A）を繰り返して成長したものがある点も日本とは異なっている。さらに、アメリカではほとんどが外食業のブランドで成長してきているが、日本では外食業のみならず小売業やサービス業のブランドで成長したメガフランチャイジーが多く見られることも相違点となっている。

　さて次ページの**表6-6**は、アメリカのメガフランチャイジーのランキングである。アメリカでも日本と同様にメガフランチャイジーの定義は存在しないので、厳密には大規模法人フランチャイジーのランキングといえる。以下、ラ

表6−6　アメリカのメガフランチャイジーの店舗数ランキング

	法人フランチャイジー名	店舗数		加盟ブランド数・加盟ブランド
1	NPC INTERNATIONAL	1,610	2	Piza Hut, Wendy's
2	FLYNN RESTAURANT GROUP	1,239	4	Applebee's, Arby's, Taco Bell, Panera Bread
3	CARROLS GROUP	1,093	2	Burger King, Popeys Louisiana Kitchen
4	SUN HOLDINGS	1,053	10	Burger King, Arby's, Popeys Louisiana Kitchen, Taco Bueno, T-Mobile など
5	TARGET	946	1	Piza Hut
6	DHANANI GROUP	844	3	Burger King, Popeys Louisiana Kitchen, La Madeleine French Bakery Café
7	KBP FOODS	789	3	KFC, Taco Bell, Piza Hut
8	MUY BRANDS	769	3	Piza Hut, Wendy's, Taco Bell
9	ARAMARK	628	42	Piza Hut, Taco Bell, Chili's, KFC, Subway, Panda Express など
10	PILOT TRAVEL CENTERS	620	13	Subway, Cinnabon, Wendy's, Arby's, Taco Bell, Piza Hut など
	：	：		
20	ROTTINGHAUS	382	1	Subway
	：	：		
30	PACIFIC BELLS	291	3	Taco Bell, KFC, Buffalo Wild Wings
	：	：		
50	CHATER FOODS	209	4	Taco Bell, KFC, A&W, Long Jhon Silver's
	：	：		
99	DORO	118	3	Hardee's, Taco John's, Holiday Inn

原資料）FRANdata
出所）"2020 MEGA 99 RANKINGS" *Multi-Unit Franchisee*, Issue1, 2020, pp.44−50. を基に筆者
　　作成。ただし、店舗数と加盟ブランドは各社ホームページを基に筆者修正（2020年9
　　月10日閲覧）。

ンキングの上位企業について、各社のホームページや報道記事に基づいて簡単
に触れておきたい。
　ランキングの1位は「NPC International」であり、1,610店舗となっている。
この法人は「Pizza Hut」と「Wendy's」の2ブランドだけでこの店舗数規模に
達しており、それぞれの店舗数は1,225店と385店と巨大である。1962年に

「Pizza Hut」の1店舗加盟者になったところから成長して、現在27州で展開している。ただし、この法人は深刻な経営危機に陥り、2020年7月に連邦破産法第11条の適用を申請しており、大胆なリストラによる再生を迫られていることから、今後の店舗数は減少する可能性がある。

　第2位の「FLYNN RESTAURANT GROUP」は1999年の創業であり、「Applebee's」の加盟店からスタートして急成長を遂げた法人フランチャイジーである。第3位の「CARROLS GROUP」は1960年の創業で、「Carrols」というドライブインレストランチェーンをニューヨーク州で独自に展開（約150店）していた企業であったが、1975年に「Burger King」のフランチャイジーに転換し、以後はフランチャイジーとして成長してきた。

　第4位の「SUN HOLDINGS」は1997年の創業で、レストラン「Golden Corral」の1店舗加盟から成長してきた。外食業だけでなく、健康・栄養食品の小売チェーン（GNC）や携帯電話のチェーン（T-Mobile）にも加盟している。

　なお、第5位の「TARGET」[12]は、アメリカ国内でも有数の大手小売業であるが、同時に「Pizza Hut」の大規模フランチャイジーとなっている。自社の店舗内に小型のカウンター店を出店する手法で成長してきた。これは兼業型のメガフランチャイジーであり、アメリカでは珍しい存在といえる。ランキング外ではあるが、同じく大手小売業の「K MART」[13]も「Little Caesars Pizza」の大規模フランチャイジーとして、やはり自店舗内への出店を行ってきた。これらは、多店舗展開を行う小売業が自社店舗内に出店していく大規模出店契約をフランチャイズ本部と結んだものであり、アメリカの兼業型であるマルチユニット・フランチャイジーの一つのタイプといえる。

　ランキング表の原表には1位から99位までの102法人が掲載されているが、

---

(12)　「TARGET」は全米5位の大型小売業である。2019年時点で、全米に1,850店を展開している。

(13)　「K MART」はピーク時の1994年には海外も含めて約2,500店を展開していたが、2002年と2018年に連邦破産法の適用を受け、現在では50店舗以下にまで縮小している。2012年のメガフランチャイジーのランキング表では、同社は「Little Caesars Pizza」を184店運営し、34位に位置していた。

176

表6－7　アメリカのメガフラン
　　　　チャイジーの店舗規模

店舗数規模	法人数	%
1000以上	4	3.9
900－999	1	1.0
800－899	1	1.0
700－799	2	2.0
600－699	2	2.0
500－599	2	2.0
400－499	5	4.9
300－399	9	8.8
200－299	24	23.5
100－199	52	51.0
	102	100.0

注）アメリカの99位は118店である
　　ため、100店舗台の法人数はも
　　っと多くなる。なお、同順位の
　　法人が存在するため合計は99法
　　人にならない。
出所）"2020 MEGA 99 RANKINGS"
　　Multi-Unit Franchisee, Issue1,
　　2020, pp.44－50. を基に筆者作
　　成。ただし、店舗数は各社ホー
　　ムページを基に筆者修正
　　（2020年9月10日閲覧）。

表6－8　日米メガフランチャイジーの加盟
　　　　ブランド数比較

ブランド数	アメリカ		日　本	
	法人数	%	法人数	%
40代	2	2.0	0	0.0
30代	2	2.0	0	0.0
20代	1	1.0	0	0.0
10代	5	4.9	5	7.9
9	1	1.0	1	1.6
8	0	0.0	6	9.5
7	0	0.0	3	4.8
6	3	2.9	3	4.8
5	3	2.9	7	11.1
4	5	4.9	3	4.8
3	17	16.7	9	14.3
2	25	24.5	10	15.9
1	38	37.3	16	25.4
	102	100.0	63	100.0

注）同順位の法人が存在するため合計は99法人
　　にならない。
出所）アメリカは"2020 MEGA 99 RANKINGS"
　　Multi-Unit Franchisee, Issue1, 2020, pp.44－
　　50. を基に、日本はデータベースを基に筆
　　者作成。ただし、アメリカの加盟ブラン
　　ド数は各社ホームページを基に筆者修正
　　（2020年9月10日閲覧）。

　店舗規模数の分布を見ると**表6－7**のごとくになる。1,000店舗以上が4社あり、99位でも118店舗となっている。日本の場合は、**表6－2**（154ページ）でも見たように、1位が371店舗で突出していたが、以下は200店舗台が2法人、100店舗台が13法人しかなかったことから、アメリカとの店舗数規模の違いがよく分かる。ちなみに、データベースにおける日本の99位は41店舗となっており、アメリカの同位と比べると3分の1の規模であった。

　また、加盟ブランド数を見ると、アメリカの場合は最多数が42ブランドと日本の最多数である15ブランドよりもかなり多い。一方、**表6−8**を見ると、1ブランド加盟が37.3％と最多を占めている。日本のメガフランチャイジーも、1ブランド加盟が25.8％、1〜2ブランド加盟の合計が4割（41.9％）を占めており、ブランドを限定して展開しているものが多いことはすでに指摘した。しかし、アメリカの場合は、1〜2ブランド加盟の占有率は6割（61.8％）に達しており、さらに高くなっているのが特徴といえる。

　以上のことから、アメリカのメガフランチャイジーは、日本のそれと比べても、より限定したブランドで非常に多くの店舗展開を行っていることが分かる。この背景には、アメリカの国土の広さや人口の多さがあると考えられるが、限定的なブランドを大量出店する戦略は経営効率の高さを示すものでもある。

7 その他の地域におけるメガフランチャイジー

　法人フランチャイジーは、先進国よりも途上国や新興市場国において大規模化する可能性を秘めている。というのも、途上国や新興市場国の場合は、所得の向上に伴って消費市場が拡大しても自国には消費者にとって魅力的なブランドが育っていないため、海外から進出したブランド店に依存することが多い。すなわち、海外から小売業や外食業のチェーン店を誘致することになる。たとえば、1990年代には東南アジアや中東地域で大型のショッピングセンターの開発が進んだが、そこに入居した各テナントや専門店、外食業の多くが海外から誘致されたものであった。

　しかし、海外の小売業や外食業からすれば、途上国への進出にはさまざまなリスクを伴うことになる。そのため、直接投資方式ではなく、途上国側のパートナー企業とフランチャイズ契約（ストレート型フランチャイジング）を結ぶ形で進出をする戦略がとられることが多い（川端［2010］）。日系の場合は、特に外食業の海外進出において、1990年代後半以降にフランチャイズ方式での進

出が増加してきた（川端［2016］）。

　とはいえ、途上国や新興経済国側には信頼できる（出店投資力があり、契約を順守して真剣に運営に当たる）パートナー企業が少ない。その結果、特定の企業が多くの海外ブランドの受け皿（パートナー）として機能することも多い。その場合は、先進国の本社や本部との間で「マスターフランチャイジー契約」が結ばれる。この契約は、出店地域や店舗を限定せず、当該国全域への出店権を付与するものである。

　このように、途上国や新興市場国では、日本やアメリカといった先進国とはまったく異なる仕組みで大規模な法人フランチャイジーが生まれるのである。例を挙げると、タイでは小売業系の財閥「Central Group（セントラル・グループ）」の子会社である「Central Restaurant Group（セントラル・レストラン・グループ）」が多くの海外の飲食ブランドと契約を行い、2020年3月時点で合計1,048店舗を展開している（『NIKKEI ASIAN REVIEW』July.14.2020）。「KFC」、「Auntie Anne's」、「Cold Stone」のほか、多数の日系外食ブランドともフランチャイズ契約を結んでいるのが特徴である（大戸屋、吉野家、ちゃぶやとんこつらあめん、かつや、天丼てんや、ペッパーランチ）。

　シンガポールでも、同じく「Japan Food Holding（ジャパン・フード・ホールディング）」が多くの日系外食ブランドとフランチャイズ契約を結んで店舗を展開している（味千ラーメン、麺屋武蔵、大阪王将、家族亭、よね八、など）。この企業は現地の日本人が経営しており、「味千ラーメン」の1店舗加盟から1997年にスタートして成長を遂げ、2009年には現地の証券市場に上場するまでに成長した。その後、「麺屋武蔵」を中心にインドネシア、マレーシア、中国、香港にも合計21店舗を出店し、国際的な店舗ネットワークを有するようになった。近年は、日本以外のアジアブランドにも加盟して幅を広げている。2020年9月時点の店舗数は合計67店となっている（同社ホームページより）。海外で日本人や日本人が経営する企業が日本の外食ブランドのフランチャイジーになるケースは増えつつあるが、その先がけともいうべき存在である。

　また、小売業を中心としたメガフランチャイジーも見られる。その一つがイ

ンドネシアの「MITRA ADIPERKASA（ミトラ・アディプルカサ）[14]」である。同社は、元々スポーツ用品の製造販売を柱とした「PLANET SPORTS」というチェーンを展開していたが、その後、多くの海外ブランドと契約を行い、それらの専売店（特定のブランドメーカーの商品だけを販売する専門店）の展開を行うようになった。現在では、百貨店、ファッション、スポーツ、子ども用品などの海外ブランド130社とフランチャイズ契約を結び、インドネシアやシンガポールなどのショッピングセンターを中心に多数の店舗を展開している。「そごう百貨店」や「西武百貨店」、「元気寿司」をインドネシアで運営しているのもこの企業である。店舗総数は定かではないが、インドネシア全土の71都市と周辺国（シンガポール、ベトナムなど）で2,000店舗以上を展開し、売上高は1,530億円となっている（2019年時点）[15]。

　さらに近年では、中東地域のメガフランチャイジーの成長が著しい。なかでも最大のものが「ALSHAYA GROUP（アルシャヤ・グループ）」（非上場）である。同社はクウェートに本拠地を置くメガフランチャイジーであり、中東地域で約35年前から小売・外食業のフランチャイズ事業を営んでいる。湾岸諸国のみならず、モロッコ、チュニジア、エジプト、トルコ、ロシア、アゼルバイジャン、ルーマニア、ポーランド、チェコなど19か国において、ショッピングセンターを中心に82のブランドをフランチャイズ展開している。運営する店舗数は4,300店以上に上り、日系では「無印良品」を中東地域（クウェート、サウジアラビア、UAE、バーレーン、カタール）で展開している[16]。

　表6－9は、インドネシアの「ミトラ・アディプルカサ」とクウェートの「アルシャヤ・グループ」の加盟ブランドを示したものである。両社とも世界的に知名度の高い多くのブランドと契約しており、特に「ミトラ・アディプルカ

[14]　インドネシアの財閥「ガジャ・トゥンガル・グループ」の傘下にある企業で、1995年に設立された。当初はスポーツ用品の販売を中核事業としていたが、のちに総合ブランド化した。
[15]　「モーニングスター社」の投資資料および「2019,Annual Report」。換算レートは1rp. ＝0.0071円。
[16]　同社ホームページや報道記事などより。なお、「無印良品」はライセンス契約。

180

表6－9　ミトラとアルシャヤの加盟ブランド

<table>
<tr><td rowspan="6">ミトラ・アディプルカサ</td><td>百貨店</td><td>Seibu、Sogo、Galeries Lafayette</td></tr>
<tr><td>ファッション</td><td>Zara、Lacoste、Cotton On、Bershka、Mango、Nautica、Loewe、Dkny、Pandra、MaxMar、Linea、Camper、Calvain Clein、Topshop、Tomy Hilfiger、Kids、Stradivarius、Ben Sherman、Marks & Spencer、Crabtree & Evelyn、Kidz Station、Steve Madden、Planet Sports、Sports Warehouse、Sports Station、Desigual、Samsonite、Swarovski など41ブランド</td></tr>
<tr><td>キッズ</td><td>Bandai、Takara Tomy、Spalding、Levis など47ブランド</td></tr>
<tr><td>スポーツ</td><td>Mizuno、Reebok、Adidas、Converse、New Balance、Crocs、Ecco、Wilson、Nike など29ブランド</td></tr>
<tr><td>ライフスタイル</td><td>Kinokuniya、TUMI、Swatch、Alun Alun など15ブランド</td></tr>
<tr><td>外食</td><td>Genki Sushi、Krispy Crème、Starbucks、Cold Stone、Domino's Pizza、Burger King、Godiva、Chatter など10ブランド</td></tr>
<tr><td rowspan="4">アルシャヤ</td><td>ファッション</td><td>Muji、H&M、Mothercare、Debenhams、American Eagle Outfitters、Harvey Nichols、Boots、Starbucks、The Cheesecake Factory、Vision Express、M.A.C、Victoria's Secret など35ブランド</td></tr>
<tr><td>外食</td><td>Starbucks、Cheeswcake Factory、Shake Shack、IHOP、Dean&Deluca、Princi、Pizza Express など22ブランド</td></tr>
<tr><td>健康・美容</td><td>The Body Shop、MAC、Clinique、Boots など16ブランド</td></tr>
<tr><td>その他</td><td>9ブランド</td></tr>
</table>

注）太字は日系ブランド。
出所）各社ホームページより。

サ」は多くの日系ブランドとも契約をしていることが分かる。

　近年、消費市場が急拡大している中東地域には、これ以外にもメガフランチャイジーが多数存在している。たとえば、1978年にレバノンで創業した「AZADEA」（非上場）は50以上のブランドと契約するメガフランチャイジーであり、レバノン、湾岸諸国、キプロス、エジプト、アルジェリア、ガーナ、ケニアなど13か国で650店以上を展開している。

　また、「MAJID AL FUTTAIM」（非上場）はドバイを拠点とし、中東・北ア

フリカ地域で27軒に及ぶショッピングセンターを運営する企業であるが、同時に多くのブランドのフランチャイジーとなって、それらショッピングセンターに出店を行っている。ショッピングセンターの開発とフランチャイズ事業とが一体化しているため、展開ブランドはファッションブランド店に留まらず、ショッピングセンターの複合化を強化する施設、すなわち大型小売業（カルフール）やシネマコンプレックス（VOX Cinema）、そしてホテル（Hilton、Ibis、Novotel）などもフランチャイズ展開しており、多彩なものとなっている。

　さらに、クウェートの「Americana Group」（非上場）は1964年の創業で、外食中心のメガフランチャイジーである。「KFC」や「Pizza Hut」などといった14の外食ブランドを中東、北アフリカ、中央アジア（カザフスタン）の13か国で展開しており、店舗数は1,728店に及んでいる。[17]

　以上のように、法人フランチャイジーは新興国市場の消費や、消費のグローバル化、小売・外食業の国際化などの問題を考える場合にも重要なアクターとして捉える必要があることが分かる。

---

(17)　同社ホームページなど。

第7章

兼業型フランチャイジーの
本業と本部選択

1 本業・前業とフランチャイズ加盟との関係

　法人フランチャイジーは、専業型（A型）と兼業型（B型）の二つに分けられるが、すでに述べたように、日本では兼業型法人フランチャイジーが多数存在することが特徴となっている。ただし、兼業型には、現在B型（B1型、B2型）である法人のほかに、加盟時には兼業型であったが加盟後に専業型になった法人もある。すなわち、加盟後に本業を廃業してフランチャイズ専業になったA2型（転業型）や、加盟後にフランチャイズ部門が子会社として分離独立したA3型（子会社型）である。第5章でも見たように、加盟時点で捉えると、兼業型の法人フランチャイジーは6割以上を占めている。

　しかし、序章で述べたように、従来の英語圏のフランチャイズ研究では「専業型の個人フランチャイジー」が前提とされてきた。また、多店舗展開を行うマルチユニット・フランチャイジーを論じる場合も、「専業型の法人フランチャイジー」であることが暗黙の前提とされてきた。したがって、「兼業型の法人フランチャイジー」について検討したものは英語圏では見られなかった。

　日本では英語圏の研究をベースにした研究が主流を占めてきたことから、日本の研究においても「兼業型の法人」を想定したものは、特に理論研究におい

ては皆無といっても過言でないのが実態である。よって、日本では理論的な研究と実態とが大きく乖離した状態が続いてきたといえる。それゆえ序章では、これまで看過されてきた兼業型の法人フランチャイジーの本業が、フランチャイズ本部の選択や加盟後の意思決定に与える影響が研究上の課題となることを指摘した。

　本章では、この課題について、データベースとヒアリング調査を基に検討を行いたい。これにより、序章で指摘した課題である「**課題2　法人フランチャイジーの意思決定の特性**」、特に「**課題3　加盟者側からの本部（ブランド）選択問題**」に迫ることができる。つまり、そもそも本業を有する法人がなぜフランチャイズに加盟して新たな事業を開始しようとしたのか、また本部（ブランド）をどのような視点から選択しているのかが、本業の特性と共に明らかになるのである。

2 本業と加盟のタイプ

　すでに述べてきたように、加盟時における兼業型の法人フランチャイジーには、A2型、A3型、B1型、B2型の4タイプが該当する。データベース収録の法人1,310社中、この4タイプの法人数の合計は814社であり、全体の62.1％を占めた。**表7-1**は、この814社を対象にして、加盟時の本業と現在のタイプとの関係を整理したものである。ここで取り上げる本業は、データベース上で確認できた主要な11業種とした。この11業種に、全体（814社）の83.2％が属していた。

　この表からは、どのような業種を本業とする（した）法人フランチャイジーが多いのか、そして本業の業種によってどのようなタイプに偏っているのかが分かる（表中でグレーにした部分が当該業種で多く見られるタイプ）。すなわち、全体的には本業を継続しつつフランチャイズ事業を営むB型が多く、とくに本業との関連性が低いB2型が多数を占めている。これは、多角化を目指し

表 7 - 1　加盟時における本業（A2型は前業）

本業・前業			小計（社）	構成比	A2	A3	B1	B2
1	小売	石油ガス	89	10.9	9	22	17	41
		食品	36	4.4	5	14	8	9
		家電	24	2.9	18	4	0	2
		書籍	22	2.7	4	0	8	10
		酒	12	1.5	3	2	3	4
		薬局	10	1.2	1	3	0	6
		ホームセンター	6	0.7	0	1	2	3
		コンビニ	5	0.6	5	0	0	0
		その他	45	5.5	9	11	4	21
			249	30.6	54	57	42	96
2	卸売		75	9.2	9	14	6	46
3	不動産		73	9.0	4	13	36	20
4	飲食		69	8.5	9	8	48	4
5	自動車	販売	18		3	5	9	1
		整備	15	44　5.4	0	0	15	0
		部品	11		9	1	1	0
6	製造		43	5.3	3	16	2	22
7	建築	土木建築	26		0	11	5	10
		建築関連	16	42　5.2	2	2	2	10
8	鉄道		36	4.4	0	35	1	0
9	レンタル		20	2.5	1	1	3	15
10	教育		15	1.8	3	1	9	2
11	パチンコ		11	1.4	0	3	0	8
	その他（不明含）		137	16.8	25	22	19	71
	計		814	100.0	122	189	198	305

注）その他には不明13社を含む。グレーの部分は、各業種において数が多いもの。
出所）データベースを基に筆者作成。

た加盟が多いことを示す。

　一方、Aの専業型では家電小売、コンビニ、自動車部品（カー用品）に転業型のA2が多く、食品小売業、土木建築、鉄道にフランチャイズ部門を分離独立させた子会社型のA3が多く見られる。そこで、このような業種ごとのタイプの偏りがなぜ生じたのかということも睨みつつ、以下では本部選択の背景や理由を見ていきたい。

3 小売業とフランチャイズ

　前ページの表7−1では、最も多い本業は小売業であり、全体の30.3％を占めた。小売業には多様なものがあるが、なかでも最多を占めるのがガソリンスタンドなどの石油ガス小売業であり、全体の10.9％を占めていた。それに食品スーパー、家電小売店、書店、酒小売店、薬局・ドラッグストア、ホームセンター、コンビニ（独立系）が続いている。これら上位を占める本業に共通していることは、どれも業界を取り巻く競争環境が厳しいことである。

　では、このような小売業はどのような業種のフランチャイズに加盟しているのであろうか。すなわち、本業の種別と本部選択（加盟業種）との間にはどのような関係性が見られるのであろうか。

　表7−2は、小売業における本業の種別と加盟ブランドの業種との関係（本部業種の選択状況）を見たものである。表の上段が加盟する法人数（その業種を選んだ法人数）であり、下段が出店した店舗数の合計値である。以下、表7−1と表7−2を見ながら小売業の業種ごとに本部の選択状況を見ていきたい。

石油ガス小売

　本業のなかで最多を占める石油ガス小売業＝ガソリンスタンド業は、長年にわたり価格面での過当競争や市場縮小が続いてきた業種である。具体的には、1980年代からの規制緩和により店舗数が増大し、1990年代後半には「特石法」

表7－2　本業の業種別加盟傾向 ―小売業― （上段：延べ加盟法人数、下段：店舗数）

本業	ファストフード	レストラン系	カフェ系	他飲食	CVS	レンタル	中古品	他小売	学習塾	介護福祉	フィットネス	他サービス	携帯店
石油ガス 89社	11 / 113	23 / 147	19 / 73	4 / 32	7 / 57	41 / 324	9 / 37	4 / 43	8 / 31		13 / 74	5 / 10	
食品 36社	9 / 182	13 / 171	7 / 27	6 / 156	4 / 62	12 / 125	3 / 33	10 / 215	2 / 22	1 / 1	3 / 38	3 / 10	
家電 24社	2 / 9	1 / 1			1 / 4	5 / 36	17 / 432	4 / 31	1 / 3		2 / 12	1 / 1	2 / 5
書籍 22社	2 / 9	3 / 26	7 / 36	1 / 1	3 / 12	14 / 123	5 / 30	1 / 1	3 / 8		4 / 23		
酒 12社	1 / 1	5 / 8	3 / 6		3 / 28		1 / 1	5 / 35					1 / 2
薬局 10社	1 / 1	1 / 9	1 / 4		1 / 1				1 / 7		6 / 45		
ホームセンター 6社			1 / 1			2 / 28	4 / 34	4 / 100					
コンビニ 5社	1 / 4	1 / 5			3 / 485								

注）グレーの部分は加盟する法人が多いもの。「他飲食」はベーカリー、持ち帰りなど。
出所）データベースを基に筆者作成。

の廃止(1)によって低価格競争が激しくなって利益率が低下していったが、同時に自動車の燃費向上が進み、販売量自体も減少していった。その結果、1994年をピークにガソリンの需要は減少し続け、それに伴って店舗も減少してきた。

その後も、ハイブリッドカーなどの普及、さらには2011年の消防法改正による古い地下埋蔵タンクの入れ替え義務化(2)などで、ガソリンスタンドの廃業が止まらない状態が続いている。ピーク時の1994年には約6万店余りあったガソリンスタンドは、2019年3月末には約3万店に半減している（資源エネルギー庁「揮発油販売業者数及び給油所数の推移（登録ベース）」参照）。

このような厳しい状況から、1990年代から兼業でフランチャイズ事業を開始したり、さらにはそれへの転業を図る企業が急増してきた。表7-2で具体的に加盟業種を見ると、最も加盟が多かったのはレンタカーを中心とするレンタル関係の本部であったことが分かる。これは、ガソリンスタンドの店舗をそのまま利用できる点、貸出用の車両整備にノウハウが活用できた点、ガソリンの売上増大にも貢献する点、予約客が中心のためガソリンスタンド業務のかたわらでの運営が可能であった点、などが評価された結果と推測できる。このほかにも、中古車の買い取り、車検、板金といった本業との関連性が高いものへの加盟が多く見られた。

しかし一方で、加盟した業種が車とは無関係なものに広く及んでおり、ファストフード、レストラン系、カフェなどの外食系フランチャイズへの進出や、フィットネスや学習塾といったサービス系への進出も見られる。表7-1（185ページ）においても、B2型（低関連型）が41社と最多になっている。

このように、外食など本業との関連度が低い業種への進出が多数見られた背景には、第3章で述べたフランチャイズ支援コンサルタント企業の積極的な加盟営業活動があったと見られる(3)。つまり、コンサルタント企業が支援した本部の多くが外食系やサービス系であったことが影響しているのである。

以上のことから、石油ガス小売業界における加盟は、本業を補完する業態が選択される傾向が強く、また新規事業の探索的な選択もなされることが分かった。

食品小売業（スーパー）

　食品小売業は、そのほとんどが食品スーパーであった。食品スーパーがフランチャイズに加盟する最大の目的は、集積効果による集客力の強化にあった。一般的にスーパーは、大型化するにつれて直営売り場の周囲に外食業やサービス業のテナントスペースを有するようになり、さらには複合的な機能を備えたショッピングセンター化（商業集積化）を図るようになる。

　それらのテナントスペースには外部の業者が入ることが多い。しかし、自らが人気のあるファストフードや外食ブランドあるいは小売チェーンに加盟して、それらを自店舗のテナントスペースに出店することによって、利益の増大と集客効果の向上を実現しようとする戦略にシフトする企業も見られる。

　その場合は、スーパーの運営企業が直接加盟する場合もあるが（B1型やB2型）、運営する店舗数規模が大きくなると専門の子会社を設立して、その子会社が法人フランチャイジーとして加盟するケースも多い（A3型）。**表7-1**でも、このA3型が多くを占めている。なお、自店のテナントスペースの活用とは関係なく、新しい業態への進出をフランチャイズ加盟によって行い、市中に独立店舗を展開するケースも見られる。

　表7-2（187ページ）を見ると、食品小売業が加盟する業種はテナントスペースを活用する外食系のものが多いが、他方でレンタル業や他の小売業も多く、集客に貢献するものが多い。具体的には、映像レンタル店の「**TSUTAYA**」に加盟したり、ディスカウント系の食品スーパーである「**業務スーパー**」など

---

(1) 1986年に施行された「特定石油製品輸入暫定措置法」のこと。ガソリンなどの石油製品の国際的な下落を受け、国内業者保護を目的に輸入業者を石油精製業者に限定した法律。これにより、国内のガソリン価格は従来通り維持された。しかし、バブル崩壊後の規制緩和で1996年に廃止されると、多様な業者がガソリン販売に参入し、価格低下が進んだ。

(2) ガソリンスタンドの地下貯蔵タンクの老朽化・腐食による流出が問題視されるようになり、改正消防法でその防止対策が義務化された。タンクの改修には数百万円、入れ替えには1,000万円から数千万円と多額の費用を伴うため、それができずに廃業や転業するガソリンスタンドが増大した。

(3) 当時のコンサルタント企業の加盟営業担当者への筆者のヒアリングにおいても、1990年代から2000年代にかけては、ガソリンスタンド事業者が重要なターゲットであったとされる。

に加盟するケースを指す。それら異業種や異業態への加盟の背景には、新規の関連ノウハウの取得と商圏の深耕を図る戦略とされる（ヒアリングによる）。

　以上のことから、食品小売（スーパー）業界での本部選択は、本業の集客増加に貢献する本部や、商圏の深耕を可能とする本部が選択されていることが分かった。

家電小売

　表7−1（185ページ）でA2型（転業型）の本業（前業）を見ると、家電小売店が突出して多くなっている。家電小売店は、1990年代にディスカウント系の大型量販店チェーンが台頭したことによって急速に市場を失っていった業界である。

　個人経営の家電店（いわゆる町の電器店）は、元々メーカー系列の販売代理店であったところが多かったため、メーカーの支援を受けながら家電商品の販売を継続しつつ、他方で電気工事の請負（新築住宅の電気工事やエアコンの取り付け工事など）にシフトして生き残ったところが少なくなかった。「エディオン」や「ジョーシン」などの大手チェーンのフランチャイズ店として生き残った店もあるが、これらの電器店は1店舗だけのものがほとんどであったので、たとえ法人格をもつ業者でも本研究の分析対象には入っていない。

　これに対して、各地域で比較的大規模な店舗を複数構えていた中堅家電小売チェーンは、大手量販店の影響をまともに受け、窮地に追い込まれたところも少なくなかった。

　表7−2（187ページ）でこのような家電小売業（多くは中堅家電小売チェーン）が加盟した本部を見ると、中古品のフランチャイズが圧倒的に多いことが分かる。これらは、すべて中古家電品の買い取りと販売というリユースのフランチャイズ、具体的には「ハードオフ・コーポレーション」（本社：新潟県新発田市）が展開する「ハードオフ（HARD OFF）」への加盟であった[4]。

　同社は、元々オーディオ専門の家電店であったが（1972年創業）、バブル崩壊後に市場が急速に縮小したことで1993年に中古家電（中古AV機器）のリユ

ースビジネスに業態転換を行った。このような社歴上の特徴もあり、いわば同業者である全国の家電小売店が1990年代から次々と加盟するようになった。

　加盟の要因については、本部が元家電小売店（オーディオ店）で社長が家電小売店のことをよく理解しているという安心感と、家電の中古品を扱うビジネスであるため本業の商品知識やノウハウが活かせること、さらには大手家電量販店が中古品には手を出しておらず、競合しないことなどがあるとされている（ヒアリングによる）。

　こうして、各地の中堅の家電販売企業が法人フランチャイジーに転業していった。[5] 表7−1でA2型（転業型）が圧倒的多数を占めるのは、このような理由からである。もちろん、家電販売業を継続しながら兼業でリユースのフランチャイズ加盟をしている企業（B2型）も見られるが、数は非常に少ない。それほど、家電小売業として生き残ることが難しかったことを示している。

　なお、「ハードオフ・コーポレーション」は、中古AV家電・パソコンの「ハードオフ」からスタートし、その後は古着や靴などを扱う「オフハウス」、玩具類・ホビー用品を扱う「ホビーオフ」、ブランド品を扱う「モードオフ」など、取扱品目ごとに店舗ブランドを増やしていった。このような経緯から、フランチャイジー側も同社の複数のブランドに加盟するようになり、中古家電だけでなく総合的なリユース企業として成長するようになってきた。結果的に、50店舗を上回る規模のものが5社も見られるのが実態である。

　以上のことから、家電小売店の本部選択は、家電の中古品売買を出発点としたリユース業が選択される傾向にあることが明らかになった。

書籍小売

　雑誌も含めた書籍小売の市場は、1996年がピークであったとされる（出版科

---

(4)　中堅家電店チェーンは従来から中古家電の下取りをしていたが、その効率的な処分法に関心があったことも背景となっていた。
(5)　中堅家電販売企業からリユース業の法人フランチャイジーに転業した主な例としては、「エコノス」（北海道）、「大宮電化」（埼玉）、「ヌマニウ」（栃木）、「ゼロエミッション」（東京）などがある。

学研究所の調べ)。しかし、当時でもすでに書籍市場は縮小しており、雑誌の売上高がそれを補っていたのが実態であった。ところが、1990年代末頃からは雑誌の市場も縮小したことで、市場全体の急速な縮小がはじまったとされる（小田［2007］）。この結果、廃業に追い込まれる街の小型書店が続出してきたことは周知の事実である。

1999年に22,296店存在した書店は、2010年には15,314店、2018年には11,446店にまで減少した（アルメディア調査値）。家電と同じく、書店のなかにも比較的大型の店舗を複数構える中堅書店チェーンが各地に存在してきたが、その経営も苦しくなったとされる。

先に掲載した**表7－1**を見ると、書籍小売を本業とする法人（多くは中堅書店チェーン）はB型の兼業型が多く、書籍販売を継続しつつ、それにフランチャイズ事業を付加して多角化したタイプが多いことが分かる。さらに、**表7－2**で加盟本部の業種を見ると、飲食業とレンタル業に偏っており、飲食業系はカフェ業態が多くなっている。

カフェは書籍を購入した顧客が利用するのに適しているため、相乗効果を狙って店舗に併設する書店が多いことを示している。一方、レンタル業は、そのすべてが「カルチュア・コンビニエンス・クラブ」（東京）が展開する「TSUTAYA」や、「ゲオホールディングス」（愛知）が展開する「ゲオ」などの映像レンタル店のフランチャイズであった。これを書店と同じ建物内に併設または隣接させることで、書店への集客力を高める戦略がとられるようになった。

このように、書店の場合は、本業の集客効果を上げる目的で関連性が高いブランドに加盟するケースが多いことが特徴となっている。

他方、**表7－1**を見ると、書籍販売の枠から一歩踏み出した書店も多く見られる（B2型）。具体的には、ファストフードや外食店、コンビニ、中古ゴルフ用品、フィットネス、あるいは本来は競合するはずの古書店[6]、学習塾などのフランチャイズに加盟したケースである。これらは地方圏で見られる現象であるが、書籍やその関連事業の枠を超えて、地域の消費者ニーズに寄り添った事業展開といえる。地方圏の中堅書店は当該地域の有力企業であることが多いこと

から、地域の消費経済の活性化を視野に入れた展開と見ることができる。

　また、表7-1を見ると、家電店で多く見られたA2の転業型は少なく、B1やB2といった兼業型が多くなっている。この要因としては、書籍販売については市場のパイが縮小しただけで、家電業界のように他の大手チェーンに置き換わるような競争構造にないことが挙げられる。とりわけ地方圏では、廃業しても地域の書籍販売を担う代替者がいないため、フランチャイズ事業を活用しながら書籍販売事業を持続させる戦略をとっている。

　以上のことから、書籍小売業は本業の補完的な機能をもつ映像レンタルへの加盟や本業を強化するカフェ、あるいは地域市場の需要に寄り添った本部への加盟を志向していることが明らかとなった。

酒小売店

　酒小売店は、かつては免許制の壁に守られていた業界であったことから、1970年代以降、コンビニが酒小売店をターゲットとして加盟を促し、酒が販売可能なコンビニを増やしてきた。しかし、酒の市場は消費者の酒離れもあり、1994年をピークに縮小傾向となった。また、酒類販売免許も1998年から2006年にかけて段階的に規制緩和が図られ、従来の距離基準や人口基準が順次撤廃されていって自由化が進んだ。

　自由化の結果、コンビニのほとんどが酒類を販売するようになると共に、スーパーや量販店も参入し、さらにはディスカウント系の酒店が増加して厳しい価格競争が生じ、小零細の酒店のみならず中堅規模の酒店までもが倒産するようになる厳しい業界となった。

　表7-1を見ると、各タイプが偏りなく見られるが、表7-2で加盟業種を見ると外食系が多く見られると共に、コンビニに加盟した法人が3社、他小売

⑹　古書店は、同じ本を扱う店といえども新刊書店とはノウハウも顧客層も異なることから、本研究ではB2型（低関連型）の兼業タイプとして分類している。新刊書店が競合する古書事業に進出する理由には、競合する業態を自らが行うことで出店地などをコントロールして市場内で棲み分ける狙いや、地域での書籍販売の総合企業化を目指す狙いがあるとされる。

業に加盟した法人が5社あることが分かる。酒小売店は、元々酒販免許の取得が難しかった頃はコンビニに転業するものが多かったが、これはオーナー側からすると酒の販売を継続できることが決め手となっていた。

しかし、酒販免許の自由化が進んだ2000年代中盤以降は、「神戸物産」(兵庫) が展開する「業務スーパー」などのディスカウントスーパーに加盟するものが増加した。**表7−2**の「他小売業」に加盟している5社も、すべて「業務スーパー」への加盟者である。この背景には、本部が酒類を継続して販売することを認めていたことがある。また、かつての酒小売店時代の倉庫をそのまま店舗に転換できたことも要因の一つであったとされる。

以上のことから、酒小売店の場合は、かつて酒販免許で保護された商売であったという自負もあり、酒小売業の継続にこだわる経営者が多い。したがって、本業がある程度継続できることが本部選択の決め手になっていることが分かり、これはヒアリングでも確認することができた。このことから、加盟ブランド選択には本業継続の可否という要因も影響していることが分かる。

薬局・ドラッグストア

表7−1の薬局は、小規模なドラッグストアチェーンと調剤薬局チェーンとがほとんどを占めている。この業界は、大手のドラッグストアチェーンや調剤薬局チェーンの台頭により苦境に陥った業界である。

表7−2では、この業界の法人10社のうち6社がフィットネスに加盟していることが分かり、店舗数では突出して多くなっている。具体的には、「カーブスジャパン」(東京) が展開する「カーブス」をはじめとしたフィットネスの本部であった。事業分野や経営ノウハウは本業とはまったく異なるが、何より「健康」をキーワードにした本業のコンセプトやイメージの関連性が消費者に理解されやすいことが背景にある。

フィットネスは、薬局業界の法人が抵抗感なく新規事業を開始できるのみならず、特に地方圏では地域の人々の健康に貢献する企業という従来からのポジションを強化できる点が魅力となっている (ヒアリングによる)。なお、A3型

の3社も、ドラッグストアチェーンや調剤薬局チェーンが子会社を設立してフィットネスクラブのフランチャイズに加盟しているケースであった。

　以上のことから、薬局・ドラッグストアは、本業のコンセプトやイメージとの連続性があり、事業領域を補完する本部の選択を行っていることが明らかとなった。

ホームセンター

　表7−1では、ホームセンターは全体で6社と少ないが、兼業型の加盟が多く見られる。**表7−2**を見ると、加盟業種としては「中古品」と「他小売」が多くなっており、店舗数ではそれにレンタル店が加わる。

　ホームセンター業界では、近年、チェーン間の競争が激しくなるにつれて、店舗を複合化することで集客力を高めようとする傾向が見られる。その結果、100円均一ショップを自店舗内に開設したり、映像レンタル店やリユース店、ディスカウントスーパーなどを併設するホームセンターも多く見られるようになっている。具体的には、映像レンタルは「TSUTAYA」、中古品は「ハードオフ」と「オフハウス」、他小売は「ダイソー」や「業務スーパー」が多くを占めた。

　ただし、映像レンタル店やリユース店、ディスカウントスーパーとの複合化は大きな店舗用地を必要とするため、このような戦略は地方圏の店舗で見られる現象となっている。**表7−1**にある6社の本社所在地も、青森、新潟、栃木、高知、兵庫、神奈川となっている。都市部の店舗では、店舗内への100円均一ショップの導入に留まるところが多い。

　以上のことから、ホームセンターは既存店舗の複合化や商業集積化に寄与して本業の競争優位性を高めてくれる本部を選択していることが明らかとなった。

コンビニ

　表7−1ではコンビニは5社に留まるが、これらはすべて元々コンビニのフランチャイズチェーンを展開していた本部企業であり、それが自身の加盟者を

率いて大手のコンビニチェーンの法人フランチャイジーに転換したり、本部を廃業して外食業の法人フランチャイジーに転業したものである。よって、すべてがA2型となっている。⁽⁷⁾

　前者には、コンビニ「セーブオン」を展開していた本部企業であり、2016年に「ローソン」のメガフランチャイジーとなった「セーブオン」（群馬）のほか、コンビニ「新鮮組」を展開していた本部企業で、2008年に「ローソン」のメガフランチャイジーに転じた「新鮮組本部」（東京）、それにコンビニ「サンズ」を展開していた本部企業で、1993年に「ファミリーマート」の法人フランチャイジーに転じた「サンズ」（神奈川）がある。ちなみに、2019年時点で「セーブオン」は371店舗を運営する日本最大の法人フランチャイジーであり、「新鮮組」は67店、「サンズ」は40店という店舗規模になっている。

　このような現象が生じた背景には三つの要因がある。一つは、大手コンビニの戦略である。コンビニチェーン間の出店競争が激しくなるなかで、中堅の本部を傘下に入れることが一気に店舗数を伸ばすチャンスとなった。

　二つ目は、中堅コンビニの加盟店の不満である。大手コンビニが魅力的な商品開発を次々と行うようになり、中堅コンビニの商品開発力との差が開いたことで、中堅コンビニの加盟店における売上低下を招いていた。

　三つ目は、中堅コンビニの本部が加盟者の事業をいかに継続させるかという問題である。コンビニの店舗間競争が激しくなるなかで、傘下の加盟者の事業をいかに守るのかという課題（責任）があった。これらの結果として、中堅コンビニの本部が加盟者を引き連れて大手の傘下に入る選択を行ったのである。

　このように、中堅コンビニの本部は生き残りを図るために同業の大手本部に加盟するという選択行動をとったことが明らかになった。

　以上、小売業を本業とする法人がどのような本部選択を行うのかについて本業の業種別に見てきたが、本部選択の基準や方向性は本業の特性ごとに大きく異なることが判明した。

4 卸売業とフランチャイズ

　表7−1（185ページ）では、小売業の次に多かった本業・前業は卸売業となっている。卸売業には多様な業種が含まれるが、そのなかでも食品系の卸売業（食品加工卸を含む）が32社と全体の42.7％を占めて最多となっており、続いて建築資材の卸売業が13社と17.3％を占めていた。そこで、次ページの表7−3を見ながら、まずは卸売業全体の加盟傾向を捉えたうえで、多数を占める食品系と建築資材の卸売業に焦点を当てて傾向を捉えたい。

　まず、卸売業全体を見ると、多様な業種への加盟が確認できるが、特に外食系のフランチャイズ、なかでもレストラン系に加盟している法人が多いことが分かる。これは、食品系の卸売業も同じであり、外食系、なかでもレストラン系が突出して多くなっていることから、多数を占める食品系の卸売業の本部選択動向が全体に影響していることも分かる。

　食品系の卸売業の多くが外食系のフランチャイズに加盟する要因には、食品を扱う商売であるため外食業に親近感が高いこともあろうが、そもそも取引先に飲食店が多いことから外食系のフランチャイズに関する情報に接する機会が多かったことがある。取引先から成功事例に関する話を聞かされ、自らも加盟した卸売業も少なくなかった（ヒアリング）。ただし、本部が納入業者を指定しているため、自らが運営する店舗への納入（卸売り）が可能になるとはかぎらない。よって、本業の拡大には必ずしもつながっているわけではなかった。

　一方、建築資材（生コン・骨材を含む）の卸売業は、学習塾やフィットネスなどといったサービス系への加盟も少なくない。外食系も確かに多いが、卸売業全体や食品系の卸売業と比較すると外食系への偏りはそれほどではなく、その点では、建築資材の卸売業はより広い視点から本部を選択していると推察することができる。

⑺　ここには、元々コンビニの法人フランチャイジーであったものが本部を転換した（看板替え）ものは含まれていない（第6章で述べたエリア本部フランチャイズなど）

表7−3　本業の業種別加盟傾向ー小売業を除く主要業種ー（上段：延べ加盟社数、下段：店舗数）

本業	ファストフード	レストラン系	カフェ系	他飲食	CVS	レンタル	中古品	他小売	学習塾	介護福祉	フィットネス	他サービス	携帯店
卸売75社	13 / 114	36 / 237	12 / 44	6 / 17	10 / 76	6 / 36	5 / 51	4 / 20	8 / 41	2 / 8	7 / 87	9 / 38	4 / 24
食品卸32社	9 / 62	21 / 126	7 / 32	5 / 13	5 / 49	3 / 23	2 / 42	1 / 2	2 / 6	1 / 7		2 / 10	
建材卸13社	1 / 5	4 / 18	3 / 6	1 / 4	2 / 16	1 / 5			3 / 20		4 / 16	4 / 16	
不動産73社	5 / 70	12 / 75	10 / 33	3 / 4	4 / 28	9 / 28	4 / 12	2 / 7	16 / 145	1 / 8	1 / 2	25 / 171	2 / 39
飲食69社	19 / 144	48 / 382	16 / 57	8 / 22	4 / 63	1 / 1			5 / 9	1 / 8	1 / 13	2 / 25	
自動車 販売18社		2 / 5	1 / 2		1 / 110	1 / 4	8 / 65	5 / 76			1 / 4	1 / 10	1 / 9
自動車 整備15社						1 / 6	9 / 30	3 / 14				3 / 26	1 / 1
自動車 部品11社		1 / 1	1 / 1			1 / 10	2 / 12	10 / 169				1 / 1	1 / 6
製造43社	12 / 269	19 / 161	9 / 34	2 / 6	2 / 7	4 / 17	1 / 9	3 / 20	3 / 14		10 / 97	4 / 7	3 / 7

注）グレーの部分は当該業種のなかで加盟社が多いもの。「他飲食」はベーカリー、持ち帰りなど。
出所）データベースを基に筆者作成。

　以上のことから、卸売業は新規事業開拓のために多様な視点から幅広い業種を選択する傾向にあるが、食品系の卸売業は、取引先との関係から外食系の本部を選択する傾向が見られることが分かった。

5　不動産業とフランチャイズ

　表7−1（185ページ）の不動産業の約8割は不動産仲介業であった。表からは、不動産業を本業とする法人は、本業との関連度が高いB1型に分類されるものが多いことが分かる。これは、中小の不動産仲介業者の多くが不動産仲介のフランチャイズである「センチュリー21」、「ハウスドゥ」、「アパマンショップ」などに加盟していることが影響している。A3型の法人のなかにも、このような不動産仲介チェーンに加盟する専業の子会社が多く見られた。他方、B2型のものは外食業に加盟している法人が多かった。

　次に表7−3で加盟業種を見ると、サービス業への偏りが大きくなっている。最も多いものは「他サービス」であるが、これはすべて前述の不動産仲介フランチャイズへの加盟であった。一般に、不動産仲介業は物件情報をどれだけ多く保有しているかが仲介件数（成約数）を左右して収益に直結するため、フランチャイズに加盟して多くの物件情報を共有することは加盟者にとっては大きなメリットになる。

　不動産仲介業の次に多いのは学習塾であった。学習塾は、生徒数を安定的に確保することが収益を左右するため、教室の立地が重要となる（ヒアリング）。不動産業は、いうまでもなく教室用物件の情報入手や確保に優位性をもつため、学習塾、特に近年急増している個別指導型の学習塾の運営に乗り出しやすいものとなっている。[8]

───────────────

(8)　個別指導型の学習塾は、特別な学習指導（あるいは生徒指導）ノウハウを必要としないため大学生アルバイトが主力となっており、教室用の不動産の確保と共に学生アルバイトを適切に確保さえすれば教室の運営は可能になるとされている。

　また、**表7−3**からは飲食業への加盟も多いことが分かる。これも、店舗用の不動産の確保に強いことが影響していると考えられる。しかし、学習塾などのサービス業系と外食系との両方に加盟している法人は73社中1社しか見られず、ノウハウが大きく異なる業種にまたがって運営することの難しさがうかがえる。

　以上のことから、不動産業のなかでも不動産仲介業の法人は、本業を強化する不動産仲介のフランチャイズを選択する傾向にあり、さらにそれによって高まった物件確保力を活かせる飲食系や学習塾を選択する傾向が見られることが判明した。

6 飲食業とフランチャイズ

　表7−1（185ページ）によると、飲食業は本業と関連性が高いB1型が圧倒的に多くなっている。これは、レストランを本業として営む法人がハンバーガーの本部に加盟したり、居酒屋を本業として営む法人がカフェの本部に加盟したりして、業態ラインナップを強化する意思決定と考えられる。新たなノウハウを獲得するだけでなく、有名な外食チェーンに加盟することでブランド力を獲得しようとするものが多い。これには、外食業態は時間の経過と共に盛衰が生まれるため、業態のポートフォリオを組むことで全体としての経営の安定化を図るという目的もある。[9]

　表7−3（198ページ）を見ると、外食系への加盟は延べで全体の86.7％に達しており、このような偏りが飲食業を本業とした法人のフランチャイズ選択の大きな特徴となっている。本業と同じ飲食業であるため、本部選びに際して収益性の目利きができる点や、新業態の立ち上げから軌道に乗せるまでの時間が節約できる点、既存の経営資源やノウハウの転用が行いやすい点なども外食フランチャイズを選ぶ要因となっている。また、自身の店舗跡地を活用するための加盟や、自身が展開する業態や店舗との相乗効果を期待した加盟なども見

られた（ヒアリング）。

　なお、飲食業が加盟するものとしてはレストラン業態系の本部が圧倒的に多くなっており、69社の7割に当たる48社が加盟している。これには、ラーメン店、中華系レストラン、洋食系レストラン（ハンバーグ、カレー、イタリアンなど）、居酒屋、焼肉店といった店舗内飲食を行う多様なものが含まれている。

　一般的にレストラン業態は初期投資が大きく、ノウハウ取得にも時間がかかるものが多いが、飲食業が本業であるため、それに対する抵抗感は少ないとされる（ヒアリング）。また、表7－3ではレストラン業態の店舗数が突出して多くなっている。この背景には、ベーカリー店からフランチャイズ専業法人に転業した「アジアル」（愛知）、飲食業の「ダイナミクス」（京都）といった大規模な法人フランチャイジーが含まれていることが要因となっている[10]。

　以上のように、飲食業の法人フランチャイジーは本業との関連度が高い外食系の異業態、特にレストラン業態に加盟することで本業の多角化を目指す（運営業態の数を拡大しようとする）傾向があることが分かった。

7　自動車関連とフランチャイズ

　自動車関連には、ディーラーをはじめとする販売店法人、自動車整備工場を運営する法人、自動車部品やカー用品を販売する法人がある。それぞれ、18社、15社、11社の確認ができた。以下、順に加盟（業種選択）傾向を見ていきたい。

⑼　飲食業態のなかには一過性のブームで終わるものもあり、時間がかかる自前での業態開発にはリスクが伴う。そのため、長期的に継続できる業態と短期間で終わる業態との組み合わせを考える必要もある。その際には、既存のブランドを短期間で乗り継いでいく（使い捨てていく）戦略もあるとされる（ヒアリングによる）。

⑽　ちなみに、10店舗以上のレストラン系フランチャイズ店を運営する法人フランチャイジーは12法人に達する。

自動車販売

表7-1では、自動車販売の法人には本業との関連度の高いB1型の加盟が多くなっており、A3型のなかにも本業と関連性の高い加盟が多かった。また、**表7-3**で加盟業種を見ると中古品が多くなっている。このような特徴には、中古車の買い取りフランチャイズへの加盟が多いことが影響している。顧客が保有している車の買い取りを行うことで本業の新車購入を促すものであり、本業の促進あるいは補完的な関係にある本部の選択行動といえる。

また、**表7-3**ではその他小売業への加盟も比較的多いが、これはカー用品・整備店の「オートバックス」や「イエローハット」のへ加盟のことである。自動車販売店にとっては、このような本部への加盟は、購入後の顧客へのアフターサービスを充実させるものであるため、これも本業との関連度が高い選択といえる。

表7-1ではA2型の転業型も3社見られたが、そのうち2社はカー用品販売に、1社は中古車買い取りへの転業であった。なお、A3型のなかには、「セブンイレブン」のメガフランチャイジーとして110店舗を展開する「アイル・パートナーズ」（香川）が含まれている。同社の親会社は、自動車ディーラーの「香川日産」である。

自動車整備

表7-1では、この業種はすべてB1型であった。**表7-3**で業種を見ると中古品が多くなっている。これも中古車の買い取り販売のフランチャイズである。また、その他小売はカー用品・整備店、その他サービスは板金塗装のフランチャイズへの加盟であった。前者は、整備のノウハウがそのまま活用できるものであり、後者は修理のノウハウを強化できるものである。どちらも、本業を強化・補完する本部選択である。

自動車部品販売

表7-1では、A2型の転業型が非常に多くなっている。それらは、すべて

前業と同じカー用品店のフランチャイズへの転業である。カー用品の小売業界は1960年代後半からの自動車の普及と共に急成長したが、1970年代後半以降は競争が激しくなり、その多くが「オートバックス」や「イエローハット」に加盟してフランチャイズ専業の法人に転業していった。さらに、それらのフランチャイジーは合併を繰り返して集約化されてきており、店舗数規模を拡大させてきている。なお、このなかには「イエローハット」の法人フランチャイジーで、同店だけで約90店舗を展開するメガフランチャイジーの「ホットマン」（宮城）が含まれているため、**表7−3**の他小売業の店舗数が非常に多くなっている。

8 製造業とフランチャイズ

　製造業は43社確認できたが、業種が極めて多様性に富んでおり、まとまった業種としては食品系の11社と繊維系の7社が見られる程度であった。それら2業種においても、全体の加盟傾向との顕著な差は見られなかったことから、ここでは製造業として一括して加盟傾向を捉えたい。

　さて、表7−1（185ページ）を見ると、製造業はA型では子会社においてフランチャイズ事業を営むA3型が多く、B型では本業とは関係性が低いB2型が多い。A3型のなかも、加盟業種的には本業との関係が薄いもの（B2型）が圧倒的で、B1型は2社しか見られなかった。よって、製造業の場合は、本業とは関係性が薄い本部が選択される傾向にあることが分かる。

　表7−3で加盟業種を見ると、外食系への偏りが顕著である。特に、店舗数では圧倒的な多さを示している。外食系以外ではフィットネスが選択されているが、これはすべて近年に加盟したものであり、外食系への加盟からフランチャイズ事業をスタートさせたものがほとんどである。

　また、外食系のなかでもファストフードの店舗数の多さが際立っていることが分かる。この要因としては、ファストフード店を大量に運営する大規模法人

フランチャイジーがこのなかに含まれていることがある。たとえば、繊維メーカーからフランチャイズ専業法人に転業した「タニザワフーズ」（愛知）や、自動販売機メーカーの子会社である「大和フーズ」（埼玉）、製粉メーカーの子会社である「さわやか」（東京）の３社が「KFC」や「ミスタードーナツ」といった多くのファストフード店を多数運営しており、この３社だけでファストフード業態店を200店舗以上運営している。

このように、製造業の法人フランチャイジーは全体的に本業とフランチャイズ事業との関係が薄く、主に外食系の本部を選択していることが分かった。

9 建築業とフランチャイズ

広義の建築業には、土木建築業を本業として営む法人と、設計や左官業、電気工事などの建築関連事業を本業とする法人とがある。前者が26社、後者が16社の計42社を確認することができた。

土木建築業

まず土木建築業を見てみる。これには公共事業系の土木工事を行う企業もあれば、住宅の建築を柱とする企業もあり多様であったが、事業内容によって本部選択の傾向に違いは見られなかったので一括りにして捉えたい。

表7−1（185ページ）では、土木建築業を本業とする法人はA3型とB2型が多くなっている。B2型が多いことは、いうまでもなく本業とは関係性が低い本部に加盟している法人が多いことであり、それゆえ本業とは切り離して子会社化している（A3型）法人が多くなっている。したがって、A3型もB2型も内容的にはほぼ同じである。

表7−4で加盟業種を見ると、やはり本業とは無関係な外食系のフランチャイズに加盟する法人が多く見られる。さらには、コンビニや中古品といった小売業も見られる。これらがB2型やA3型の中身である。

表7−4　本業の業種別加盟傾向─小売業を除く主要業種（続き）─（上段：延べ加盟社数、下段：店舗数）

本業		ファストフード	レストラン系	カフェ系	他飲食	CVS	レンタル	中古品	他小売	学習塾	介護福祉	ネットビジネス	他サービス	携帯店
建築 40社	土木建築 26社	3	9	8		2		3	1	2	1	3	8	
		56	88	35		54		16	2	3	1	20	35	
	建築関連 16社	3	5	5	2			1	2	2		2	3	4
		18	22	10	10			4	2	4		10	22	21
鉄道 36社		14	15	19	9	16	2		10				5	
		165	68	162	52	865	17		45				31	
レンタル 20社		6	3	2	1		8	3		2		1		
		26	14	7	60		56	9		6		2		
教育 15社							1			14		1		
							4			203		9		
パチンコ 11社		2	7	7	1	2		1		2			2	
		37	21	26	1	6		5		78			10	

注）グレーに着色したものは都が異業種の中で加盟社数が多いもの。「他飲食」はベーカリー、持ち帰りなど。
出所）データベースを基に筆者作成。

　土木建築業者がこのようなフランチャイズ本部に加盟する背景には、純粋な多角化戦略に基づいた加盟もあるが、元々外食業や小売業のフランチャイズの店舗建設を請け負っていた（指定業者になっていた）ことや、自前で低コストでの店舗建設が可能なことから加盟したというケースも見られる（ヒアリング）。

　また、この業界では、資金回収までの期間が長いために資金の回転が悪いというのが一般的である。そこで、日銭が稼げる外食業などに魅力を感じやすいとされ、手軽にはじめられる外食系のフランチャイズに加盟することでキャッシュフローを確保したいという狙いがあるという声も聞かれた（ヒアリング）。

　一方、本業と関係性が高い B1型も５社見られたが、これは**表７−３**では「他サービス」に分類されている不動産仲介のフランチャイズ加盟や、保険のフランチャイズ加盟がこれに当たる。これらは、住宅購入希望者へのサービスの充実や顧客の囲い込みを狙った加盟である。

　以上のように、土木建築会社の選択には、店舗建築を介したものやキャッシュフローの改善を狙ったものが見られる点に特徴があるほか、住宅建築会社では不動産仲介や保険といった顧客サービスを充実させる視点からもフランチャイズ本部が選択されていることが分かった。

建築関連

　この業種は、総じて土木建築よりも企業規模が非常に小さいことが特徴である。それゆえ、**表７−１**を見ると A3型のようなタイプは少ない。また、B2型への偏りが目立つことや、A2型の転業型が見られる点が土木建築とは異なっている。

　表７−４で加盟業種を見ると、全体的に加盟業種の幅は広いが、外食系が多い一方で携帯電話店（代理店）がやや多くなっていることが特徴となっている。左官業や電気工事業など、特に小規模業者にとっては競争が激しく経営が苦しい業界が多く含まれている。それゆえ、本業との関係性とは無関係に新規の事業領域の探索的な加盟が多く、それが加盟業種の幅を広げている。

10 鉄道業とフランチャイズ

　表7-1（185ページ）を見ると、鉄道系の法人フランチャイジーはほぼすべてがA3型に属している。つまり、鉄道会社の子会社としてフランチャイズ事業を営んでいるのである。そもそも鉄道会社がフランチャイズ事業に参入する目的は二つある。一つは、駅ホームで展開していた売店（キオスク）を効率化することであり、二つ目はいわゆる「駅ナカ」（駅構内・駅近隣）の小売・飲食スペースの運営を効率化することである。その目的に応じて、子会社を複数設立している鉄道会社も多い。

　表7-4を見ると、鉄道系の法人はコンビニのフランチャイズに加盟しているものが多く見られるが、これが駅ホームの売店（キオスク）をコンビニ化するための加盟である。最大のものは、JR西日本の子会社である「ジェイアール西日本デイリーサービス」（兵庫）であり、駅構内に「セブンイレブン」を220店舗展開している。JR西日本では、このほか広島、岡山、金沢地区で、それぞれ別の子会社が「セブンイレブン」を計86店舗運営している。

表7-5　鉄道事業会社のコンビニの提携状況

コンビニ名	鉄道会社	地下鉄・モノレール
ファミリーマート	JR九州、西武鉄道、東武鉄道、京成電鉄、相模鉄道、つくばエキスプレス、名古屋鉄道、近畿日本鉄道	多摩都市モノレール、仙台市営地下鉄、東京都営地下鉄、横浜市営地下鉄、名古屋市営地下鉄、神戸市営地下鉄、京都市地下鉄
セブンイレブン	JR北海道、JR西日本、JR四国、京浜急行鉄道、神戸電鉄、小田急電鉄	大阪モノレール、神戸電鉄
ローソン	東急電鉄、西日本鉄道、山陽電鉄	東京メトロ、大阪メトロ

出所）各種資料を基に筆者整理。

208

　2位はJR九州の子会社「JR九州リテール」（福岡）で、「ファミリーマート」を210店舗展開している。この法人は駅構内のみならず駅外にも出店しており、「ファミリーマート」の北部九州のエリア本部として機能している点が特徴である。さらには「近鉄」の子会社である「近鉄リテーリング」（大阪）も、「ファミリーマート」を駅構内で98店舗展開している（以上の店舗数はすべて2020年時点）。

　表7-5を見ると、多くの鉄道事業会社がコンビニと提携関係にあることが分かる。多くの場合、子会社がコンビニとの間で加盟契約を結んだり、「駅ナカ」の売店の共同運営契約を結んだりしているのである。後者の場合は、通常の加盟契約とは異なるものとなっている。

　また、この表からは、ファミリーマートが最も積極的に多くの鉄道事業会社と提携していること、そして地下鉄やモノレールとも多数提携していることも分かる。なお、駅ナカやホーム上のコンビニは、スペースが小さいこと、営業時間が鉄道の運行時間と連動すること、乗降客数の多寡が売上高に大きく影響することなどが特徴となっている。

　ところで、鉄道会社の子会社は、売店のみならず駅ナカの飲食スペースの運営にも関与しているところが多い。**表7-4**（205ページ）でも外食系の業種への加盟が多く見られた。ただし、これまで述べてきた業種とは異なり、カフェ系のブランドに加盟する法人が多く見られるのが特徴となっている。

　店舗数で見てもファストフードとカフェ系が多い。これは、駅ナカのテナントスペースがレストラン業態には向いていない狭小なものが多いことや、消防法の規制による関係で厨房が構築できないスペースが多いことなどが影響している。

　このように、鉄道事業会社を親会社にもつ法人フランチャイジーは、駅ナカの不動産の活用を念頭に置いて本部選択を行っていることが確認できた。

11 レンタル業とフランチャイズ

　レンタル業は20社あるが、内訳は清掃具レンタル（ダスキンやサニクリーン）の加盟法人が10社、レンタカー業者が6社、その他のレンタル業（CD、衣料品など）が4社となっている。

　表7−1（185ページ）を見ると、ほとんどが本業との関係性が薄いB2型であった。表7−4で加盟業種を見ると、レンタル業と外食系が多く見られる。このレンタル業とは、業務用特殊レンタカーを本業とする法人が乗用車のレンタカーのフランチャイズに加盟するケースや、清掃具レンタルを本業とする法人がレンタカーのフランチャイズに加盟するケースである。また、レンタカー業者が中古車のフランチャイズに加盟するケースも見られた。

　なお、外食業ではファストフード業態が多かったが、これにはダスキンの法人フランチャイジーが、同じ「ダスキン」が本部となっている「ミスタードーナツ」に加盟しているケースが多く見られた。「ミスタードーナツ」は、「ダスキン」のフランチャイジーに加盟勧誘を行ったとされることから、本部の純粋な自主判断による加盟とは異なるものと見なすことができる。

　以上のことから、レンタル業を本業とする法人は、同じレンタルの異業種に加盟する（選択する）傾向が明らかとなった。

12 教育業とフランチャイズ

　教育業を本業とする（した）法人は、15法人中13法人が集団指導方式の学習塾であった。表7−1ではB1型が多いが、表7−4で加盟業種を見ると15社中の14社が学習塾（予備校含む）のフランチャイズに加盟している法人であった。では、なぜ学習塾を本業とする法人が同じ学習塾や予備校といった教育系のフランチャイズに加盟するようになったのか、その経緯を説明しておきたい。

　1960年代から各地で急速に拡大した従来の個人経営の学習塾は、１人の講師が多数の子どもを教える集団指導方式をとってきたが、1990年代に入ると第２次ベビーブーム世代の生徒たちが塾の適齢期を過ぎてゆき、大手塾との競争も激しくなって生徒募集に苦戦をするようになった。また、そもそも集団指導方式は、学力志向が高い生徒に受験指導を行うのには向いていたが、学習意欲がさほど高くない多くの生徒にとってはハードルの高いものであった。

　一方、教育業界では、1990年代以降に二つの新たな動きが顕著となった。一つは、2000年頃から個別指導方式の塾が拡大したことである。前述したように、従来は集団方式で一定の学力を向上させる指導を行うことが基本であったが、個別指導方式の塾は学力向上よりも日々の学習習慣を習得させることを目的とすることが基本となっており、自習形式を中心としたものであった。したがって、より幅の広い学力層の生徒が集められることが特徴となっている。そこで、集団指導方式の学習塾が、個別指導方式の塾にフランチャイズ加盟することで募集生徒の幅を広げようとするケースが2000年以降に急増した。

　二つ目は、1990年代から「東進衛星予備校」をはじめとする遠隔授業方式の予備校のフランチャイズが拡大してきたことである。それまで小・中学生を対象としてきた多くの学習塾にとっては、大学受験指導の領域は講師確保の点で手が出しづらいものであったが、ビデオやオンデマンド放送を使った有名講師による授業をウリにした予備校のフランチャイズの登場は、学習塾による大学受験分野への進出を可能とするものとなった。そのため、特に地方圏にある学習塾の加盟が相次いだ。

　このようにして、全国各地の学習塾は、個別指導方式の塾と遠隔授業方式の大学受験予備校のフランチャイズに加盟するようになってきた。これが、表7－4が示す内容である。したがって、教育を本業とする法人による教育業のフランチャイズ加盟は、そのすべてが本業の業容拡大あるいは本業の補完を目指した本部選択といえる。

　従来型の学習塾を本業とする法人の多くは、当初は独自の集団指導を残しながら個別指導方式や遠隔方式を活用していたが、近年はフランチャイズ事業に

多くを依存するところが増えている。ちなみに、これらの法人の創業年は1950年代から1980年代が多く（ベビーブーム世代への対応）、フランチャイズへの加盟年は2000年以降のものが多く見られた。所在地は地方圏がほとんどである。

　もちろん、これまで見てきたように不動産や建築といった教育以外の事業を本業とする法人による個別指導方式の学習塾への加盟も増えてきている。また、少子化も一層の進行を見せていることから、個別指導方式の塾同士、遠隔授業方式の予備校同士の競合も激しさを増してきている。

13 パチンコとフランチャイズ

　パチンコ業界では、1980年に登場した「フィーバー機」の登場により人気が沸騰し、その後の遊技機の技術革新と共に市場が拡大し、店舗の大型化や店舗数の増大が急激に進んだ。しかし、一方で射幸性が高くなったことで多重債務者が増加し、社会問題化して規制が厳しくなった。その結果、一時は30兆円まで膨らんだ市場も、1990年代の中盤を境にして縮小に向かった。店舗数も1995年の17,631店をピークに、2019年には9,639店にまで減少した（警察庁調べ）。

　そのようななかで、1990年代からは店舗にカフェや飲食店を併設して顧客の利便性を高める店が見られるようになったり、郊外の大型店では駐車場の一角に飲食店やカラオケ店を出店するなどして、集客力を高める動きも見られるようになる。この過程で、飲食系のフランチャイズへの加盟が進展したのである。

　しかし、近年、パチンコ業界では若い世代を中心とするパチンコ離れが顕著であり、店舗数の減少がさらに目立ってきている。したがって、店舗の複合化目的だけでなく、次なる事業領域を開拓することを目的としてフランチャイズ加盟が見られるようになった。たとえば、ファストフードやコンビニ学習塾などへの加盟である。

　表7-1（185ページ）では本業との直接的な関係性が低いB2型が多くなっているが、**表7-4**で加盟業種を見ると、レストランやカフェ業態などのほか、

212

他サービス（カラオケなど）への加盟が見られ、店舗の複合化に寄与する加盟が多いことがうかがえる⁽¹¹⁾。また、コンビニや学習塾など本業とはまったく無関係な新規事業開拓のための探索的な加盟も見られるのは、業界が歩んできたこれまでの厳しい状況を反映したものと推測される。

　以上のことから、パチンコを本業・前業とする法人は、2種類の本部選択行動をとってきたことが分かる。つまり、本業を間接的に強化する複合化目的での選択と、本業の衰退を補完する新規事業開拓のための選択である。

14 法人フランチャイジーの本業と本部選択の方向性

　以上、主要な本業ごとの業界特性（競争環境など）およびデータベースに見る法人フランチャイジーのタイプ類型と加盟業種の特性を捉え、本業と本部選択行動との関係性を検討した。それをまとめると**表7-6**のごとくとなる。

　この表からは、本業の業種ごとに本部選択の方向性が大きく異なること、本業の業界動向や競争環境が本部選択の方向性に影響することがうかがえる。すなわち、業界でしばしば指摘されてきた「業容拡大や多角化のための加盟」という表現の、具体的な内容が業種ごとに明らかになったのである。

　留意すべきは、この方向性は業種ごとにバラバラなわけではなく、業種ごとに異なる背景を有しつつも共通性が高いことである。表を基に本業と本部選択の方向性との関係を整理すると、以下の五つが浮上する。

❶本業補完目的の選択
❷本業強化目的の選択
❸本業継続目的の選択
❹新規事業開拓目的の選択
❺地域市場対応目的の選択

　以下、順に説明していきたい。

表7−6　本業と本部選択との関係

本業		業界動向	本部選択の方向性	主な加盟業種
小売	石油ガス	苦境	本業補完、新規事業開拓（付加）	中古車買い取り、レンタカー
	食品	競争激化	本業強化・補完、地域市場対応	飲食系、映像レンタル、ディスカウント
	家電	苦境	新規事業開拓（転業）	リユース（ハードオフ）
	書籍	苦境	本業強化・補完、地域市場対応	カフェ、映像レンタル、古書
	酒	苦境	本業継続	コンビニ、スーパー（業務スーパー）
	薬局	競争激化	本業補完（コンセプトの連続性）	フィットネス
	ホームセンター	競争激化	本業強化	100円均一ショップ、映像レンタル、リユース
	コンビニ	競争激化	本業継続	大手コンビニ
卸売		苦境	新規事業開拓（転業、付加）	食品卸の場合は飲食系など
不動産		競争激化	本業強化	不動産仲介
飲食		競争激化	本業補完	大手飲食チェーン
自動車	販売	−	本業補完	中古車買い取り、カー用品・整備店
	整備	−	本業強化	中古車買い取り、カー用品・整備店
	部品	−	本業継続	カー用品・整備（オートバックス）
建築	製造	−	新規事業開拓（付加）	飲食系、サービス系
	土木建築	−	本業補完（財務改善）	飲食系
	建築関連	−	新規事業開拓（転業、付加）	飲食系、携帯代理店
	鉄道	−	本業補完（駅ナカ開発）	コンビニ、飲食系
レンタル		−	新規事業開拓（付加）	レンタカー
教育		競争激化	本業補完	個別指導塾、遠隔授業予備校
パチンコ		苦境	本業強化、新規事業開拓（付加）	飲食系、サービス系

出所）筆者作成。

（1）本業補完目的の選択

　石油ガス小売（ガソリンスタンド）、薬局、飲食、土木建築、教育、鉄道などを本業とする法人では、事業の幅を広げ、本業との相乗効果が期待できる補完的なフランチャイズ本部が選択される傾向が見られた。

　たとえば、ガソリンスタンドの場合は、中古車買い取りやレンタカーなど給油顧客の利便性を高める本部に加盟し、顧客を囲い込む戦略がとられていた。薬局の場合は、本業が有するコンセプト（イメージ）との連続性が理解されやすいフィットネスに加盟して、補完的に業容拡大する戦略がとられていた。飲食の場合は、自前で展開する飲食業態とは異なる飲食業態に加盟することで、飲食事業領域の幅を効率的に広げる戦略がとられていた。自前で展開する業態での収益に依存するだけでなく、補完的に多様な業態を組み合わせることで、経営を安定させようとするものである。

　土木建築の場合は、資金の回転が遅いことからキャッシュフローの改善が期待できる外食系の本部が多く選択されていた。店舗建設が自前でできるため、コストが抑制できる点も加盟のメリットとなっている。教育の場合は、集団指導方式の学習塾を補完する本部が選択されていた。すなわち、個別指導方式の学習塾のフランチャイズに加盟したり、小・中学生を対象とした学習塾が高校生を対象とした遠隔授業方式の予備校のフランチャイズに加盟するなどして、募集する生徒層を拡大する戦略がとられていた。

　そして、鉄道会社の場合は、駅ナカの飲食・小売業を効率化するために、コンビニやファストフードチェーンのフランチャイズに加盟し、顧客の利便性を高める戦略がとられていた。

　このように、本業の業績自体に直接影響するわけではないが、本業との関連度が高く、本業を事業領域面や財務面で補完する機能を果たす本部を選択する方向性の存在が明らかとなった。

（2）本業強化目的の選択

　食品（スーパー）、書籍小売、ホームセンター、不動産、自動車整備、パチンコを本業とする法人では、本業の競争力を高めて業績を向上させることができるフランチャイズ本部が選択される傾向が見られた。たとえば、食品（スーパー）、書籍小売、ホームセンター、パチンコでは、本業の店舗内に飲食のフランチャイズ店を併設して複合化させ、集客力を高めるという戦略がとられていた。スーパーの場合ならファストフードやベーカリー、レストランなどを、書籍小売の場合ならカフェを、ホームセンターの場合なら100円均一ショップや映像レンタル店などを、自身が加盟者となって店舗内に併設することで本業への集客力を高める（強化する）戦略がとられていた。

　また、このような異業態との複合化による本業強化策ではなく、より直接的に本業の機能強化やノウハウ向上を図るものも見られた。たとえば、不動産仲介業の法人の場合は、同じ不動産仲介業のフランチャイズに加盟して物件情報の収集機能を高めたり、自動車整備の法人の場合は、板金塗装や車検のフランチャイズに加盟してノウハウを向上させる戦略がとられていた。

（3）本業継続目的の選択

　酒小売、コンビニ、自動車部品（カー用品）を本業とする法人では、本業の競争環境が厳しくなり、劣勢を強いられるなかでいかにして事業の継続をするのかが課題となったが、そのような業種では、本業を継続可能な本部が選択される傾向が見られた。たとえば、酒小売店の場合は、1970年代から2000年代にかけては酒販免許が活かせるコンビニに加盟する戦略がとられ、それ以降はやはり本業が継続できるディスカウントスーパーに加盟する戦略がとられた。

　コンビニ本部の場合は、加盟店の経営の維持・発展を期し、本部業を廃して

---

(11)　B1型に分類することも可能であるが、本業との関係性が曖昧な（遠い）ものも多いためB2型に分類してある。

大手のコンビニチェーンに加盟する（傘下に入る）ことによって生き残る戦略がとられていた。また、自動車部品（カー用品）の場合は、同業の大手カー用品販売チェーンに加盟することで本業を継続する選択がなされた。

　このように、本業の継続にこだわる業種では、本業継続の視点から本部を選択する方向性が存在することが確認できた。

（4）新規事業開拓目的の選択

　新規事業開拓には、本業の多角化と転業という二つの種類があった。前者は本業を継続させつつ新たな事業領域を付加するものであり、後者は本業の代替として新たな事業領域を探索するものである。前者に相当するものには、石油ガス小売、製造、レンタル、パチンコであり、後者に相当するものは家電小売、そして付加と転業の両方があるものには卸売りと建築関連があった。

　まず、本業に新たな事業を付加する目的での加盟では、本業とは関係性のない本部が選ばれるが、その場合はノウハウの取得のしやすさ（運営のしやすさ）、収益性のよさ、投資回収までの期間の短さなどが個別に判断されていた（ヒアリング）。ただし、レンタル業については異業種のレンタル業が選択されることが多く見られた。これには、同業として収益性などの目利きがしやすいことが背景にあるものと推察できる。

　次に、転業を視野に入れて新たな事業の柱を探索するための加盟である。これは家電小売業で顕著に見られたが、卸売業や建築関連業の一部にも見られた。家電小売業は、大手量販店が圧倒的な価格上の競争優位をもっていたため、中小の小売店は生き残れないことが明白であったことによる。また、卸売業も建築関連業も小規模事業者は生き残りが難しく、本業の転換を模索する際にフランチャイズを選択する傾向が見られた。

　このように、本業が苦境に陥ったり、競争激化などで成長が望めなくなった場合は、新規事業開拓の視点からフランチャイズ本部を選択する方向性が存在することが分かった。ただし、新規事業開拓は、総じて探索的でリスクを含ん

だ意思決定になることから、そのリスクをどのようにして減少させるのかが課
題となる。実際、本部の選択にあたっては、本業との何らかの接点を重視する
傾向も見られた。

（5）地域市場対応目的の選択

　これは地方圏で見られるものであるが、地方圏の食品小売、書籍小売などで
は、本業とは無関係に新しい事業領域の本部が選択されることがある。これは、
地域の老舗企業あるいは大手企業として、地域内で生じている新たな消費者ニ
ーズに積極的に対応しようとする姿勢が背景にある。いわば、そのようなニー
ズに対応できる企業が少ない地方圏における社会的な使命感であり、地域の消
費者の生活向上に寄与したいという経営者の思いでもある。たとえば、食品ス
ーパーが映像レンタル店やディスカウント・スーパーの本部に加盟したり、書
籍小売店が外食やフィットネス、学習塾などの本部を選択するケースである。
　このようなケースでは、フランチャイズ本部の選択に際しては、本業とは無
関係に地域に必要な業種・業態の本部が選択されることになる。

　以上、法人フランチャイジーの本部選択問題について述べてきた。この加盟
者による本部選択問題はこれまで研究がなされてこなかった課題であるが、そ
れを理論的に検討する際には、これまで述べてきたような実態を念頭に置いて
おく必要があるといえる。

第8章

法人フランチャイジーにおける
意思決定の実態

1 本章の課題

　フランチャイズ研究の新しい課題についてはすでに序章で述べた通りであるが、ここで改めて振り返っておきたい。

フランチャイズ研究の新しい課題
　課題1　本部が加盟者として個人を選ぶか法人を選ぶかという選択問題
　課題2　多店舗を運営する法人フランチャイジーの意思決定の特性
　課題3　加盟者側からの本部（ブランド）の選択問題
　課題4　本部と加盟者間のパワー関係問題
　課題5　アメリカと日本のフランチャイズの相違

　本章では、法人フランチャイジーへのヒアリング調査の成果を基に、「課題2」、「課題3」、「課題4」に焦点を当てて検討したい。なお、「課題1」については本部に対する本格的な調査が必要となるほか、「課題5」については補章で一部を明らかにしたが、本格的に取り組むにはアメリカでの実態調査が必要となるため、これらについては今後の課題としたい。

　ヒアリング調査の詳細は第4章で述べたが、再度ポイントだけ記しておく。ヒアリング実施法人数は78社であり、専業型が47社（60.3%）、兼業型が31社（39.7%）、およそ6対4という比率であった。本社所在地は東北から九州に至るが、三大都市圏の法人が全体の約6割、地方圏が約4割という構成であった。また、面談者は代表者（代表取締役）が59法人（75.6%）、フランチャイズ事業部門の責任者（担当役員、部長など）が19法人（24.4%）であった。

　ヒアリング方法は、半構造化インタビューの手法を用い、あらかじめ用意した共通質問項目をベースとしつつも、話の内容や法人の特性に合わせて、適宜テーマを絞って深い聞き取りを行った。ただし、ヒアリング調査は、法人名を公表しないことを前提に依頼して許諾してもらったことから、以下の記述においては、原則として法人名の表記は行っていないことを断っておきたい。[1]

2　多店舗を運営する法人フランチャイジーの意思決定の特徴（課題2）

　個人フランチャイジーと法人フランチャイジーとの意志決定の違いについては、第1章で整理したように、①資金調達力の差、②人材確保力の差、③店舗不動産確保力の差、④事業リスクへの対応力の差、⑤経営者としての経験蓄積の差といった事項に表れている（48ページの**表1-1**参照）。

　さらに、ヒアリング調査では、組織を存続・発展させる責任および従業員の雇用を継続させる責任に基づいた視点からの発言が多かった。つまり、個人フランチャイジーのように、自身の生活向上（収入増加）や生活安定のための視点ではなく、組織の責任者としての視点から意思決定を行っている実態が明らかとなった。

　たとえば、複数ブランドへの加盟の理由を尋ねると、「企業成長のためには複数の事業の柱（成長エンジン）が必要だったから」、「複数ブランド加盟のほうが経営リスクが低下するため」、「従業員に仕事の選択肢を与える（それによりモチベーションを上げる）ため」、といった回答が多く聞かれた。また、「法

人フランチャイジーとして多様なノウハウとモノサシ（目利き力）を獲得するため」といった回答もあった。

　投資姿勢に関する質問においては、資金調達力の大きさを背景とした発言が目立った。たとえば、「初期投資が1億円を超えるブランドでも、地域市場での競争優位性が見込めれば加盟する」、「赤字の店舗であっても必要な追加投資は行う」といった回答が多数聞かれた。基本的には、法人規模の大小に関わらず、総じて必要な投資は多少の無理をしてでも行うという意思が明確であった。

　しかし、一方では資金の管理についての意識も高く、「バランスシートの状態を常に意識している」、「ROI（投資収益率）の目安を決めて判断している」、「借り入れと返済とのバランスに注意しつつ加盟・出店している」、「現状の資金の回転状況から見て負担が大きなブランドには加盟しない」といった回答が多かった。また、投資回収期間について一定の目安を決め、それをブランド選択の基準としている法人も多く見られた。このような財務管理への意識の高さは、大規模な法人フランチャイジーほど強いという傾向がうかがえた。

　以上のことから、今後のフランチャイズの理論的研究においては、このような法人フランチャイジーの意思決定の特徴とその背景を考慮することが求められているといえる。

3　加盟者側からの本部（ブランド）の選択問題（課題3）

　これまでのフランチャイズ研究では、本部が加盟者を選択する問題は議論されてきたものの、加盟者が本部（ブランド）をどのような視点から選択するのかという問題については検討されてこなかった。そこで、今回のヒアリング調査では、本部やブランドの選択基準について質問を行った。選択基準は、「最

⑴　加盟本部への配慮や、黒子としての意識の強さ（日頃から社名を出してフランチャイズ店を運営しているわけではないこと）などからヒアリングを忌避するところが多かったため、原則的に企業名が特定できない形にすることを条件として依頼した。

222

初のブランド選択」の場合と「二つ目以降のブランド選択」とでは異なる回答
を得たことから、この二つを分けて整理する。

（1）最初のブランド選択

表8-1は、最初の加盟ブランドの選択要因、その最終的な決断の理由をヒ
アリングで尋ねた際の回答を筆者が整理したものである。

一番多かったのは、法人の代表者や担当責任者が、「業態や提供メニュー・
サービスに魅力を感じた」というものであった。これは、客観的な指標に基づ
いて評価したというよりも、最終的には当該ブランドへの個人的な思い入れ
（好み）や直感で決めたことを意味する。

一見するといい加減な選択のようにも思えるが、必ずしもそうではない。ヒ
アリングでは「好きなブランドなら苦労もいとわない」、「好きなブランドなら

表8-1　最初のブランド選択要因（78法人）

	動　機	A1	A2	A3	B1	B2	計
1	業態やメニュー・サービスに魅力を感じた	5	7	1	2	7	22
2	ビジネスモデルに魅力を感じた	2	4		2	6	14
3	加盟開発コンサルタントや銀行から勧められた		2	1		6	9
4	親会社の意向			8			8
5	本部との取引関係があった					8	8
6	本部と加盟条件が合致した、理解があった		4	4			8
7	本部（創業者）の理念・考え方への共感	5	2				7
8	本部の社員だった	2					2
	計	14	19	14	4	27	78

出所）ヒアリング調査に基づき筆者作成。

失敗しても後悔しないことが重要」といった声も多く聞かれ、事業選択リスクに対する経営者の覚悟が反映した回答と理解するのが妥当であろう。というのも、ヒアリングでは「ブランド選択の成否は立地次第」、「机上の計算やシミュレーションだけでは分からない」、「やってみないと分からない」とする声も多く聞かれ、ブランド選択は不確定要素が多く、リスクが避けられないことから、むしろ最終的な責任を経営者や担当責任者が負うことになった場合、どのように自分を納得させるのかが課題となっているのである。その意味では、これが最も正直な回答だと考えられる。

　これに対して、2番目に多かった「ビジネスモデルに魅力を感じた」という回答は、本業や前業のノウハウとの共通性、在庫管理の容易さ、人材確保の容易さ（職人依存度の低さ）、マニュアルの整備度の高さ（ノウハウ習得の容易さ）といった運営上のメリットや、キャッシュフローが得やすいといった要件を冷静に評価したものである。

　特に転業型の法人では、前業で苦労した点が解消できるモデルになっているかどうかに着目したものが多かった。たとえば、レストランの経験者がフランチャイズ事業を選択する際には、調理人のコントロールに苦労した経験を踏まえて、調理に関する特別なノウハウを必要としないことを絶対条件として選択していた。また、第7章でも述べたごとく、ガソリンスタンドや酒小売店を営んでいた法人では、前業との関係性をにらみながらブランド選択した法人も見られた。さらに、建設関連業など資金の回転が悪い業種を本業とする法人では、キャッシュフローを改善するといった視点からブランド選択が行われていた。

　3番目の「加盟開発コンサルタントや銀行から勧められた」は、具体的には第3章で述べたベンチャー・リンク社の加盟開発営業を受けてフランチャイズ事業を開始したところがほとんどであった。それらのなかには、「フランチャイズ事業についてはまったくの素人だったので、ベンチャー・リンク社から勧められたブランドに加盟した」と述べた法人も5社見られた。そのほか、「銀行に相談して勧められた」ケースも2社あった。これらは、ブランド選択のための研究を多少は行ったものの、最終的な判断ができなかったため、詳しい外

224

部機関に判断を依存したケースといえる。

　最初のブランド選択は、フランチャイジーにとっては重要な意思決定であるため、自社で研究して選択するのが原則であろう。しかし、現実には、最初のブランド選択については外部機関の言い成りであったケースも見られた。

　4番目から6番目までは同数であった。6番目の「親会社の意向」との回答は、すべてフランチャイズ事業を開始したあとに分離独立させた子会社によるものであり、いわば当然の回答といえる。5番目の「本部との取引があった」は、法人が本部に商品（食材や包材）を納入している業者の回答であった。

　一方、本部がブランドを立ち上げた際、信頼のある加盟者を確保する観点から取引（納入）業者に加盟してもらったケースも見られた。「本部の親会社とのお付き合いで加盟した」という回答も複数あったが、それはこのような本部側からの直接的な要請による加盟である。

　逆に、本部の親会社と取引関係がある法人が、親会社に依頼して加盟を認めてもらったケースも複数見られた。これは外資系の飲食チェーンなど、加盟希望が多かった人気チェーンのケースである。なかには、卸売業を本業とする法人が、本部と新たに取引を開始したいがために加盟したケースも1社あった。

　6番目の「本部と加盟条件が合致した、理解があった」は、いくつかの同業種の本部と交渉するなかで、法人側が希望する条件を本部側が了承してくれたことでブランドが決まったケースである。この8社はコンビニへの加盟というケースが多かった。通常は、本部との加盟条件の交渉は不可能であるが、たとえば鉄道の駅ナカ店舗（売店）を運営する法人や中堅のコンビニ本部の場合は、多くの既存店舗を所有しているためにそれが可能となる[2]。この8社のなかに、鉄道系の法人が4社、中堅のコンビニの本部やエリア本部が2社見られた。

　7番目の「本部（創業者）の理念・考え方への共感」は、フランチャイズで起業した法人やフランチャイズに転業した法人に見られた。このような法人では複数加盟が少なかったというのが特徴であり、経営者の本部に対する忠誠心の高さがうかがえた。全7社中、当該ブランドへの単独加盟は5社であったが、残りの複数加盟法人2社の場合も、店舗数では当該ブランドが圧倒的多数を占

めている状態であった。このようなタイプの加盟は、逆に兼業型では見られなかった。兼業型の場合は、社内の合意形成の理由にはなり難いと推察される。

　8番目の「本部の社員だった」は、社員独立制度を利用したものが1社、自主判断で独立したものが1社であった。ただし、これとは別に、父親が加盟したあとに後継者候補の子息が本部に入社したケースも2社見られた。これは、加盟ブランドに対する理解を深めると共に、本部との関係を強化するためである。両ケースとも、現在は2代目の経営者となっていた。

（2）　2番目以降のブランド選択基準

　2番目以降のブランド選択基準については、最初のものとは大きく異なり、ブランド選択の基準がより明確になる傾向が見られた。すでにフランチャイズの経験があるため、ブランドの特性に対する目利き力が増大し、各法人が明確な指標を設定するようになったことによる。

　次ページに掲載した**表8−2**は、その評価基準を整理したものである。複数ブランドに加盟している60法人に対して、複数の基準を挙げてもらった。その結果、評価基準は「本部に対する基準」、「ブランドに対する基準」、「自社戦略に基づく基準」の三つに大別することができた。

本部に対する評価基準

　まず本部に対しては、1番の「本部の姿勢・理念・考え方」を挙げるところが多かった。本部の姿勢とは加盟者に対する姿勢であり、本部が加盟者をしっかりと支援するかどうか、本部が地方市場の特性や立地特性への配慮を行うかどうか、つまり標準モデルの変更に柔軟に対応してくれるかどうか、といった

⑵　前者は駅ナカの売店をコンビニに転換する目的で加盟交渉をした法人であり、後者は大手コンビニチェーンにブランド転換（メガフランチャイジー化）する際に、法人側から提示した加盟条件を受け入れてくれたブランドに加盟したケースを指す。

表8－2　2番目以降のブランド選択時の評価基準（60法人、重複回答）

		ブランドの評価基準	A1	A2	A3	B1	B2	計
1	本部	本部の姿勢・理念・考え方	1	5	1		2	9
2		同じ本部が提供するブランドであるか	1				2	3
3	ブランド	オペレーションの容易さ	3	4	2		7	16
4		競争優位性・ブランド性の高さ	2	3	2	1	3	11
5		投資額の小ささ・投資回収までの短さ	1	5	1		3	10
6		将来性・成長可能性	3	4				7
7		長期の持続性が見込める業態（流行追わず）	1	3			2	6
8	自社戦略	保有する店舗・土地との適合性	4	1	6	1	3	15
9		コンサルタント会社の勧め	1	1			8	10
10		本業との親和性やシナジーの高さ				1	8	9
11		地域市場におけるニーズ	1	1	1		4	7
12		人材確保のしやすさ	1	1			4	6
13		既存のノウハウや人材の活用の可否		4	1	1		6
14		新たなノウハウが獲得できるかどうか	2	1	2			5
15		現状の人材・人員で運営可能かどうか	1	1			1	3
		計	22	34	16	4	47	123

出所）ヒアリング調査に基づき筆者作成。

ことである。また、創業者や経営者の理念や考え方に共感がもてるかどうかを基本要件としている法人も複数あった。これは、本部の社長の人格や人間性が信頼できるかということを意味する。

　このように、本部の経営者を評価する法人は転業型のB2型が多かった。今一つの評価基準は、2番の「同じ本部が提供するブランドであるか」であった。加盟者にとっては本部との緊密な関係づくりが重要であることから、そのために最初のブランドと同じ本部の異なるブランドに加盟するのが有利という回答であった。

ブランドに対する評価基準

　次に、ブランドに対する評価基準のなかで最も多かったのは、3番の「オペレーションの容易さ」であった。要するに、ノウハウ上の熟練が不要で、アルバイトでもすぐに習得できるかどうか、兼業型なら素人の現有社員に店舗運営ができるかどうか、ということである。このオペレーションのなかには、外食の場合、在庫管理のやりやすさ、厨房機器の扱いやすさ、調理のしやすさなどが含まれていた。このような回答は、ノウハウや経験をもたない兼業型のB2型に多く見られた。

　次に多かったのは4番の「競争優位性・ブランド性の高さ」である。ただし、ヒアリングでは法人によって具体的な指標はさまざまであった。競争優位性の高さの目安として、業態・メニューの模倣困難度の高さ、時代の流れへの適合度などを指摘した法人があった。また、ブランド性の高さを測る数値指標としては、業態内でのシェアの大きさと店舗数の多さが挙げられた。

　さらに、5番の「投資額の小ささ・投資回収までの短さ」を挙げた法人も多く見られた。これは、流行の変化が早いためにブランドが長続きしないことを前提にした意見で、投資の小ささや短期回収が選択のポイントになる、とする回答が少なくなかった。特に、ショッピングセンター内は契約期間が6年と短いため、6年以内に投資を回収し利益が出ることが条件となっていた。

　一方、7番の「長期の持続性が見込める業態」への志向も見られた。また、流行を追うブランドと、長期安定型のブランドとをうまく組み合わせることが重要とする回答も複数あった。

　ところで、以上のものとは異なり、6番の「将来性・成長可能性」は法人フランチャイジーが本部を育てるという視点を含んだ評価基準である。後述する「4　本部と加盟者間のパワー関係問題」の節でも述べるが、大規模フランチャイジーやメガフランチャイジーのなかには、本部側を成長させるパワーが自社にはあるといった認識をもつ法人も少なくなかった。そのような視点から本部の将来性や成長可能性を判断して、「ブランドを育てたい」という意味が含まれている。このような回答は、専業型の法人ならではのものであり、兼業型では聞かれなかった。

自社戦略に基づく評価基準

　本部やブランドに対する評価基準と共に多く挙げられたものは、法人側の事情に基づく評価基準である。そのなかでも多かったのが、8番の「保有する店舗・土地との適合性」であった。これは、すでに保有している物件、自社店舗の閉店跡地、あるいはディベロッパー側から勧誘を受けたスペースなどを前提としてブランドを選択することである。

　なかには、条件のよい物件があると先に賃貸契約を行い、家賃を払いつつ最適なブランドを探すという法人もあった。また、最初に加盟したものが郊外型モデルだったので、次は都心立地型のブランドを探したといった、立地タイプでブランドを選定した法人も少なくなかった。鉄道の駅ナカスペースやショッピングセンターのテナントスペースの運営を行う法人では、このように立地を前提とした基準で選ぶ傾向が強かった。

　最初のブランド選択と同様に、9番の「コンサルタント会社の勧め」に従って選択したという回答もあったが、これは兼業型の法人に多かった。副業的にフランチャイズ事業を行っている場合は、外部に判断を依存する傾向があることを示している。しかし一方で、同じ兼業型でも10番の「本業との親和性やシナジーの高さ」を明確に意識して選択している法人も多かった。こちらが兼業型における本来の選択のあり方と言える。

　次に多かったのは11番の「地域市場におけるニーズ」である。これは、すべて地方圏に本社を置く法人の回答であった。当該の地方での生活スタイルを踏まえ、必要とされる商品やサービスを地域に提供して暮らしの質を上げたい、その地方にはまだない都会の先進的なブランドをいち早く開店することで人々の欲求に応えたい、地方の人々が喜ぶブランドを紹介したい、といった回答が聞かれた。地方圏特有の評価基準の存在が見えてくる。

　このような法人は、地方の有力企業が兼業でフランチャイズ事業を行っているケースに多く見られ（7社中4社）、以前から地域経済への貢献を意識している企業であることがうかがえる。

　また、12番の「人材確保のしやすさ」は、近年（コロナ禍以前）の人手不足

を反映したものである。外資系の外食業やカフェ、フィットネスクラブなどでは、アルバイトの採用も比較的やりやすいが、居酒屋系などは採用が難しいといった、業態やブランドで人の集まり具合に大きな差が出るという現実を踏まえた評価基準であるといえる。

　一方、ノウハウ確保に着目した評価基準もあった。13番の「既存のノウハウや人材の活用の可否」や14番の「新しいノウハウが獲得できるかどうか」というものである。前者は転業型（A2型）の法人で多く聞かれ、後者は専業型（A1〜A3型）で聞かれた。少数意見ではあったが、15番の「現状の人材・人員で運営可能かどうか」という基準は、これ以上の人材確保は困難であるということを前提とした回答である。これは小規模な法人フランチャイジーの回答であり、新規採用が難しいため現状のままで付加可能なブランドを選ぶという意味である。

　以上のように、2番目以降のブランド選択における評価基準は、最初のブランド選択と比較すると、かなり具体的にはなるものの、極めて多様な評価の視点が存在することも分かる。そもそも、何が最適なブランドなのかは、加盟者側の既存の経営資源の状況（資金、保有人材、保有物件、本業の種類、保有ノウハウなど）や、最初のブランドでの経験に規定される部分がある。また、ブランド特性に応じた立地（賃料条件含む）が確保できるか、あるいは開業後に市場特性や市場変化に応じたフランチャイズモデルの適正な修正ができるかといったことでも成否を分けることから、不確定要素が多いものとなっている。さらには、加盟ブランドが増えるに従って、既存のブランドとの組み合わせという問題も発生してくる。

　実際、加盟ブランド数が多い法人へのヒアリング調査では、業種・業態の組み合わせ、立地タイプの組み合わせ、投資回収期間の組み合わせ、ブランド寿命の組み合わせなどを考慮しつつ選択されていることが明らかになっている。このようなことが、**表8−2**（226ページ）のような多様な評価基準を生んでいるといえる。

（3）ブランド評価基準の背景にある閉店・撤退要因（フランチャイズのリスク）

ところで、2番目以降のブランド選択基準の多くは、過去の失敗に対する反省を踏まえたものであることもヒアリング調査で明らかとなった。つまり、失

表8−3　閉店・撤退要因（30法人、重複回答）

	要因		件数
1	不可抗力的要因	BSEで客数減少	5
2		道路交通法の改正	4
3		鳥インフルエンザで客数減少	1
4	本部要因	本部の方針転換・変質	5
5		戦略の失敗	5
6		本部の怠業、倒産	1
7		追加投資が過大になった	1
8	フランチャイズモデル要因	地域市場との不適合	6
9		モデル設計の悪さ	2
10		業態・ブランドの寿命	2
11		ブランド知名度の低さ	1
12	立地要因	立地選定の失敗	16
13		店舗物件の契約満了	4
14	雇用要因	採用難・人件費高騰	6
15	社内要因	他のブランドに集中するため	3
16		運営に手間かかり兼業が困難に	1
17		在庫管理の失敗	1
18		遠隔地で管理困難	1
19		従業員の不正	1
20		ブランドへの愛着の薄れ	1
	計		67

出所）ヒアリング調査に基づき筆者作成。

敗経験の裏返しとしての評価基準であることが多いわけである。そこで、ブランド選択基準の背景を理解すると共に、フランチャイズにおけるリスクの側面も理解するために、これまでの閉店や撤退（脱退）の要因についてヒアリングを行った。結果的には30社から回答が得られている。それを整理したものが**表8-3**である。

　閉店・撤退要因として挙げられたものは多様であったが、それを整理すると、「不可抗力的要因」、「本部要因」、「フランチャイズモデル要因」、「立地要因」、「雇用要因」、「社内要因」の六つに分けられる。

不可抗力要因

　表8-3で1～3番の要因は、BSE（牛海綿状脳症）や鳥インフルエンザといった伝染病の発生、道路交通法の改正といった法的規制の強化など、加盟時には想定の範囲外であった要因がもたらした閉店・撤退である。

　BSEについては、2003年12月にアメリカでBSEの疑いのある牛が発見されたことで、アメリカ産の牛肉を使用していた牛丼チェーンや焼肉チェーンで利用客の激減が生じる共に、メニューの提供ができなくなる事態が生じた。その後も、代替牛肉の入手が困難になったり、原価が上昇したりするなどの混乱が続いた。これを機に、閉店や脱退をした焼肉店のフランチャイジーが多かった。ヒアリングでも、5社での撤退事例が確認できた。

　また、2000年代の段階的な飲酒運転への罰則強化（2002年、2007年、2009年の道路交通法の改正）も大きな影響を与えた。これにより、郊外型の居酒屋店は来客数が減少し、見切りをつけて閉店や脱退をした法人フランチャイジーも少なくなかった。ヒアリングでも、脱退したケースが4社で見られた。

本部要因

　加盟後に4番の「本部の方針転換・変質」が生じて売上高や利益が低下し、閉店や脱退に追い込まれたケースが見られた。前者は、本部の経営者が交代したり、ファンドの傘下に入ったりしたことで加盟者に対する姿勢が変わったこ

とを指す。また５番の「戦略の失敗」とは、本部が売上低下を挽回する目的で
割引クーポンを乱発したことで加盟店の収益が悪化して閉店に追い込まれたケー
スや、本部が加盟金や食材の販売収入を増やすために過剰出店し、ブランド
内の競合が生じて閉店に追い込まれたケースである。

　６番の「本部の怠業、倒産」とは、経営者がフランチャイズ事業に注力しな
くなり、本部機能（新メニューの開発や広告など）が低下したために加盟者が
失望して離脱したケースである。さらに７番の「追加投資が過大になった」と
は、本部が店舗のリノベーションを頻繁に繰り返すようになり、加盟者が追加
投資の負担に耐え切れずに継続を諦めたケースである。

フランチャイズモデル要因

　これは、本部が設計したモデルに関する要因である。一番多かったのは８番
の「地域市場との不適合」であり、これはすべて地方圏で外食店を運営する法
人フランチャイジーの回答であった。本部の標準モデルが地域市場の実態に適
合しておらず、利益が出なかったとされるものである。つまり、メニューや価
格が消費者ニーズに合っていない、あるいは当該市場での競争優位性がないに
もかかわらず、本部側が修正を認めないケースである。

　たとえば、カフェの場合では、都心の店舗前通行量が多いエリアであれば本
部が想定した利益が出るものの、地方ではそのようなシミュレーションが成立
しなかったケースである。定食店の場合では、都心のサラリーマンが多いエリ
アでは本部の想定通りの利益が出るが、地方圏では家族連れが多くなって回転
率が低下し、利益が出なかったケースである。このようなケースは、本部の姿
勢やモデル修正への柔軟性のなさが原因でもあるため本部要因ともいえる。

　また９番の「モデル設計の悪さ」は、外食業では初期投資が過大となって投
資回収ができなかったこと、小売業では本部の要求で在庫が膨らんで利益が出
なかったことを指す。つまり、本部のフランチャイズモデルの設計自体に問題
があったという指摘である。

　さらに、ブランド性そのものがネックとなったという回答もあった。10番の

「業態・ブランドの寿命」や11番の「ブランド知名度の低さ」がそれである。10番は、長く運営するうちに、類似の業態が多数出現して競争が厳しくなったり、消費者に飽きられてしまったり、時代のニーズと合わなくなってしまったケースである。ヒアリングでは、「ブランドの衰退は避けられないものであるため、常に新しいブランドの探索が必要だ」とする声も多数聞かれた。

立地要因

　小売業や外食業は立地が重要というのは業界の常識であるが、一方で事前の立地評価には困難が伴うことも事実である。出店地の選定には本部側のチェックが入るため、フランチャイジーの自由にならないことが多いが、本部側が許可しても成功するとはかぎらない。ヒアリング調査においても、多くの法人フランチャイジーの経営者が、同じブランドの店舗でも立地によって収益に大きな差が出ること、郊外店と都心店とでは投資額やその回収期間に大きな差が出ることを指摘していた。

　このことは閉店要因にも反映されており、12番の「立地選定の失敗」が16社と最多を占めた。具体的には、近年増大しているショッピングセンター内のフードコート立地と、業態やブランドとの不適合を挙げたところが多かった。フードコートでは、調理がスピーディーで客回転がよいこと、投資回収が短期で行えること（契約期間が短く、ディベロッパーによるブランド入れ替えが多いため）などがブランド選択の基本条件となるが、独立店舗ではないためブランドが有するお洒落な雰囲気やイメージが顧客に伝わらない、価格だけで他のブランドと比較されてしまう、といった難しさも指摘された。また、宅配業態店についてもエリアごとの適・不適があるが、結局は出店してみないと分からないという指摘が複数聞かれた。

　13番の「店舗物件の契約満了」は、黒字であったにもかかわらず閉店したケースである。土地やビルのオーナーやショッピングセンターのディベロッパーが、契約更新を認めなかった場合を指す。これは、店舗の底地を賃借する場合において避けられないリスクといえる。なお、ヒアリングでは、ショッピング

センターは集客のために短期で飲食店を入れ替える傾向が強く、リスクも決して小さくなく、さらに退店の際の原状復帰はディベロッパー側の指定業者を使う必要があるためにコストが嵩むとされた。

雇用要因

　14番の「採用難・人件費高騰」は、コロナ禍以前には大きな問題となっていたが、ヒアリングでは大都市部と地方で事情が異なることも判明した。都市部では学生アルバイトへの依存度が大きいが、近年は小売・飲食業での人手の奪い合いが生じて、高賃金を提示してもアルバイトが集まらないことから、黒字であるにもかかわらず閉店に至ったケースが見られた。もちろん、立地によって学生アルバイトの集まりにも差が出るという指摘も多く、立地は集客だけでなくアルバイトの雇用にも大きな影響を与えていた。

　一方、地方圏では、大学が少ないため学生ではなく主婦などのパート労働力に依存する傾向が強い。それゆえ、小売・飲食業と製造業との間で雇用競合が生じている。製造業は定型業務が多いので人気があるが、小売・飲食業は複雑な業務をこなす必要があるのでパート労働力からは敬遠される傾向があるとされる。したがって、地方圏の店舗のほうが「雇用は逼迫している」という声も複数聞かれた。

社内要因

　閉店理由として、社内事情を挙げた法人も少なくなかった。15番の「他のブランドに集中するため」は、増えすぎた加盟ブランドを整理したケースである。特に大規模な専業型の法人フランチャイジーのなかには、新しい事業の柱を探索するために余剰資金で次々と新たなブランドに加盟していくものが見られ、結果的に資金や人的資源が分散し、全体の収益が低下する傾向も見られる。その意味では、選択と集中のための閉店は成長への必要なステップといえる。

　16番の「運営に手間がかかり兼業が困難に」というのは、外食店を運営する兼業型の法人のケースであった。社内の人材のなかに運営に適した者がいなか

ったのである。この法人は、その後、運営ノウハウがシンプルであることを評価基準に設定して新たなブランドを選択し、加盟している。

17番の「在庫管理の失敗」は、生鮮品の在庫管理が適正にできず、利益が出せなかったケースである。表8－2に示した「ブランド選択時の評価基準」の3番として挙げた「オペレーションの容易さ」のなかに在庫管理のやりやすさが含まれていたが、それを挙げた法人のなかには、在庫管理に苦労をした経験をもつところが多かった。それゆえ、原則的に在庫の消費期限がないアイスクリーム店は、在庫管理のしやすさという観点からフランチャイジーの評価が高かった。

18番の「遠隔地で管理困難」とは、遠隔地にある店舗のモニタリングコストが嵩んだために手放したケースである。同じブランドで多数の店舗を運営する法人フランチャイジーの場合は、本部側から業績の悪い店舗の再建を依頼される（譲渡される）ことが珍しくない。なかには、出店エリアを拡大する手掛かりとして、遠隔地の店舗をあえて引き受けるケースも見られる。しかし、その後の当該エリアでの出店拡大につながらなかった場合は管理効率の悪い店舗となってしまうために撤退することになる。

19番の「従業員の不正」は、文字通り、店長の不正が深刻なダメージを与えたケースである。そして20番の「ブランドへの愛着の薄れ」は、事業の収支としては問題がなかったものの、運営を続けるうちにそのブランドを運営していることに対して喜びや満足感が低下したために、他のブランドに変更したケースである。ブランドの選択に際しては、収益性の問題だけではなく、経営者のある種の思い入れが付加されている場合が多いことがヒアリングでも明らかになっており、それを反映したケースといえる。

複数の経営者から、「ブランド選択については、わくわく感が感じられることも必要」といった声が聞かれたが、意思決定に際してはそういった要因も見逃してはならないといえる（もちろん、分析は難しいが）。

4 本部と加盟者間のパワー関係問題（課題４）

　序章でも述べたように、従来の研究では、エージェンシー理論の枠組みに従って、加盟者は本部の意向を代行するエージェント（代理人）と捉えられることが多かった。これは、個人加盟者を前提とした場合には極めて蓋然性が高い捉え方であるが、このような捉え方は本部が加盟者に対してノウハウなどの点で優越的な位置にあるという暗黙の前提を生み出してきた。つまり、パワーバランス的には本部が強者だという認識である。

　では、法人フランチャイジーの実態から本部と加盟者の関係性を捉えるとどのようになるのであろうか。ヒアリング調査によると、本部と法人フランチャイジーとのパワー関係については、必ずしもすべての面で本部側のパワーが大きいとかぎらないことが確認できた。また、本部と法人フランチャイジーとのパワー関係を規定する要因には二つのものがあることも判明した。一つは本部側の成長度であり、二つ目は法人フランチャイジーが運営する当該本部の店舗数規模である。

　以下では、この二つの観点から、ヒアリングで明らかになった本部と法人フランチャイジーとのパワー関係の実態を見ていきたい。

（１）本部の成長度と法人フランチャイジーとのパワー関係

　まず、本部の成長度と法人フランチャイジーとのパワー関係であるが、本部としての経験が短かったり、加盟者の店舗数がまだ少ない場合は、法人フランチャイジーのパワーのほうが勝るケースが見られた。

　一つ目は、四国の大規模法人フランチャイジーＡ社のケースである。Ａ社が展開するとんかつ店は、松山市にある個人経営の繁盛店に着目した同社が、店主を口説いて「暖簾分け店」（のれん）として運営しているものである。暖簾分けにしたのは、本格的なフランチャイズの仕組みを構築することが店側にとって難しか

ったからである。ロイヤルティーなどの条件も、A社側の提案で決めたとされる。まだ2店舗のみの展開ではあるが、業績は好調であり、さらなる拡大が可能とされる（2020年1月時点）。

このように、個人の繁盛店の優位性や将来性を判断し、そのノウハウを分析・整理してマニュアル化し、さらには契約内容も整備して店舗展開の仕組みづくりを構築することができるのは、多様なノウハウを蓄積してきた大規模法人フランチャイジーならではのことといえる。

なお、このケースの背景には、A社が2年がかりで次の事業の柱となるブランドを探索していたという事実がある。社員をアメリカにまで出張させて新しいブランドを探したとされるが、一連の探索作業の結論として担当社員が社長に提案してきたのが、A社と同じ四国にある個人経営のとんかつ店であったという。既存のフランチャイズブランドではなく、まだ誰も着目していないシーズ（独自の素材）を発掘したケースとして興味深い。

二つ目は、関西の法人フランチャイジーB社のケースである。B社はガソリンスタンドを多数展開していた企業であったが、2000年以降は競争が厳しくなり、2007年にガソリン販売事業から撤退し、現在はレンタカー7店と自転車小売店12店をフランチャイズで営んでいる。従来から、ガソリン販売とレンタカーやディーラー、あるいは中古車販売や保険事業など自動車関連の事業を兼業してきたが、2000年頃には「自動車関連はやり尽くした」（社長）とされる。

そこで、2002年からは、新しい事業分野として自転車の小売業であるX社の店舗運営に進出した。これには銀行のアドバイスもあったとされるが、自動車市場の将来性への不安と自転車の将来性をにらんでの意思決定であった。

当時のX社は、フランチャイズ事業は行っておらず直営方式で店舗展開を行っていたが、PB商品のコストを下げるためには店舗増大が不可欠であったことから、B社の加盟を受け入れたとされる。これは、出店資金をB社が代替したことを意味し、理論的にはX社が資源補完を目的としてフランチャイズ方式を選択したことになる。加盟契約の内容については、X社とB社が相談して決めたとされるが、B社側の意向が一定程度反映されたと見てよい。

　以上の二つのケースは、いずれも本部よりもフランチャイジーのほうが店舗運営ノウハウの蓄積が多く、本部に対して一定のパワーを発揮している例といえよう。そこには、単純なプリンシパル＝エージェント関係、あるいは支配＝従属関係は見られない。本部と加盟者が協調して成長を目指す関係性が構築されている。共に、フランチャイズ経験がない相手（本部）と組んだからこそそのものであったといえる。

　本部との関係については、本部の経営そのものに加盟者側が関与しているケースも見られた。首都圏の法人フランチャイジーＣ社が加盟する外資系のフィットネスクラブのチェーンは、本部にジム経営の経験者はいたものの、フランチャイズの経験者がいなかったことから、加盟者であるＣ社の社長がアドバイザーとして本部の経営に関与することになった。

　Ｃ社は兼業型の法人フランチャイジーであり、本業での経営経験とフランチャイジーとして多くのブランドを運営してきた経験が豊富な知見のベースをつくっていると推察される。ここにも、単純なエージェントとしての加盟者の姿は見られない。

（2）加盟者の店舗数と本部とのパワー関係

　本部と加盟者のパワー関係を考える場合は、加盟者の店舗数の多さもカギを握る。いうまでもなく、店舗数が多い有力な加盟者は、本部に対しても一定の発言力や影響力を有するからである。

　表8－4（240ページ）は、1ブランドで50店舗以上を展開する大規模加盟法人を調べたものである。本部は加盟者情報を開示していないため、ここではデータベースや法人のホームページなどを基に筆者が作成した。

　この表によると、同一ブランドの店舗を50店以上展開する法人フランチャイジーは、データベースにある法人だけで39社確認されたが、30店舗以上を展開する法人だと100社近くが確認できた。もちろん、本部とのパワー関係は個別に異なるであろうが、これらの大規模加盟法人は、総じて本部に対して一定の

発言力を有していると見てよかろう。

　この39社のなかで、ヒアリングを行った法人は15社であった。ヒアリングにおいても、特定ブランドへの大規模加盟者はすべて本部との関係性が強いことを強調しており、「関係性を強めるために、当該ブランドの加盟者のなかで、店舗数でトップに立つことを目指した」とする意見も3件見られた。

　同じブランドの店舗を大量に運営することのメリットは、本部に対するパワーが拡大することであるが、より具体的には「本部との信頼関係が強まることで、法人フランチャイジーからの提案も受け入れられやすくなること」だとする回答が4件あった。さらに、同じブランドの店舗が増えると、運営ノウハウが共通しているため、「人手不足の近年では、店舗間で人員を融通しやすい点がメリット」とする意見も5社で聞かれた。

　とはいえ、加盟金やロイヤルティーの面で、本部から特別な待遇を受けている大規模加盟者はかぎられていた。逆に、大規模加盟の優遇がまったくないとする法人が多かった。外食業の場合は、「多くの店舗を運営しても、本部が供給する食材費が低下するインセンティブがないため、運営コストが変わらない点が難点である」という回答も3件あった。

　大規模加盟者の一番の課題は、当然のことながら、特定ブランドに法人の収益が依存してしまうことである。表8−4にある「占有率」とは、各法人が運営するフランチャイズ店の総店舗数（オリジナル店は含まず）に占める当該ブランドの割合である。これを見ると、1ブランドに100％を依存する加盟者も多く見られるが、複数ブランドに加盟をしている法人でも、1ブランドが80％を超えるところが多く見られる。このような偏りの大きさは、法人フランチャイジーにとっては大きなリスクともいえる。

　本部側へのヒアリング（外食の本部8社）では、法人フランチャイジーは安定的に運営してくれる存在として歓迎されていたが、一方で特定法人の店舗数が増えすぎることについてはネガティブな意見をもつ本部も見られた。その理由は、加盟者側のパワーが強くなりすぎることで統制が利かなくなるといった不安であった。大規模加盟者への優遇をしない本部も多く見られることは先に

表8-4　ブランド別の大規模加盟法人（50店舗以上）

	ブランド	法人名	店舗数	占有率[1]	型	本社
小売	セブンイレブン	ジェイアール西日本デイリーサービスネット	226	97.3	B1	大阪
		アイルパートナーズ	110	100.0	A3	香川
	ファミリーマート	JR九州リテール	211	99.1	B1	福岡
		近鉄リテーリング	97	78.2	B1	大阪
		西武鉄道	59	100.0	B1	東京
		コミュニティ京成	50	90.9	B1	千葉
	ローソン	セーブオン	371	100.0	A2	群馬
		新鮮組本部	70	100.0	A2	東京
	イエローハット	ホットマン	88	80.0	A2	宮城
	オートバックスなど[2]	G-7オートサービス	124	95.4	A1	兵庫
	業務スーパー	G-7スーパーマート	139	100.0	A1	兵庫
		オーシャンシステム	93	83.0	B2	新潟
	ツタヤ[3]	トップカルチャー	79	100.0	A1	新潟
		Vidaway	70	100.0	A3	東京
	ダイソー	ひらせいホームセンター	50	61.7	B1	新潟
	ハードオフなど[4]	ゼロエミッション	79	98.8	B2	東京
		大宮電化	66	100.0	A2	埼玉
		ありがとうサービス	62	73.8	A2	愛媛
		エコプラス	60	100.0	A3	宮城
外食	温野菜	REGAO	78	54.2	A1	広島
	牛角	ジー・ディー・エス	61	96.8	A1	静岡
	KFC	さわやか	58	83.3	A3	東京
		タニザワフーズ	51	53.7	A2	愛知
		ケー・アンド・アイ	50	86.2	A1	千葉
	ココス	ファイブスター	78	100.0	A3	滋賀
	庄やなど[5]	かんなん丸	60	100.0	A1	埼玉
	鳥貴族	トラオム	76	96.2	A1	大阪
	びっくりドンキー	アジアル	50	77.8	A2	愛知
	ほっかほっか亭	みちのくジャパン	80	84.2	B2	岩手
	ほっともっと	ブレンズ	109	94.0	A2	沖縄
		サンコー	58	100.0	B2	茨城

	ブランド	法人名	店舗数	占有率[1]	型	本社
外食	マクドナルド	クオリティフーズ	118	100.0	A1	新潟
		D ダイニング	95	100.0	A1	千葉
		豊昇	74	100.0	A1	埼玉
サービス	ITTO 個別指導学院	WITS	119	90.0	A1	千葉
		リックプレイス	77	100.0	A3	東京
	オリックスレンタカー	タカサワ	57	91.9	B1	長野
	東進衛星予備校	キャリアプラン	55	100.0	A1	神奈川
	BE studio[6]	エジュテックジャパン	65	100.0	A1	埼玉

1)「占有率」とは法人が運営するフランチャイズ店の総店舗数に占める割合（オリジナル店は分母に含まず）。
2)「オートバックスなど」とはオートバックス、スーパーオートバックス、オートバックスエキスプレス、オートバックスカーズを含む。
3)「ツタヤ」とは蔦屋書店と TSUTAYA を含む。
4)「ハードオフなど」とはハードオフ、オフハウス、ホビーオフ、モードオフ、ガレージオフを含む。
5)「庄やなど」とは庄や、日本海庄や、やるき茶屋、歌うんだ村を含む。
6) ベネッセが本部となっている英会話教室。
出所) データベースおよび各社ホームページ（2020年 9 月 1 日閲覧）。

も述べたが、その背景には、あまり巨大にはなってほしくないという本部側の本音があると推測できる。

　ただし、アメリカのメガフランチャイジーを見ると（174ページの**表6－6**参照）、日本とは比較にならない規模で特定ブランドに集中しているフランチャイジーが多く見られる。たとえば、店舗数でトップとなっている「NPC INTERNATIONAL」の場合は、わずか二つのブランドで計1,610店舗を出店している。むしろ、アメリカのメガフランチャイジーは、ブランドを絞り込んで大量出店することで運営効率を上げる傾向が見られる。このあたりにも、日本とアメリカの法人フランチャイジーの考え方の差がうかがえる。

（3）加盟者が本部やブランドを育てる

　ヒアリング調査では、ほとんどの法人フランチャイジーから「常に次のブランドを探索している」といった回答が得られた。ただし、それに際しては「マニュアル化が進み、システムが整備された成熟ブランドを選んで加盟する」という考え方と、「将来性はあるが、未成熟な段階（アーリーステージ）の本部やブランドを育てる」という二つの考え方があることも確認できた。

　事業リスクの視点から捉えると、前者の考え方がより安全といえる。実際、「300店舗以上を展開する大規模な本部を視野に次なるブランドを探索している」とする大規模法人フランチャイジーも存在した。また、「本部の指示にしっかり従い、それをやり切ることがフランチャイジーとしては重要である」という回答や、「本部との信頼関係を構築するには、まずは本部の指示に忠実に従うことが重要」といった回答もあった。さらに、「フランチャイジーの優位性は店舗運営に経営資源を集中できる点にあり、それ以外の業務（商品開発など）を抱えると資金や人材が分散して収益性が低下する」という指摘も大規模法人フランチャイジーのなかに複数見られた。

　一方、大規模な法人フランチャイジーでは、後者の考え方をとるところも少なくなかった。その理由として、「既存の知名度のあるブランドへの加盟は、本部のパワーが強いため利益率が低い」、「大手の本部はフランチャイジーの意見に耳を貸そうとしない」ことが挙げられていた。特に、複数の本部に加盟している法人フランチャイジーのなかには、「大手の本部のブランドは、リスクが低いものの統制が強いので運営側の力量が十分に発揮できず、面白みが少ない」とする意見が複数聞かれた。また、多くの法人フランチャイジーが「店舗運営のノウハウについては本部よりも上位にある」と認識しており、「本部の運営マニュアルも改善の余地がある」という意見を述べた法人フランチャイジーも複数存在した。

　後者の考え方をとる法人フランチャイジーに、未成熟な段階（アーリステージ）の有望なブランドを探す理由を尋ねると、「将来性のあるものに早期に加

盟すれば、出店地域も制約を受けないし、（出店資金は用意できるので）広域市場を押さえることも可能となることから、大きな利益が期待できる」や「本部に対して有利な条件交渉ができる」といった回答があった。一方、前者の意見は、成熟したブランドはいい立地を古参の加盟者に押さえられており、さらに同じブランド同士での店舗競合も生じやすいため、その裏返しの発言といえる。

　このように、将来性があると見込んだブランドには、できるだけ早く加盟することでよい立地をとりたいという願望がうかがえる。

　いずれにせよ、後者の考え方をとる法人フランチャイジーには、自社が加盟すれば、これまでのノウハウ蓄積を活かして未成熟な本部やブランドを成長させることができるという自信がうかがえた。このような発想は、法人フランチャイジーならではのものであるといえる。

（4）エージェンシー理論から共創関係へ

　以上のように、本部と法人フランチャイジーとの関係は、本部と個人加盟者のものとは大きく異なっていることが分かる。法人フランチャイジーは、エージェントとして本部の指示に従うだけに留まらず、自身のノウハウや経験を活かして本部の成長に寄与し得る可能性を有している。

　この点については、新原・高岡［2004］が三つの法人フランチャイジーのケースを基に、フランチャイズ組織において加盟者側が有する新たな役割について分析し、本部と加盟者の分権化を検討している。ここでは、その論考で取り上げられた「ゴトー」（本社：静岡県沼津市）のケースを簡単に紹介したい。

　元々ゴトーは紳士服の郊外型専門店をチェーン展開していたが、バブル崩壊後に業績が落ち込んだため、不採算店舗を転貸する事業を開始した。たまたま、転貸先の一つに「ブックオフ」があったことでフランチャイズビジネスとの接

---

(3)　他の二つは、「今治デパート」と「CVS ベイエリア」のケースであった。

点ができ、1994年に「ブックオフ」に加盟し、自らが旧店舗に出店していった。そのなかで、当時の TV ゲームの流行を受けて、「ブックオフ」の店舗とテレビゲームの販売店を合体させることを思いつき、店舗の複合化（新原・高岡論文では「マルチタスク化」と表現）を図ったとされる。

　この新しいビジネスモデルは功を奏して大きな利益を生み出したため、1995年に加盟した「TSUTAYA」の店舗にも取り入れられた。1997年には、「ブックオフ」と「TSUTAYA」とテレビゲーム店の三つを複合化させた店舗も出している。

「ゴトー」によるテレビゲーム店との複合化というアイデアの成功を受け、本部側もゲーム販売との複合化を取り込んだ新しい業態を開発し、ほかの加盟者にもそのモデルを提供したとされる。これは、加盟者が本部に働きかけてフランチャイズモデルの革新を生み出したケースといえ、このようなことが大規模フランチャイジーの新たな役割だとされている（以上は、新原・高岡［2004］に基づく）。

　このような加盟者から本部への働きかけは、筆者のヒアリング調査でもいくつか確認できた。第6章のコラムで紹介した「G-7ホールディングス」もその一例である。コラム（156〜157ページ）でも触れたが、同社は創業者の木下守氏（現名誉会長）の発案で、加盟していた「オートバックス」で車検を受けることができるサービスを2002年に開始し、顧客からの好評を得ている。のちに本部も、そのサービスをフランチャイズモデルに組み込んだとされる。さらに木下氏は、加盟店への支援策として、新店出店時の補助、セールや広告費の補助なども本部に提言し、共に採用されている。木下氏は、「本部と加盟店は協力してブランドの価値を向上させるべき」と語っている。[4]

「ゴトー」が行った取扱商品の複合化や、「G-7ホールディングス」（当時は「オートセブン」）が行ったサービスの複合化・ワンストップ化の提案は、日々顧客と接し、顧客の利便性の向上を考えているフランチャイジーならではのものといえる。

　しかし、より重要なポイントは、そのようなフランチャイズモデルの修正を、

最終的に本部に（たとえ試行的であれ）認めさせた点にあろう。もちろん、本部がすぐに認めたわけではない。二つのケースとも、当初は本部が抵抗を示したとされることから、そこには加盟者による本部への粘り強い説得があったと推察できるし、本部と加盟者との間に信頼関係が生まれていたと推察することもできる。

　つまり、この二つのケースは、店舗運営に長じた加盟者と、商品開発やノウハウの標準化に長じた本部とが協力して、フランチャイズモデルの修正を行えば大きな成果が得られる可能性を示すものといえる。逆にいえば、通常はいかに本部がフランチャイズモデルの修正を認めていないか、ということを示すことでもある。実際、ヒアリングでは、大規模な法人フランチャイジーであっても「本部側への提言は簡単には認められない」という回答が多く聞かれた。

　また、この二つのケースは、本部と加盟者の関係をエージェンシー理論の枠組みである「プリンシパル（依頼人）」と「エージェント（代理人）」として捉えるのではなく、両者の共創関係の枠組みのなかで捉える必要があることを示している。ただし、すでに述べたように、現実には本部との共創の実現（本部の標準モデルの修正）は簡単ではなく、前述の「ゴトー」や「G-7」のような例はかぎられた存在である。そもそも、現在の日本のフランチャイズ業界には、加盟者を統制する仕組みはあっても共創が生まれる仕組みが存在しておらず、この点が一番の問題と考えられる。[5]フランチャイズの共創問題については今後の研究課題といえるが、それは本部と加盟者のパワー関係を考える新たな手掛かりとなろう。

---

(4)　2018年8月9日、本社での木下守氏へのヒアリングによる。

(5)　ある外食チェーンの本部でのヒアリングでは、加盟者側からの提案を拾わないのは、必ずしも建設的な意見ばかりではなく、多様な声がありすぎて対応が困難であるためとされた。また、高圧的だと思われても、標準システムを厳守させないと店舗やメニューの品質が低下するのが現実であるともされた。ただし、法人フランチャイジーからの提案に対しては、合理性があるものも見られるとのことであった。とはいえ、現状では提案やクレームを精査・評価するシステムが社内に存在していないため、オーナーや従業員と接している営業担当者やSVに判断力・評価力がないと本部には声が届かないことも事実であるとされた。

5 ノウハウの視点から捉えた本部と加盟者間のパワー関係

（1）フランチャイジーの独自ノウハウ

　フランチャイズ組織における本部と加盟者のパワー関係問題（課題４）を考えるに際しては、ノウハウの視点から本部と加盟者の関係を捉え直すことも重要となる。従来のフランチャイズ研究では、加盟者を過小評価する傾向が見られた。すなわち、本部がノウハウのすべてを掌握し、加盟者は本部から提供されたノウハウを実行するだけという捉え方が支配的であったといえる。エージェンシー理論自体がそのような発想を生みやすいものであるし、また加盟者のモラルハザード問題やフリーライダー問題をめぐる議論（序章参照）の根底にも、加盟者は本部のノウハウやブランド性を利用するだけの存在であるという認識が見てとれる。

　確かに、加盟時において加盟者側はノウハウを有してはいない。ヒアリングでフランチャイズ事業を開始した理由を尋ねると、「ノウハウがなかったから」とする回答が非常に多かったことがそれを物語っている。しかし、一方で店舗運営の経験を積んだフランチャイジー、特に複数のブランドに加盟し、多くの店舗を運営している法人フランチャイジーには多様な独自ノウハウが蓄積されていることも明らかとなった。

　そのことを傍証するものとして、本部による法人フランチャイジーへの直営店譲渡がある。これは、本部が業績の悪い直営店舗を、法人フランチャイジーに低価格で売却することを指す。多くの場合は、法人フランチャイジーが運営すると、当該店舗の業績は改善するとされる。この事実は、法人フランチャイジーのほうが本部よりも店舗運営のノウハウが優れていることを示すものといえる。そこで、以下ではこの直営店譲渡の背景にある、法人フランチャイジーの独自ノウハウと本部との関係性についての検討を行いたい。

（2）本部による直営店譲渡の要因

　一般に、店舗の業績は立地点や家賃が大きな影響を与えるとされるが、もう一つの要因として店舗運営の巧拙（こうせつ）がある。ヒアリングでは、店舗の効率的な運営のカギを握る要素として、①在庫管理のノウハウと、②従業員のモチベーション管理に関するノウハウを挙げる法人が多かった。つまり、これらの巧拙こそが、店舗の収益を左右するポイントになっていると見てよい。

　以下では、この二つのノウハウについてヒアリング調査で明らかになったことを整理し、直営店譲渡が行われる要因を明らかにしていきたい。

①在庫管理のノウハウ

　これは、外食店を運営する法人フランチャイジーで多く聞かれた独自ノウハウであるが、換言すれば、廃棄ロスをいかに減らすのかで収益が大きく変化することを示す。食材原価や商品原価は本部側が決めるうえに、店舗数が増え、法人の総仕入れ量が増加しても単価は低下しない。そのため、フランチャイジー側がコントロールできるコストは在庫管理の部分だけ、つまり廃棄ロスを減らす部分にしかないとされる。特に、生鮮食材を扱う飲食業の場合は廃棄ロスが出やすいため、仕入れ量やその日の解凍量の決め方がポイントとなる。

　仕入れ量や解凍量は、来客数や注文メニューの偏りの予測によって決まるが、その予測精度をいかに上げるのかと共に、余剰が出た（廃棄ロスになりそう

---

(6)　ヒアリングでは、外食系の本部の場合は直営店をフランチャイジーに安く売却しても（損失を出しても）、本部にはロイヤルティーや食材費のコミッションが入るためダメージは小さいことから売却が行われる、という指摘もあった。

(7)　一見すると、古くから指摘されてきたフランチャイズの理論的優位性の説明、つまり直営店の店長は給料性の従業員であるため怠業（たいぎょう）が生じやすいが、フランチャイズ店の店長（個人オーナー）だと頑張って働けば収入が増えるインセンティブが働くので店の業績がよくなる、という議論を支持する現象のようにも見える。しかし、法人フランチャイジーの店長の場合は、直営店と同じ従業員であるためインセンティブは働かないことから、それには当てはまらない。むしろ、同じ従業員店長でありながら業績に差が出ることは、法人フランチャイジーのほうに、本部が有しない何らかのノウハウが存在していることを示している。

な）食材をどのように効率的に使用するのかが課題となる。これには細かく機敏な対応が求められるが、それをいかにマニュアル化して、すべての店舗で実現可能な仕組みにするかが求められる。

　廃棄ロスを減らす対応は、同じブランドでも立地によっても異なることから、それに対するノウハウ確立には、多様な立地の店舗を比較的長期にわたって運営してきた法人フランチャイジーが有利となる。また、法人フランチャイジーにとっての在庫管理は、独自裁量が活かせる数少ない領域であることから真剣に取り組むこととなる。

　一方、本部にとっては、直営店は新たなメニューや調理ノウハウ、または新しいサービスなどを試す場所、新人教育を行う場所という位置づけがあり、在庫管理には力が注がれない傾向がある。また、本部は加盟金やロイヤルティー、食材費のコミッションで利益を得ているため、直営店の在庫管理によるコスト削減にはさほど真剣に取り組まないともされる。

　このような結果、店舗における在庫管理のノウハウは、法人フランチャイジー独自のノウハウとなっている。

②従業員のモチベーション管理に関するノウハウ

　法人フランチャイジーにとっては、従業員（店長）やアルバイトのモチベーションをいかに管理するのかも重要な課題となる。このような回答は、特に外食店を運営する法人に多かった。

　まず、店長のモチベーションであるが、店長は業績への責任も重く、店舗運営全般の管理に留まらず、アルバイトのシフト管理や教育も行う必要があるために負荷が大きい。そのため、法人の経営者と店長とのコミュニケーションを重視すると共に、店舗の業績に応じた表彰制度や褒賞金制度を設けたり、店長に新しい職場や機会を与えるといった工夫をしている法人が多く見られた。

　後者の新しい職場や機会の提供については、三つの方策が見られた。一つは、多店舗化や複数ブランド化を行って、他の店舗や業態を経験できる機会を与えることである。二つ目は独立支援である。入社当初から、店長として腕を磨い

たのちに独立することを目標として入社してくる人もいるため、独立に際して資金面で支援すると共に、独立後もグループ会社として人材や教育面などで多様な支援を行うシステムを整備しているケースがあった。独立したあとは、法人にロイヤルティーが入る仕組みである。三つ目は、店長の次のポストとして、法人のマネージャー職や子会社の管理職ポストを与えることである。そのために、店舗数の規模を拡大したり、業態ごとに分社化（子会社設立）して店長後のポストを創出している法人も少なくなかった。

　一方の従業員やアルバイトについては、店舗内での表彰制度を設けたり、店舗同士での調理や接客ノウハウを競わせるイベントを開催したり、社内で各種の交流イベントや研修旅行に力を入れている法人が多く見られた。店舗運営は、店長を中心としたチームプレーであるため、それらの取り組みではチームワークを育てることが強く意識されていた。さらには、仕事や自己を深く見つめ直して、将来の夢や自己実現への決意を発表しあうメンタル系のイベントを行うところも見られた。これらは、感動を共有するイベントを通して従業員間のつながりを強め、仕事や人生に対する意識を向上しようとする取り組みである。

　従業員のモチベーションを上げる多様なノウハウは、法人フランチャイジーならではのノウハウといえるが、それらは店舗での作業効率や売上高の向上につながるとして評価をしている法人がほとんどであった。

（3）ノウハウから見た本部と加盟者間関係

　以上のように、法人フランチャイジーには、多くの店舗運営経験を通じて蓄積した、在庫管理ノウハウと従業員のモチベーション管理ノウハウという独自のノウハウ領域が存在していることが明らかとなった。

　一方、外食業の本部8社へのヒアリングでは、ほとんどの本部で新メニューの開発ノウハウが本部にとっては一番重要なものとされた。多数の加盟店で提供できるメニューにするためには、味の開発・調整だけでなく、店舗での調理マニュアルの整備、食材の調達と保管・輸送、原価管理なども必要となるため

に、専門的な人材・費用・時間を要する。しかし、現実には成功するものはご
く僅かであることから負担が大きいとされた。

　また、本部は店舗物件の探索・確保や立地評価にも手間がかかるとされる。
本部が加盟者に店舗物件を紹介するほか、加盟者が提案する新規出店物件もす
べて本部がチェックするからである。もちろん、加盟者の募集と選考、契約と
初期研修、加盟後の店舗モニタリングや指導にも多くのコストと手間がかかっ
ている。

　このように、本部と加盟者とでは当然のことながら主業務の違いが大きいた
め、蓄積されるノウハウ領域も大きく異なってくる。このノウハウ領域の違い
は、本部と加盟者の関係が補完的なものになっていることを示している。従来、
加盟者は本部が提供するフランチャイズパッケージの遂行者と見られることが
多かったが、法人フランチャイジーの場合は、本部との間にこれまで認識され
てこなかったノウハウの補完関係が存在し、それをベースとした共創的関係が
成立し得ることが分かった。

第9章

中小企業・地方企業としての
法人フランチャイジー

1 中小企業・地方企業という顔

　序章で述べたように、法人フランチャイジーを分析するにあたっては、文字通りフランチャイズの加盟者として分析するほかに中小企業という観点も重要となる。というのも、多くの法人フランチャイジーが、中小企業の事業戦略のなかで生まれてきたものだからである。より正確には、中小企業が次の事業の柱を探索するなかで、フランチャイズという選択肢に出合い、それに加盟したことで法人フランチャイジーが生まれてきたのである。

　そこで、まずは、中小企業のフランチャイズ加盟という選択肢が、中小企業にどのような結果（成果）をもたらしたのか、あるいはどのような新たな可能性を与えてきたのかについて、ヒアリング結果を用いて検討したい。

　ところで、第5章でも見たように、法人フランチャイジーは全国に分布しており、メガフランチャイジーもその多くが地方に拠点を置いている。つまり、法人フランチャイジーの多くが地方企業としての顔も有しているのである。ほとんど知られてはいないが、地方の有力企業や老舗企業がフランチャイズに加盟し、地域の消費生活に小さからぬ影響を与えている事実も存在しているのである。

　そこで、２点目の課題として、地方の消費市場におけるフランチャイズビジネスやフランチャイズモデルの意義が問われねばならない。すなわち、大都市の消費者を想定したフランチャイズモデルが、地方圏でどのような価値を獲得し、どのような問題に直面しているのか、といった問題である。フランチャイズビジネスを、地方経済の文脈のなかで位置づけ直す作業といえよう。

　以下では、ヒアリング調査の結果に基づいて、この二つの課題を検討していきたい。

2 フランチャイズ事業の成果

　本業とは別に中小企業がフランチャイズ事業を開始する戦略は、どのような結果をもたらしているのであろうか。フランチャイズ事業の成果をヒアリングで尋ねたところ、その成果は法人フランチャイジーのタイプによって異なることが明らかとなった。ここでは、加盟時に兼業型であったA2型、A3型、B1型、B2型の四つのタイプを見てみる。

A2型

　これは加盟当初は兼業型であったが、のちにフランチャイズ専業に転じた法人であり、22社でヒアリングを行った。そのうちの半数は、50店舗以上を運営するメガフランチャイジーであった。このタイプは、フランチャイズ専業に転じただけに、ほぼすべての法人が利益を上げていた。また、「フランチャイズに加盟していなければ、（前業だけでは）会社として存続できていなかった」と回答した法人も多かった。

A3型

　これは加盟当初は兼業型であったが、のちにフランチャイズ部門が子会社として独立してできた法人であり、11社でヒアリングを行った。これらには、親

会社からの独立性が強い法人と、親会社の支配が強い法人とが見られたが、後者のような法人は赤字になっているところが多く見られた。ブランドの選択や出店に際して、自立性がしっかり確保できているかどうかが業績のカギを握るといえる。

B1型

これは本業との関連性が強い業種やブランドに加盟した兼業型であり、14社でヒアリングを行ったが、それらは総じてフランチャイズ部門が利益を生み出していた。ただし、本業とのシナジー効果の大きさには個別差が見られた。シナジー効果が低かった法人は、本業自体を縮小してしまい（廃業にまでは至っていない）、現在ではシナジー効果を希求していない法人も多かった。

B2型

これは本業との関連が薄い業種やブランドに加盟した兼業型であり、16社でヒアリングを行った。これらについては、半数近くの法人のフランチャイズ部門が利益を生んでいなかった。フランチャイズ部門が黒字の法人でも、本業が中心の法人ではフランチャイズ事業自体が成長していないところが多かった。社内の資源をフランチャイズ部門に十分に投入できていないことや、市場環境の変化やブランドの衰退に機敏に対応ができていないことが要因であった。副業として片手間に異業種のフランチャイズを営むことの限界がうかがえた。

3 新たな可能性——オリジナルブランドの開発

フランチャイズ事業を開始し、店舗の運営ノウハウを獲得したことで、新しい事業領域を開拓した中小企業も多く見られた。それがオリジナルブランドの開発と運営である。

第5章でも示したように、データベースに収録された1,310社のなかで、オ

リジナルブランドを有するものは331社あり、全体の25.3％を占めた（148ページの**表5－9**参照）。つまり、法人フランチャイジーの4社に1社が、何らかのオリジナルブランドを有していることになる。

タイプ別で見ると、Aの専業型が65.3％、Bの兼業型が34.7％となっており、専業型に多く見られる。Bの兼業型は本業を有しているため、オリジナルブランドの開発に投入できる資源や余力が小さいことから、割合が低くなっていると推察できる。

ところで、オリジナルブランドを開発している法人フランチャイジーは、そのほとんどが外食業のフランチャイジーであった。その理由として、外食系は新業態の開発のハードルが低く見えてしまうことが挙げられる（実際は違うが）。その品質の高低は別として、見よう見まねでできてしまうからである。ただし、フランチャイズ契約のなかには「競業避止義務」条項があり、加盟ブランドと同じ業態領域の店舗は開業できないため、オリジナルブランドは加盟業態とは差別化が図られている点には留意が必要である。外食業以外で開発されたオリジナルな業態としては、カラオケ店、中古品の買い取り・販売店（リユース店）、農産品直売店、タイヤ交換店などが見られる程度であった。

さて、ヒアリングを行った78社のなかで、何らかのオリジナルブランドを展開している法人は全78社中33社であり、42.3％を占めた。それは、店舗数規模の大小とは無関係であった。

表9－1は、オリジナルブランドを展開する法人に対してその理由を尋ねた際の回答を整理したものである。これを見ると、一番多かったのが経営者や社員が考えた「新しいビジネスモデルを試してみたい」という願望であった。フランチャイズで店舗運営を続けるうちに当該の業界に関心をもつようになり、さまざまなビジネスに関するアイデアが浮かぶようになるため、それらを試したかったという法人が多かった。

2番目は、「フランチャイズ事業は（本部の統制が厳しく）自由度がないため」というものであった。これは、出店立地の自由が利かないことへの不満や、オペレーションにおける加盟者の裁量が認められないことへの不満を示すもの

表9－1 オリジナルブランドの開始理由（33法人、重複回答）

理　　由	件数
・自分で考えた新しいビジネスモデルを試すため	16
・フランチャイズ事業は自由度がないため	14
・フランチャイズ事業は利益率が低いため	10
・フランチャイズで得たノウハウを活用するため	6
・従業員のモチベーションを上げるため	5
・従業員に独立の道を開くため	4
・海外に進出するため	3
・フランチャイズ本部をやってみたかったため	1
・フランチャイズブランドは必ず衰退するため	1
・リスク分散	1
計	61

出所）ヒアリング結果を筆者整理。

である。そして３番目は、「フランチャイズ事業は利益率が低い」ことであった。加盟金や店舗建設費の高さ、食材費やロイヤルティーの高さから、フランチャイズ事業は投資が多く、苦労が多い割には利益率が低い。運営を続けるにつれて利益率の低さへの不満が募ってくる、という声も少なくなかった。

　このほか、「フランチャイズで得たノウハウを活用してみたい」という理由も見られた。これは、１番目の「新しいビジネスモデルを試してみたい」という理由につながるものであるが、店舗運営を行ううちに一通りの運営ノウハウの蓄積が行われることや、複数のブランドに加盟すると社内で多様なノウハウが蓄積されることに基づいている。

　また、従業員に配慮した理由もあった。「従業員のモチベーションを上げるため」というのは、フランチャイズ事業に関わる従業員たちに自分たちのアイデアを実現する機会を与えることでモチベーションを上げたいということである。また、「従業員に独立の道を開くため」とは、オリジナルブランドを活用して社員を独立させることである。つまり、オリジナルブランドの本部として

フランチャイズ展開を行うことである。それによって社員に目標をもたせ、仕事のモチベーションを上げる戦略である。店長を長年務めた中高年の従業員に次のポストをどのように提供するのかは、多くの法人フランチャイジーが抱える課題であったが、それにオリジナルブランドを利用しようというものである。

このようにオリジナルブランドの開発を行う法人フランチャイジーが多い一方で、「オリジナルブランドには手を出さない」と明言した法人も少なくなかった。オリジナルブランドを行っていない法人は、「オリジナルブランドの開発は負担が大きいから」、「フランチャイジーの本質に反するから（矛盾するから）」といった理由を挙げていた。

特に外食系のオリジナルブランドの開発にはメニューに関する開発力が重要となるのであるが、フランチャイジーは開発ノウハウをもっていない。したがって、外部の飲食コンサルタントを入れている法人も多く見られたが、そもそも時間とコストがかかるうえに失敗のリスクも大きいため、最初から「やらない」という判断である。

では、実際、オリジナルブランドの開発はどの程度成功しているのであろうか。オリジナルブランドが利益を出していると答えた法人は、33法人のなかで10法人のみであった。また、オリジナルブランドの店舗が拡大し、事業の柱の一つに成長している法人は、その半数程度の５法人にすぎなかった。そのほかの法人のオリジナルブランド店は、店舗数で１店舗か２店舗に留まっているものがほとんどであった。つまり、多店舗展開するだけのシステムの構築や標準化が実現できていないのである。

ある法人は、「フランチャイズ店なら１〜２か月で習得できる原価管理のノウハウを習得するのに、オリジナル店では２年を要した」としており、ビジネスモデルの確立には時間がかかることがうかがえる。これは、第８章でも述べたように、フランチャイジーが獲得できるノウハウが店舗運営面に偏っていることに起因するものである。

とはいえ、数は少ないが、成功を収めているオリジナルブランドも存在する。たとえば、「G-7ホールディングス」[1]の子会社「G7アグリジャパン」（兵庫県神

戸市）が2009年に買収した「めぐみの郷」もその一つである。これは、農家が朝採れの野菜や果物を持ち込む農産物直売所のチェーン店であり、農家の収益性の向上を目指す取り組である。買収したモデルとはいえ、同社がノウハウを精査して発展させたもので、2020年11月時点で47店に成長している。

また、「コイサンズ」⁽²⁾（三重県津市）が開発したベーカリー店「513BAKERY」も、11店舗を展開する成功例である。同社は宅配ピザチェーンへの加盟からフランチャイズ事業をスタートさせ、多様な外食フランチャイズを経験してノウハウを蓄積した。また、その後に全国に展開するベーカリーチェーンの再生事業を請け負ったことでベーカリーのノウハウを習得。それらを基にオリジナル事業となるベーカリー事業を開始したのであった。注目すべきは、近年これまでのノウハウを進化させた高級食パン店「銀座に志かわ」を別会社で立ち上げ、創業から僅か2年半で90店舗にまで急拡大させたことである（2020年12月）。

社長の髙橋仁志氏は、高度な商品開発とブランド戦略が成功のカギであったとする。オリジナル事業には商品開発力とブランディング力が不可欠であり、フランチャイジーのノウハウだけでは難しいことが分かる好例であろう。

このほか、「サンパーク」（大阪府吹田市）によるラーメン店「豚骨火山」の東南アジアでの成功例もあるが、海外進出については次節で詳しく述べる。

4 新たな可能性──海外進出

（1）法人フランチャイジーの海外進出

フランチャイジーになったことで中小企業が得た今一つの可能性は、海外進

(1)「オートバックス」71店舗と「業務スーパー」155店舗、「カーブス」20店舗（2020年9月）などを展開する日本最大の法人フランチャイジーである（第6章のコラム参照）。
(2)「コメダ珈琲」8店舗と「かつさと」1店舗（2020年12月）の法人フランチャイジーである。

258

出の可能性である。法人フランチャイジーの海外進出は、筆者が管見するかぎ
り、1970年の「チタカ・インターナショナル・フーズ」⁽³⁾（愛知県北名古屋市）
によるアメリカ進出（ロサンゼルス・ビバリーヒルズ）が最初である。これは、
アメリカで鉄板焼き店を営んでいたロッキー青木氏の「ベニハナ・オブ・トー
キョー」における初のフランチャイズ店であった。1970年の開業から2015年ま
で、実に46年間にわたって営業を続けた。⁽⁴⁾その後、法人フランチャイジーの海
外進出は見られなくなるが、2010年頃からは急激に活発化してきている。

表9－2　法人フランチャイジーの海外進出

	法人フランチャイジー	型	ブランド	業種	進出先	店舗数	進出年
オリジナルブランド店	あらき	B1	ゴリランバーグ	ハンバーグ	カンボジア	1	2013
	ウイン	A1	MARUYA	居酒屋	ベトナム	2	2019
	グラッド	A1	焼き鳥 Glad	焼き鳥	ハワイ	1	2012
	サンパーク	A2	豚骨火山らーめん	ラーメン	シンガポール	7	2012
					タイ	6	2013
					インドネシア	1	2014
					ハワイ	2	2016
			うまみ TEPPAN 金魚	鉄板焼	ハワイ	1	2016
			ベルヴィル	パンケーキ	シンガポール	3	2018
					タイ	1	2018
			マジカレー	カレー	タイ	1	2019
					台湾	1	2020
	JR九州フードサービス	B1	赤坂うまや	日本料理	中国・上海	3	2012
	セントリングス	A1	鈴の屋	もつ鍋	ベトナム	1	2013
	大地	A2	やんちゃ	居酒屋	ベトナム	2	2010
			G-Crab Seafood	シーフード	ベトナム	1	2017
			焼肉大地	焼肉	中国・瀋陽	2	2011
			寿喜焼牛 New	すき焼き	中国・上海	1	2012
			焼肉牛小新	焼肉	中国・上海	1	2017
	チタカ・インターナショナル・フーズ	A2	知多家	とんかつ	台湾	2	1993

法人フランチャイジー	型	ブランド	業種	進出先	店舗数	進出年
			たこ焼き	中国・福建省	7	2014
ニッシンコーポレーション	A3	大和屋／Yamatoya		インドネシア	4	2017
			カレー	インドネシア	1	2019
G-7ホールディングス	A1	バイクワールド	バイク用品	マレーシア	3	2016
				タイ	1	2016
東都クリエート	A1	TOTO	リユース	カンボジア	6	2003
				ラオス	2	2013
				タイ	2	2014
ありがとうサービス	A2	MOTTAINAI WORLD ECO TOWN	リユース	カンボジア	4	2016
				タイ	1	2020
サンパーク	A2	シャトレーゼ	洋菓子	シンガポール	10	2015
				インドネシア	1	2018
		ビアードパパ	シュークリーム	タイ	11	2016
				ハワイ	1	2019
		トッティーキャンディー	綿菓子	ハワイ	1	2018
G-7ホールディングス	A1	いきなりステーキ	ステーキ	台湾	1	2019
		オートバックス	カー用品	マレーシア	3	2012
ビロー	A1	串カツ田中	串カツ	ハワイ	1	2016
ヤチヨ	B2	シャトレーゼ	洋菓子	シンガポール	1	2017

左側縦書き：オリジナルブランド店 / フランチャイズ店

注）兼業型の法人フランチャイジーが本業を海外進出させたケース、および撤退済みのケースは除外している。
出所）各種資料を基に筆者整理。

---

(3) 同社は明治時代に酒小売店として創業し、その後、卸売業に転じ、戦後は飲食業にも進出した。1970年代からは国内で「ミスタードーナツ」、「KFC」、「シェーキーズ」などを展開する兼業型の法人フランチャイジーとなった。1995年に本業の酒問屋を廃し、専業型の法人フランチャイジーとなっている。

(4) ロッキー青木氏との契約は1968年に行われ、ビバリーヒルズにあったデニーズの店舗地（敷地600坪）を借りて、日本の城郭をイメージしたデザインの店舗（200坪）にリニューアルした。総投資額は50万ドルに達したとされるが、店は大盛況となり、わずか4年で初期投資を回収している。店舗の運営は、現地子会社が担当した（同社の『80年史』より）。

　前ページの**表9－2**は、海外に進出している法人フランチャイジーをデータベースから抜き出したものである（店舗が現存するもののみ）。なお、ここには本業で海外進出を行っている法人フランチャイジーは含んでいない。

　この表を見ると、日本の法人フランチャイジーの海外進出は、そのほとんどが外食店での進出であることが分かる。日本の外食企業が海外進出を急増させたのは2010年以降のことであるが（川端［2016］）、**表9－2**の法人フランチャイジーによる外食業の海外進出も、ほとんどが2010年以降のものとなっている。また、進出先は東南アジアが圧倒的であり、それ以外はハワイが見られる程度である。

　また、この表によると、法人フランチャイジーの海外進出には、オリジナルブランドを海外に出店するパターンと、国内でフランチャイズ展開するブランドを海外に出店するパターンという2種類があることが分かる。以下、順に見ていきたい。

（2）オリジナルブランドでの海外進出

　オリジナルブランドで海外進出した最初のケースも、先述の「チタカ・インターナショナル・フーズ」によるものであり、その進出先は台湾であった。同社は1988年に、カレーの生産拠点を構築する目的で台湾に進出し、カレー店も運営していた。

　しかし、1993年からはオリジナルブランドの「とんかつ知多家」を台湾で展開するようになり、一時期は14店舗にまで拡大したが、現在は競合も増えたため、現地の元社員がフランチャイジーとなって2店舗を展開するに留まる。

　その後の外食系オリジナルブランドの進出はすべて2010年以降のものであるが、表からも明らかなように、総じて店舗数の規模が小さいものが多い。そのなかで、積極的な展開を見せているのが先に紹介した「サンパーク」である。262ページに掲載したコラムにも記すように、同社は海外展開専用のオリジナルブランド「豚骨火山」というラーメン店を開発し、2012年のシンガポール進

出を皮切りに、タイとハワイでも展開をしている。また、近年ではパンケーキ
カフェの「ヴェルビュー」やカレー店「マジカレー」も開発し、東南アジア市
場での展開を開始している。

（3）フランチャイズブランドでの海外進出

　先ほど、国内で展開するフランチャイズブランドを海外に出店するパターン
もあると述べたが、日本のフランチャイズ本部が海外に出店するのであれば、
本部自らが海外展開を行うのが筋だといえよう。わざわざ、国内の経験しかな
い法人フランチャイジーを介在させる理由は理論的には見当たらない。

　しかし、現実には海外出店はリスクが大きいため、あるいは本部に海外進出
のノウハウがないために、海外に子会社を有する法人フランチャイジーや海外
でオリジナルブランドを展開している法人フランチャイジーに海外進出を任せ
るといったことが行われている。ただし、このようなケースは、**表9-2**のご
とく8件にすぎず、多くはない。

　このなかでは、先述の「サンパーク」が最も積極的であり、シンガポールで
「シャトレーゼ」を10店舗、タイで「ビアードパパ」を11店舗展開している。
このシンガポールのシャトレーゼ事業は、元々はシャトレーゼの日本本部が展
開していた2店舗の運営を引き継いだ（譲渡された）ところからはじまったと
される。その理由は、本部による店舗運営が十分な成果を上げていなかったか
らである。そこで、「豚骨火山」をシンガポールで運営する実績があった「サ
ンパーク」に話が来たとされる。同社が引き継いでからは業績が改善し、店舗
が拡大していった。このケースは、店舗運営のノウハウについてはフランチャ
イジーのほうが優位性をもっていることを示しており、興味深い（第8章参照）。[5]

---

(5)　このケースにおける店舗運営ノウハウとは在庫管理ノウハウであったとされ、在庫管理
　　の適正化によって収支が改善したとされる。なお、シンガポールのシャトレーゼは、「サ
　　ンパーク」以外のフランチャイジーも存在しており（**表9-2**の「ヤチヨ」を含む）、
　　シンガポールでの総店舗数は29店に達している（2020年12月1日現在）。

サンパーク
──大規模な海外展開はなぜ可能となったのか

　サンパーク（本社：大阪府吹田市）は、元々ガソリンスタンドを展開する企業であったが、1990年代に入ると業績が悪化し、先行きに不安を感じるようになった。そこで、飲食業を柱に立て直しを図る決断を行うが、ノウハウが十分でなかったためフランチャイズに加盟することにする。

　最初のブランドは1992年に加盟した「ピエトロ」と「びっくりドンキー」であったが、これらが時流を得て人気を得たことで、一気にフランチャイズビジネスを拡大していった。一方、同社は1990年代末頃からオリジナルブランド店の開発にも取り組むようになり、ノウハウの幅を広げていった。

　現在は、フランチャイズ店だけで13ブランド65店舗（海外22店含）を擁するメガフランチャイジーとなっている。また、オリジナルブランドも10ブランド30店舗（海外21店含）を展開している。

　同社の特徴は、日本の法人フランチャイジーとして最大規模を誇る海外事業にある。海外店舗は4ブランドで43店舗に達する。一般に、海外に進出に際しては、①進出市場の選択、②事業内容の決定、③店舗物件の決定を行う必要がある。同社が、これらをどのように解決したのかについて見ていきたい。

　まず、①についてはシンガポールが選択された。高所得、英語圏、物価水準、法人税優遇、親日的などが決め手となった。②は、現地子会社を設立して、現地市場を研究しつつ決定することにした。この子会社設立の過程で、シンガポールの国際企業庁で日本企業の誘致を担当していたS氏と関係ができたことが、その後の成功へのカギとなった。S氏が、現地の会計事務所や人材紹介会社、不動産会社などに幅広い人脈をもっていたからである。

　具体的な事業内容は、同社の社長自身が以前から関心を寄せていたラーメンに決まった。そこで、以前から交流があったフードプロデューサーのN氏を入れて、新しいラーメンの開発に着手し、6か月間の試行錯誤の末に完成したのが「豚骨火山」であった。これは、ラーメンと鍋の要素を合体させたもので、写真のごとく、熱した石焼鍋に豚骨ラーメンを入れて、煮立った状態で山形の蓋を被せ、蓋の天辺から湯気が出るようにすることで「火山」を表現するとい

うユニークなものである。東南アジアの消費者の嗜好を前提に開発されたラーメンといえる。

　最後の③については、先述のＳ氏から同じ役所にいたＬ氏を紹介されたことで乗り越えることができた。Ｌ氏は日本語も含めて５か国語に堪能なシンガポール人であり、多くのディベロッパーにも人脈をもつ人物であった。同社が東南アジアで迅速な展開ができたのも、Ｌ氏の店舗開発力のおかげとされる。

　こうして、2012年７月にシンガポールの１号店が開店し、翌年にはタ

豚骨火山ラーメン

イに、さらにその翌年にはインドネシア（撤退済み）へと一気に拡大することができたのである。

　サンパークの海外事業は、このようにＳ氏、Ｎ氏、Ｌ氏というキーパーソンによって、自社に足りないノウハウを補完できたことがカギとなっている。その点では、幸運な出会いが同社の海外進出を成功に導いたといえる。ただし、現地の店舗運営については、国内でのフランチャイズ事業で磨いた同社のノウハウが活きている。出店まではＳ氏、Ｎ氏、Ｌ氏の支えがあっても、出店後の店舗運営力が同社になければ事業は成立しなかったであろう。具体的には、高度な在庫管理やシフト管理による効率的な運営力である。261ページでも述べたように、同社の店舗運営の質の高さが評価されて、シンガポールでの「シャトレーゼ」のフランチャイジーになったことからもそれがうかがえる。

参考文献：李素煕・川端基夫［2019］「外食国際化の新たな胎動：フランチャイジー「サンパーク」の国際戦略」流通情報、No.537、28〜39ページ。

264

（4）飲食業以外の海外進出

　表9-2からは、外食業以外の進出も見てとれる。オリジナルブランドとしては、「東都クリエート」や「ありがとうサービス」のリユース店が挙げられ、共に東南アジアで多店舗展開を行っている。これらは、国内で運営するリユース店（フランチャイズ加盟店）で買い取った商品を海外の途上国に輸出して販売しているものである。日本製品の中古品は品質がよく、人気があるとされる。国内のフランチャイズビジネスとオリジナルな海外事業とをリンクさせた興味深い事例である。

　また、「G-7ホールディングス」による「バイクワールド」や「オートバックス」の東南アジア出店も見られる。同社は、当初中国の深圳（しんせん）に「オートバックス」を出店したが、中国では自動車数は多いもののカー用品は期待したほどには売れず1年で撤退、その後にマレーシア市場に転じた。マレーシアでは順調に伸びているとされ、3店舗に達している。自動車市場とカー用品市場とは別のものであることが分かる興味深いケースである。

5　地方企業としての法人フランチャイジー

（1）地方におけるフランチャイズチェーン店の意義

　では次に、地方企業としての法人フランチャイジーについて見てみたい。これまで見てきたように、法人フランチャイジーは全国に分布しており、メガフランチャイジーも全国に存在している。

　地方圏の法人フランチャイジーでヒアリングをしていると、ブランド選択にあたっては「地元の人が必要とするもの」や「地元の人たちが喜ぶもの」を選択の基準とするという声がしばしば聞かれた（第8章参照）。地方圏の消費者、特に若い世代にとっては、大都市で話題となっているフランチャイズチェーン

が地元に来ることは重大な関心事となる。

　たとえば、ファストフード店やカフェ、あるいは人気の回転寿司チェーン店やカラオケ店、レンタルショップなどがあるかないかは、若い世代にとっては地域での消費生活の質、さらにいえば地域での住み心地そのものを左右するファクターとなる。それはファミリー層にも当てはまり、週末に3世代が揃って食事に行ける小ぎれいな飲食店が地元にあるかどうかは、地域のアメニティー（住み心地）を左右する大きなファクターとなっている。

　チェーン店は、全国画一的な味付けやサービスが理由でネガティブに捉えられることが多いが、地方圏においては、わが町や近隣の町にそのようなチェーン店が進出していることで、いわば都市部と同じ消費生活が享受できるといった面で大きな意味があるといえる。それは、若者が地元に魅力を感じるかどうか、地元を離れるか留まるかといった問題にも影響するといっても過言ではない。その点で、法人フランチャイジーは、地域での生活の価値そのものに関与する重要な存在といえる。

　先述の「地元の人が必要とするもの」や「地元の人たちが喜ぶもの」という回答は、このような地方圏での消費者感覚をベースとしたものなのである。

（2）地方から見たフランチャイズモデル

　地方圏の法人フランチャイジーへのヒアリングにおいてよく耳にしたもう一つのことは、「フランチャイズ本部の戦略が地方には合ってない」、「フランチャイズのモデルが地方には適合していない」という意見であった。

　フランチャイズモデルの多くは大都市部で開発されたものであり、地方市場に適合するかどうかは分からない面もある。たとえば、カフェの場合、大都市なら店舗前の人通りや時間に追われるオフィスワーカーの行動を意識したモデル設計が必要となるが、地方圏の場合だと、カフェは車でわざわざ出向くところであり、ゆっくりと時間を使う場所となる。当然、客の回転数も異なるし、求められる店舗のレイアウトやデザイン、サービスも異なってくる。

　ショッピングセンターを例にとっても、地方では夕方をすぎると客数が極端に少なくなることが多い。レストランフロアも平日のディナータイムはガラガラであり、むしろランチタイムや昼間に売上が上がるモデルの設計が求められる。

　同様の齟齬は、定食チェーンでも生じている。都市部であれば1人客をはじめとした少人数客が多いが、地方だと地域におけるレストランの選択肢が少ないため、家族連れ、3世代連れでの来店が多くなり、メニューへの欲求も異なる。また、注文は増えるものの、滞留時間が長くなり回転が悪くなる。

　地方の法人フランチャイジーは、このような地方の消費市場の特性を踏まえながら、フランチャイズモデルを修正する必要に迫られている。しかし、現実には、モデルの修正は本部側が認めないため、地方市場には適合しないレイアウトの店舗に、客層とは合わないメニューが置かれることにもなっている。

　近年は、人手不足で人件費が高騰しているが、それは地方圏ほど厳しい状態にあるとされる。大学が少ないために学生アルバイトが確保できない、製造業との競合で主婦などのパート労働力も確保できない地域も多いからである。それらは人件費の高騰につながっている。一方、食材費やロイヤルティーは都市部と同じに設定している本部が少なくないため、地方圏では賃金が上がると店舗の収益が大きく低下するとされる[6]。

　また、本部のプロモーション戦略にもミスマッチが見られた。ブランドの人気が低下して集客力が下がると、本部は割引クーポンなどを発行することが多い。このようなプロモーションにしても、地方圏と都市部との違いが理解されていないとする法人フランチャイジーが少なくなかった。地方圏では都市部とは異なる競争構造がある（競合相手が大都市とは異なる）ため、本部側が行った不必要な値引きによって利益率が低下したというのである。

　このような都市型のフランチャイズモデルと地方の消費市場とのミスマッチ問題は、フランチャイズモデルに何らかの修正が必要となること、換言すれば地方型のフランチャイズモデルの開発が必要となることを示している。

6 地方圏の法人フランチャイジーの役割

　以上を踏まえるなら、地方圏の法人フランチャイジーの役割が見えてくる。それは、都市部で構築された標準的なフランチャイズモデルを地域の消費市場に適合する形に修正することによって、多様なフランチャイズ店を地域の消費者に提供する（地域の消費生活の幅を広げる）役割である。もちろん、そのためには本部が地方圏の市場を理解して、モデルの修正を認めるという柔軟な対応をする必要がある。その意味では、本部の姿勢が問われることになる。

　人口減少時代における地方創生が叫ばれて久しいが、多くの場合それは、地方における産業や経済活動の創出と活性化と、それに伴う雇用の創出と人口定着や人口流入に主眼が置かれてきた。もちろん、それらも重要であるが、一方で地方での消費生活の質の向上という視点も重要となる。これまでの地方創生の議論では、このような消費生活への視点が弱かったのではないかというのが筆者の印象である。人口定着や流入を考えるなら、地域での生活満足度をいかに上げるのかという問題についても議論する必要があろう。

　このような地方での消費生活問題において、法人フランチャイジーが果たすべき役割は小さくないと考える。つまり、法人フランチャイジーは、地方創生のアクターの一つとして認識されるべきなのである。これまで日本の消費生活を「黒子」として担ってきた法人フランチャイジーではあるが、今後の人口減少社会を見据えるなら、本部を気遣いながら「黒子」に徹することが適切かどうかは疑問である。法人フランチャイジー自身が、地域社会や地域の消費生活に対する責任と役割を、より明確に認識すべき時代が到来していると考える。

⑹　一般に、外食の場合は、食材費と人件費の合計が売上高に占める割合（FL比）が利益を決めるとされる。ブランドにもよるが、目安は割合が60を切ることとされている。しかし、フランチャイズチェーンでは、本部からの食材費が割高になるため、その在庫管理を厳密に行って廃棄ロスを減らすと共に、効率的なシフトを組むことで人件費を削減する必要がある。しかるに、人件費が高騰すると、地方圏は売上自体が低いためにFL比が上昇して利益が出なくなってしまうのである。

補　章

フランチャイズの捉え方

1　フランチャイズの概念をめぐる課題

　従来のフランチャイズ研究では、フランチャイズの概念自体に関する検討が曖昧にされたまま議論が進められる傾向があった。本書でも、あえてこの本質的な部分には深入りしないで論を進めてきた。

　しかし、フランチャイズとはどのようなものを指すのかという根本的な問題は、フランチャイズ研究を行う場合、避けては通れない問題である。そこで「補章」として、今後のフランチャイズの研究を行う際に重要となる四つの課題を検討しておくことにする。

　一点目は、フランチャイズの本質的な特性の理解である。換言すれば、フランチャイズとは歴史的に見てどのような要件を有する仕組みを指すのか、ということである。フランチャイズの定義は、各国における法律やフランチャイズ関係の団体によってなされてきたが、それらは各国の実情や時代性などを反映したものとなっており、必ずしもフランチャイズの本質的な概念を明確にするものとはなっていない。フランチャイズの本質的な特性が明らかにならないと、フランチャイズとよく似た仕組みである「代理店制」や「ライセンス制」、あるいは「ボランタリーチェーン」や「暖簾分け」との違いも明確にならない。

そのためにも、フランチャイズの本質とはそもそも何かについて歴史的に振り返っておく必要がある。

　二点目は、多様性に富むフランチャイズのシステム特性の合理的な捉え方である。フランチャイズと一口に呼んでいるものには多様なものがあるため、従来は静態的な区分で分類されてきた。すなわち、一般的には「製品商標型」、「ビジネスフォーマット型」の２類型が用いられることが多い。しかし、そもそも定義が先にあって現実が進展したわけではないので、タイプ分類をしても曖昧なものや例外的なものが必ず出現してくる。実際、２類型の中間に位置するシステムも存在する（第２章参照）。したがって、定義や類型にこだわるのではなく、システムの特性をいくつかの中核的なファクターを基に合理的に捉える方法を検討する必要がある。

　この課題について筆者は川端［2010］ですでに検討しているが、今回はそれをベースにして改めて要点を整理したい。そのうえで、広く用いられてきた「製品商標型」と「ビジネスフォーマット型」について、その区分の問題点を明らかにしたい。

　三点目は、それまでの議論を踏まえて、フランチャイズとよく似た仕組みであり、しばしば混同される「代理店制」、「ライセンス制」、「ボランタリーチェーン」、「暖簾分け」との相違を検討することである。これにより、フランチャイズとの相違の核心を明らかにしたい。

　四点目は、「序章」においてフランチャイズ研究の新しい課題の一つとして挙げた、アメリカと日本におけるフランチャイズの実態に関する相違である（序章で示した課題５）。これについては、アメリカでの実態把握ができていないため、現時点で筆者が管見するかぎりのことを何点か指摘するに留めざるをえないが、英語圏の論文を読む場合には、それらが暗黙の前提としている「背景」を念頭に置くことの重要性が理解できるであろう。

2 フランチャイズの基本要件とは

　まず、一点目の課題から検討したい。フランチャイズの基本要件としては、その歴史的な発展プロセスから四つの要件が抽出できる。

要件1　本部が加盟者に何らかの特権を独占的に与え、その対価を徴収すること

　Thompson［1971］によると、英語のフランチャイズ（Franchise）は、フランス語のfrancherやaffranchirの古い用法に由来するとされ、元々は制約や隷属からの解放（自由）を意味したとされる。これが転じて、特別な人々や団体に付与される特権という意味をもつようになり、たとえば定期市の開催権やギルドによって与えられる特権にも用いられるようになった。その後、開拓時代のアメリカでは、政府が鉄道や発電の権利を民間に付与する契約という意味でも用いられるようになったとされる。

　このように、歴史的には君主や政府が特定の個人や組織（教会など）に何らかの特権を独占的に与えて、その対価を徴収することを「フランチャイズ」と呼んできたわけであるが、この点がフランチャイズの歴史的な基本要件の一つといえる。この要件に従うなら、日本でも類似の仕組みが古くから存在したことに気付く。それは、仏教界における「本山・末寺制度（本末制度）」や茶道・華道の「家元制度」、そして中世の「座」や江戸時代の「株仲間」などである。これらも、この要件については満たしている。

　ところで、特権を独占的に与えるという場合の「独占的」には二つの意味がある。一つは、その特権が「特定の者＝加盟者（契約を行い加盟金を払った者）」にだけ与えられるという意味であり、今一つは、その特権の地域独占権が与えられる（テリトリーを割り当てられる）という意味である。後者は、特定地域（商圏）における独占的な販売権、独占的な出店権が与えられることを指している。アメリカでは、この地域独占性が比較的担保されてきた。

　ただし、日本のフランチャイズにおいては、後者の特定地域における独占性

がどこまで担保されるのかについては業種によって差が大きい。学習塾やフィットネスといったフランチャイズでは、店舗当たりの最低限の会員数・生徒数を確保するためにエリアごとの出店数制限が行われている。一方、外食業やコンビニでは地域独占性が担保されていないことが多い。日本の場合は、本部が食材費や商品代で利益を上げるシステムが多いため、店舗数を増やすことが本部利益を増大させることになるため、本部が地域独占性を崩して出店を認めるといったことが起こりやすい。したがって、日本では「独占的」という部分が必ずしも地域独占を意味しない点には留意が必要である。

要件2　本部が外部者を契約によって組織化し、統一した商号・商標を掲げて消費者に商品（メニュー）やサービスを提供すること

　権力者が特定の個人や組織に特権を与えるという意味だったフランチャイズが企業のビジネスに活用されるようになったのは、19世紀中盤になって、アメリカでミシンの販売を行ったシンガー社や、農業機械（刈り取り機）の販売を行ったマコーミック社などが販売活動に取り入れてからのことであった。[1]

　機械メーカーがフランチャイズ制を導入した背景には、機械製品の販売に際しては専門的な知識が必要であるほか、販売後もアフターケア（修理など）が必要だったことがある。そういった顧客への対応を地域ごとに第三者に代行させるため、メーカーが各地に存在した既存の販売店との間で契約を交わしたのである。

　このような販売の仕組みは、20世紀になって普及した自動車の販売（ディーラー制）にも導入され、さらには自動車部品やガソリンの販売にも導入されることでアメリカを中心に一気に拡大した。

　これらの販売店は、資本的にはメーカーの支配を受けない独立した外部者である。しかし、契約に基づき、統一した商号・商標を掲げて、あたかも一つの組織のようなイメージを打ち出して販売を行った点に特徴がある。

　このような外部者を契約によって組織化し、統一した商号・商標のもとで自社商品を販売させる手法は、歴史的には製品商標型からはじまっているが、戦

後のビジネスフォーマット型にも引き継がれており、フランチャイズに共通したものとなっている。

要件3　本部は商号・商標の使用権、オリジナリティーが高い商品の販売権、ノウハウの利用権を加盟者に提供する

　歴史的に見ると、本部が加盟者に与える「特権」の内容は時代と共に変化してきている。初期は、「シンガー社」や「マコーミック社」のように商号・商標使用の特権や、オリジナル性が高いミシンや刈り取り機を販売する特権を加盟者に付与するものであった。

　ところが、1920年代になると、商品だけでなくノウハウも一緒に付与する本部が現れた。その先駆けが「A&W社」であった[2]。同社は、1920年代にオリジナル商品である「ルートビア」（ノンアルコール飲料）の販売権を加盟者に与えると同時に、ハンバーガーを主としたロードサイド型のレストラン業態での運営ノウハウも提供した。同社の主眼はあくまでもルートビアの原液販売（加盟者への卸売り）に置かれていたが、それはジョッキで客に販売されていたため、それを提供するレストランの品質を維持するという狙いがあった。

　1930年代の中頃になると、レストランチェーンの「ハワード・ジョンソン社」がさらに発展したシステムを開発した。同社は、オリジナルのアイスクリームを販売する権利を加盟者に与えたが、同時にそれを提供するレストランの運営ノウハウも提供をする仕組みを構築した。A&W社との違いを述べると、A&W社がレストランのノウハウからはほとんど対価を取らなかったのに対して、ハワード・ジョンソン社はノウハウからも対価を得たことである。これが、ノウハウの対価としてロイヤルティーを徴収した嚆矢とされる[3]。

　第2次世界大戦後の1950年代になると、「マクドナルド社」や「KFC社」の

---

(1)　アメリカにおけるフランチャイズの発展過程については、Dicke［1992］に詳しい。
(2)　A&W社のフランチャイズの特徴については、小嶌［2005］に詳しい。
(3)　ハワード・ジョンソン社は、その後ホテルチェーンを展開するようになり、レストラン事業からは撤退した。

ように、商品（メニュー）だけでなく店舗運営のノウハウ全般（店舗デザイン、サービス、会計手法など）を提供するようになった。すなわち、商品と経営ノウハウのすべてをワンパッケージ化して加盟者に付与し、対価を徴収したわけである。

　このように、時代と共に本部が提供する特権の内容とそれに対する対価のとり方は変化を遂げていったが、本部側が提供する商品（メニュー）やフランチャイズパッケージには、他者には模倣ができないオリジナリティーが備わっていることが要件となる。

要件4　本部は、加盟者を継続的にガバナンス（統制と支援）する

　フランチャイズには、そもそも「制約や隷属からの解放」という意味があることはすでに述べた。現代においても、本部と加盟者は独立した事業者であり、対等な契約関係にあるというのが一般的な理解である。

　しかし、実際には、本部が加盟者に対していかに厳格に契約を遵守させるのか、どのような統制（組織ガバナンス）を行うのかが本部側の大きな課題となってきた。小本［2018］によると、シンガー社は販売店を専属代理店として組織し強い統制力を発揮したが、マコーミック社は刈り取り機が季節性をもつ商品であることから専売制がとれず、加盟者への統制力が発揮できなかったとされる。つまり、シンガー社は強い統制によって販売力のある組織を構築したが、マコーミック社はそれが十分にできなかったため、十分な成果が上げられなかったということである。これは、加盟店への統制の強弱が本部側の利益にも影響を与えることを示すものといえる。

　統制の強さは、統制する対象項目の幅の広さの観点からも捉えられる。昭和初期に日本に進出した「フォード社」や「ゼネラルモーターズ社」は、日本国内のディーラーに対して幅広い項目を統制したとされる。専売制はもちろんであるが、そのほかに現金決済、商品の陳列方法、サービス・ステーションの完備、一定台数の在庫ノルマ、営業専任部長の配置などといった条件を代理店に課していた。特に、「日本ゼネラルモーターズ社」の場合は、詳細な売上報告

書を毎月10日に提出することをディーラー側に義務づけていたとされる（堀内
[2003]）。

戦後に発展したビジネスフォーマット型の場合は、後述（280ページ）のように フランチャイズパッケージの内容が多岐にわたるため、統制対象の項目の幅が広く、その意味において本部統制は強いといえる[4]。日本では、製品商標型のものはフランチャイズの定義から外れているため、基本的にすべてのフランチャイズがビジネスフォーマット型である[5]。したがって、日本では本部による統制が強い（多岐にわたる）ことがフランチャイズの基本要件となっている。それゆえ、統制が弱いものは、代理店制やライセンス制、あるいはボランタリーチェーンの範疇に入るものと考えてよかろう（本章5節参照）。

ところで、第2次世界大戦後に発展したビジネスフォーマット型においては、本部による監督的な統制だけではなく、加盟者への支援も行われるようになった。すなわち、本部が開業時（店舗建設）の資金面での支援、新商品の開発、広告、販促キャンペーン、経営情報の提供、経営ノウハウの提供、従業員教育などを行うことである。これが、製品商標型との大きな相違といえる。多くの本部は、「スーパーバイザー（SV）」と呼ばれる本部の指導員を定期的に店舗へ派遣し、契約に沿った運営の状況を監督すると共に、経営上のアドバイスや情報提供を継続的に行っている。このように、本部は統制と支援を通して組織全体をガバナンスしているのである。では、その組織ガバナンスはどのような

---

(4)　戦後のビジネスフォーマット型においては、多くの契約のなかに「競合避止義務」条項が設けられており、本部から与えられたノウハウを用いて、同業の店舗を独自に営むことができないルールとなっている。たとえば、ラーメン店のフランチャイズに加盟した場合は、ラーメン店についてはその加盟ブランドの店しか営めない。これは、いわば専売制と似た統制の一つといえる。

(5)　1972年設立の日本フランチャイズチェーン協会の定義。製品商標型を外した理由について川越［1999］は、戦前から多くのメーカーが採用して社会に定着していた代理店制や特約店制と、戦後に新しく入ってきた新しいフランチャイズとの区別をつける必要があったためと見ている。また、筆者［川端2010］は、それに加えて、特約店制や代理店制を含めると大メーカーを会員とせねばならず、新しく芽生えたフランチャイズ業界の育成と、それを支えていた零細企業の健全化という協会設立の趣旨から外れることが危惧されたのではないかと推察している（前掲書、44ページ）。

方向を目指して行われるのであろうか。

　この点について川端［2010］では、「本部と加盟者が『一つのブランド価値の管理と創造を通して相互に利益を享受する方向』にフランチャイズを導くことが、本部によるガバナンスの意味であり、本部に求められていることなのである。本部にとって、加盟者はブランド価値創造のパートナーであって被支配者ではない」（132ページ）とした。本部と加盟者の関係は、チェーンのブランド価値の創造を目指す関係だとする捉え方である。このような捉え方は、近年では英語圏での研究にも見られるようになっている（Badrinarayanan *et al.*［2016］; Yakimova *et al.*［2019］など）。

3 中核的なファクターとそれらの関係性

（1）三つの中核的ファクター

　以上の四つの基本要件を踏まえると、フランチャイズシステムの特性を規定する中核的ファクターが見えてくる。結論的には、「商品」、「ノウハウ」、「組織ガバナンス」の三つである。そして、それら三つの関係性を基に、個々のフランチャイズシステムの特性が理解できると共に、全体のなかでのポジショニングが確認できる。どういうことか、順に説明したい。

ファクター1——商品

「要件1」から「要件3」でも分かるように、19世紀からはじまったフランチャイズは、本部（メーカー）が外部の販売業者に「特権」として自社の商標利用と商品販売権を独占的に付与する契約を結び、同じ商標の下であたかも一つの組織のように機能する販売網を構築することであった。1960年代までは、この手法がフランチャイズの主流であった。

　このタイプのフランチャイズでは、本部は商品販売から生まれる利益（卸売

り販売益）が収入源であった。商品を取り扱うノウハウや販売するノウハウも一応は提供したものの、そのようなノウハウの対価を徴収することはなかった。したがって、商品のオリジナリティーや品質の高さが競争優位性や加盟者拡大のカギとなったのであり、商品こそがフランチャイズシステムの特性を決定づける中核的ファクターとなっていた。

ファクター2──ノウハウ

　1950年代になると、商品そのものではなくノウハウを売って利益を上げる商売が登場する。「KFC」社がその嚆矢とされ、自らが開発したフライドチキンの製法を圧力窯や調味料とセットにして既存のレストランに売り込み、チキンの販売量に応じたロイヤルティーを徴取する事業を開始した。その後、KFC社は独自の店舗でフライドチキンを販売するスタイルに発展させ、製法だけでなく店舗運営全般のノウハウの対価としてロイヤルティーをとる仕組みを整備していった。

　同時期の「マクドナルド」社も、店舗の運営ノウハウ全般を加盟店に提供する仕組みを開発したが、同社は特に継続的な指導を重視して、その指導の対価としてロイヤルティーを徴収した。[6]

　このようなタイプのフランチャイズは、のちに「ビジネスフォーマット型」と呼ばれるようになったが、本部の利益の源泉を商品からノウハウに転換させた点が大きな変化であったといえる。この変化の背景には、アメリカでは食材販売から本部がマージン（利益）を得ることが反トラスト法において禁じられていたことがある（298ページ参照）。つまり、食材についてはオリジナリティーの高い（代替が利かない）ものだけは本部から供給できるが、それ以外の一般的な食材や包材は、加盟者が選んだ納入業者から適正価格で購入ができるよ

---

(6)　ロイヤルティーが何の対価であるのかについて統一した理解があるわけではないが、ノウハウ利用料や経営指導の対価であるというのが一般的な理解である。ただし、それに加えて、ブランド名、商標・マークの使用料を含める場合もある。なお、広告宣伝費については別途徴収するケースが見られる。

うになっていた。そのため、本部は主たる収入源をロイヤルティーに求めるしかない状態にあるといえる[7]。したがって、このタイプのものでは、ノウハウのオリジナリティーこそがフランチャイズシステムの特性を決定づける（差別化する）中核的ファクターとなってきた。

ファクター3——組織ガバナンス（統制と支援）

「要件4」で述べたように、フランチャイズでは本部による加盟店の統制と支援が行われてきた。すなわち、異なる組織体である本部と加盟者が一体となってブランド価値の創造を目指すための組織ガバナンスが行われる点が、フランチャイズの大きな特徴となってきたのである。

　このような組織ガバナンスの存在が、フランチャイズの三つ目の中核的ファクターといえる。というのも、この組織ガバナンスの内容と強弱によって、各種のシステムを特徴づけることができるからである。

　それは、フランチャイズの2類型である製品商標型とビジネスフォーマット型の違いを捉えるに留まらず、後述（285〜290ページ）のように、フランチャイズに類似した代理店制やライセンス制あるいはボランタリーチェーンとの違いを捉える際にも有効となる。すなわち、フランチャイズ制は代理店制やライセンス制などよりも組織ガバナンスが強いことに特徴があると考えられ、その強弱でフランチャイズと他の仕組みとを区別して理解することが可能となるのである。

（2）製品商標型とビジネスフォーマット型の理解

　商品、ノウハウ、組織ガバナンスという三つのファクターがフランチャイズシステムの特性を捉えるキーファクターだとするなら、これまで広く用いられてきた「製品商標型」と「ビジネスフォーマット型」の2類型は、その三つのファクターからどのように捉えられるのであろうか。**表補−1**を見ながら、改めてそれぞれの相違を見ておきたい。

表補－1　製品商標型とビジネスフォーマット型の比較

項目		製品商標型	ビジネスフォーマット型
商品		統制強い（専売制）	統制強い（標準化）
ノウハウ		商品のかたちで提供	パッケージ化して提供
組織ガバナンス	商号・商標	統制強い	統制強い（使用料の発生）
	店舗デザイン	統制弱い	統制強い
	運営指導	継続性弱い（加盟時中心）	継続性強い
	支援	各種リベート	多様な支援
本部利益の源泉		商品販売による差益	加盟金とロイヤルティー

出所）筆者作成。

商品

　製品商標型の場合は、当然のことながら商品に対する統制は強い。原則として専売制がとられ、他者の類似商品の併売が認められていない。その点において、併売が認められている代理店制や特約店制よりは統制が強いといえる。日本では、ガソリンスタンドの加盟店制がこの典型となる。[8]

　ビジネスフォーマット型の場合も、販売商品・メニューの統一度は極めて高く、小売業であれば本部が供給する商品しか売れず、外食業であれば本部が承認したメニューしか提供できないことが基本となっている。

ノウハウ

　製品商標型の場合は、商品に本部のノウハウのすべてが込められていると見なせる。よって、運営指導も加盟時には行われるものの、基本的にその後の継続的な指導は行われない。もちろん、商品の専門性が高いものは、新商品が出

⑺　後述のごとく、アメリカではマクドナルド社のように、店舗不動産のリース代から利益を得る本部も1960年代から1970年代に多く見られた。

⑻　日本で最初のフランチャイズ（1956年創業）といわれるコカ・コーラ社のボトリングシステムも、このタイプと見なせる。本部は原液を販売するのが主目的であり、各地のボトラー（瓶詰め業者）が加盟者となったフランチャイズである。

るたびに本部から商品の取り扱いに関するノウハウ供与が継続的に行われる（自動車や携帯電話など）。

ビジネスフォーマット型の場合は、業種を問わず多様なノウハウがパッケージ化されて加盟者に提供される。そのパッケージの中身は本部によって差が大きいが、小売業や飲食業の場合は、商品知識、店頭業務、在庫管理、情報システムの使用法、接客教育、従業員シフト管理、会計システムなど多岐にわたる。それゆえ、ノウハウ習得のための研修が、本部の研修施設や直営店などで数週間から数か月間にわたって行われることが多い。

組織ガバナンス

製品商標型では、商号・商標の統一に関しては厳格に統制されるが、それ以外の部分の統制が全般的に弱い。また、消費者にアピールする店舗デザインやレイアウトに関する統制も弱いケースが多い。前述のごとく、商品に込められたノウハウ以外にほとんどノウハウが提供されないため、運営指導も継続性が弱い。また、加盟者への支援は、もっぱら販売実績に応じたリベートなどの形でなされることが多い。

ビジネスフォーマット型の場合は、チェーンのブランドイメージにかかわる商号・商標の使用（看板など）、店舗デザインやレイアウトなどの部分が強く統制される。店舗については、その立地点も加盟者の自由にはならず、本部承認が必要となる場合が多い。また、広範にわたるノウハウが提供されるため、運営指導もスーパーバイザー（SV）を巡回させるなど継続性が強いものとなっている。一方、本部による加盟者への経営支援制度がある場合が多く、開業時の金融支援、従業員の雇用支援などが行われている。

以上の三つのファクターから見た相違のほかに、**表補−1**に示したように本部利益の源泉に違いがある。基本的には、製品商標型は商品販売によって生じるマージン（差益）が収入源であるが、ビジネスフォーマット型は加盟時の加盟金と毎月のロイヤルティーが収入源となっている。加盟金とロイヤルティー

が何に対するものであるかは、本部ごとに解釈が異なる。

　加盟金は、店舗立地評価の費用、店舗建築工事の管理費用、立ち上げ支援費用、研修教育の費用などと考えられるが、そこにブランド使用料を入れる本部もある。ロイヤルティーは毎月徴収されるものであるため、商号・商標の使用料、スーパーバイザー（SV）による継続的な経営指導料、情報システムの使用料といった日々の支援や使用料の対価とされることが多いが、定義があるわけではないため本部ごとに内容や理解が異なる。

4 フランチャイズのシステム特性の捉え方 ——フランチャイズの分析フレーム

（1）システム特性の動態的な捉え方

　では、以上の三つのファクターを使って、二点目の課題であるフランチャイズシステムの特性に関する合理的な捉え方を検討したい。まず、個々のシステムの特性は、「商品」のオリジナリティーに依存するのか、「ノウハウ」のオリジナリティーに依存するのかで特徴を捉えることができる。**図補−1**に示すように、「商品」と「ノウハウ」のファクターからなる軸上の位置（バランス）でその特性を捉えるのである。

　この考え方を用いると、「製品商標型」と「ビジネスフォーマット型」という二つの区分も、その境界の曖昧さに悩むことなく一つの軸上で動態的に捉えることができる。たとえば、先述したA&W社のシステムはルートビア社の販売に主眼が置かれていたが、レストランの運営ノウハウも提供していた。とはいえ、ノウハウの対価はとらず、あくまで商品販売の利益に依存していたことから、軸上では中央から商品寄りの位置にポジショニングできる。

図補−1　システム特性の捉え方

　また、日本における1960年代の外食フランチャイズのシステムは、食材販売に主眼を置いてノウハウの提供はほとんど行っておらず、ロイヤルティーも徴収していなかったものが多数存在した。これも、この図ではA&W社と似た位置にポジショニングされる。

　前者は製品商標型、後者はビジネスフォーマット型に区分されてきたが、この図では同じ位置にあることから、製品商標型とビジネスフォーマット型の区分の矛盾が指摘できる。

　このように、システムの特徴を正確に捉えるには、静態的な区分ではなく、商品とノウハウのバランスを示す軸上の位置関係で捉えるほうが合理的である。これらの本部が、のちにシステムの内容を変更した場合（たとえば、ノウハウからロイヤルティーを徴収するようになった場合）も、軸上の位置関係を動かすことで把握が可能だからである。

（2）組織ガバナンスの動態的な理解

　次に、組織ガバナンスのファクターであるが、これは程度の差こそあれ、どのようなシステム（製品商標型、ビジネスフォーマット型共に）においても見られるものである。しかし、個別のシステム間での差が大きいことから、その強さ（弱さ）の程度は軸上で動態的に捉えるほうが合理的であろう。ただし、その強弱を測定することは難しいため、統制を行う項目数（範囲）の視点や契約内容の視点から強弱を捉えることが適切となろう。

　以上のことを総合すると、フランチャイズのシステム特性は、基本的には**図補‐2**のごとく、商品かノウハウかという軸と、組織ガバナンスの強弱という軸のなかで位置づけて捉えることが可能となる。

　ところで、この図の商品とノウハウの軸は、いわばガバナンスの手段と見なすことができる。本部が加盟店を統制するにあたって、オリジナル商品の供給を使って統制（支配）するのか、高度なノウハウの提供を使って統制（支配）するのか、ということである。加盟店からすると、前者の場合はオリジナルな

図補－2　商品、ノウハウ、組織ガバナンスの関係性

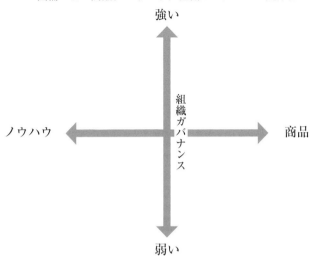

商品の供給に価値を見いだしたからこそ本部の統制を受け入れることになり、後者の場合は高度な運営ノウハウの提供に価値を見いだしたからこそ本部の統制を受け入れることになる。

（3）システム特性の類型化

　次ページに掲載した**図補－3**に基づくなら、象限によって各業種のシステム特性を四つに類型化して捉えることが可能となる。

　第1象限のAは商品のオリジナリティーに依存する部分が多く、かつ組織ガバナンスが強いタイプのシステムである。これには、アパレル系や専門店といった小売業のフランチャイズが該当する。それらは、ほぼ100％がオリジナル商品であり、その店舗デザインや陳列、在庫管理、価格管理など、幅広い項目で本部が強い統制を行うからである。このようなシステムの本部は、直営店の比率が高まるタイプともいえる。

　第2象限のBはノウハウに依存する部分が多く、かつ組織ガバナンスが強い

図補－3　主要な業種のシステム特性の位置づけ

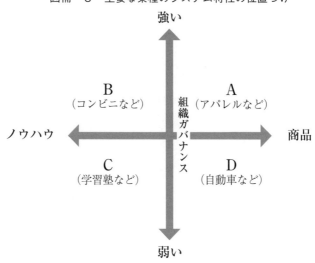

タイプのシステムである。これには、コンビニのフランチャイズが該当するであろう。コンビニは、1980年代の中頃まではスーパーでも販売しているNB商品（ナショナルブランド）の販売が中心の小売業であり、その強みは、先進的なPOSシステムや在庫を極端に減らす物流システムによる効率的な経営ノウハウであった。

　その後、急速に進んだコンビニのPB商品（プライベートブランド）の開発も、いわば本部の商品開発ノウハウが凝縮されたものである。その意味では、模倣不可能なノウハウの高さがシステムの根幹をなしているといえる。しかし一方で、高度なマニュアルや情報システム、会計ステム、そして詳細で厳格な契約が組織全体を強くガバナンスするものとなっている。

　第3象限のCはノウハウに依存する部分が多く、かつ組織ガバナンスが弱いタイプのシステムである。これには、学習塾のシステムが該当するであろう。学習塾は、基本的にノウハウに依存したシステムが多く、オリジナリティーの高い教材も本部のノウハウが凝縮されたものである。しかし、組織ガバナンスは強いとはいえない。

　たとえば、個別指導塾のように大学生アルバイトの講師への依存度が高いものでは、講師のノウハウへの統制は弱い。また、教室のデザインやレイアウトなどの施設・設備に対する本部の統制も弱く、講師の採用や管理も加盟者に委ねる部分が多くなっている。

　第4象限のDは商品に依存する部分が多く、かつ組織ガバナンスが弱いタイプのシステムである。この象限には、伝統的な製品商標型のシステムの多くが入る。たとえば、自動車のディーラー制やガソリンの販売システムもここに入る。ただし、日本では、このタイプのシステムはフランチャイズの定義から外されている点に注意すべきである。

　なお、外食業系のシステムについては多様な特性をもつものがあり、A〜Dのすべての象限に該当するものが存在する点にも留意が必要である。

5　代理店制、ライセンス制、ボランタリーチェーン、暖簾分けとフランチャイズとの相違

　フランチャイズの基本要件とシステム特性の捉え方が明確になったところで、三点目の課題である「代理店制」、「ボランタリーチェーン」、「ライセンス制」、「暖簾分け」といったものとフランチャイズ制との相違について整理しておきたい。[9]

代理店制

　代理店制とフランチャイズとの相違については、日本にフランチャイズが入ってきた1960年代から問題となってきた。多くの消費財メーカーが導入していた代理店制度は、戦前から日本に広く定着していた。それと新しく入ってきたフランチャイズ、特に製品商標型とは共通点も多く、明確な区別を付けることは困難であった。そのことが、日本でフランチャイズの定義から製品商標型が

---

(9)　法律論の観点からフランチャイズシステムとボランタリーチェーン、パッケージライセンス、代理商などとの相違を検討したものに小塚［2006］がある。

外された一つの要因にもなっていたと見てよい（川端［2010］）。

　そこで、これまで述べてきたフランチャイズの四つの要件に照らして、その相違を検討したい。まず、「要件1」から「要件3」までについては、製品商標型と代理店制との間に明確な差は見られない。しかし、「要件4」のガバナンスのあり方についてはやや異なる。端的にいえば、フランチャイズ制は継続的なガバナンスが強く働き、代理店制ではそれが弱いということである。

　代理店制は、原則として店頭には「○○の代理店（特約店）」とメーカーの商号が表示されるが、販売店の屋号も併記されることが多いため、メーカーと販売店とは直接関係がないことを消費者も認識している。それゆえ、店舗イメージの統一も強くはなされず、他社製品の併売も禁じないのが一般的である。メーカー側からの指導も、新商品が出た際にはその商品の効能や取り扱いについては講習などが行われる場合もあるが、日常の販売ノウハウについての継続的な指導はない。また、店頭陳列の統制も緩やかで、基本的には販売店の経営支援もなされない。ただ、販売実績に応じた数量リベートやバックマージンなどのインセンティブは存在する。

　これに対して、フランチャイズは原則として店頭に本部の商号・商標をそのまま掲示し、本部との一体性を消費者にアピールしているため、消費者側もその店が本部の直営店かフランチャイズ店かの区別がつかない。それゆえ本部側は、直営店と同質の顧客対応を加盟者に求めてガバナンスを強めることになる。具体的には、他社製品を販売しない専売制をとり、店舗イメージ（デザインやレイアウト）、商品の品揃えや陳列、接客サービス、会計処理など、幅広い部分で継続的な指導と統制を行うことになる。また、加盟者への経営支援も行われる。

　もちろん、どこまでガバナンスを強化するかについては本部の戦略に依存するため、本部ごとに差が生じる。フランチャイズであっても商号・商標を完全に統一しないケース、専売制をとらないケース、店舗デザインの統一にこだわらないケース、などが存在してもおかしくない。そのようなケースは、代理店制に近づくことになる。

　したがって、代理店制と製品商標型のフランチャイズとの間には明確に区分できるファクターはない。あえていうなら、フランチャイズは商号・商標および店舗の統一度が強く、専売制がとられることが多い点である。しかし、正確にいえば、どちらも「組織ガバナンスの強さ（弱さ）」という一つの軸上に乗っているのであり、その強弱の程度で判別するしかないことになる。当然、中間的なものが存在する（生まれてくる）可能性がある。

　筆者は川端［2010］において、フランチャイズに製品商標型を含めて議論した。それは、アメリカをはじめとする海外（英語圏）の研究との連続性を図るためであった。その際、製品商標型のなかに代理店制を「ゆるやかなフランチャイズ」として含めていた。その理由は、以上のような代理店制と製品商標型との連続性を念頭に置いていたからである。

ライセンス制

　これは「パッケージライセンス」とも呼ばれるもので、商号・商標、事業コンセプト、一部の商品、ノウハウなどをパッケージ化して加盟者に提供する仕組みである。「要件1」から「要件3」についてはフランチャイズとほぼ同じであるが、対価の徴収法が異なる。すなわち、対価は基本的にパッケージの使用料だけであり、売上や粗利益からロイヤルティーを徴収することはない。また、商号・商標の統一にもこだわらないケースも少なくない。

　最も異なるのは「要件4」のガバナンスのあり方で、これが非常に弱い。実質的には、ブランドイメージを毀損することがなければ本部は経営に関与しない。また、商品の仕入れ先も、本部のオリジナル商品以外は自由である。組織ガバナンスが弱いゆえに、加盟者の自由度が非常に高い点がメリットといえるが、フランチャイズのような経営支援はない。あくまでも、加盟者がライセンスを利用して（使用料を払って）商売をするというだけの仕組みといえる。

⑽　川越［1972］は、「○○の代理店」と文字が付加された状態で商号が掲げられるので、法的には商号の貸与には当たらないとしている。この点も、フランチャイズとの違いといえる。

　例としては、100円ベーカリーのパッケージライセンスがある。本部から冷凍の生地を購入し（種類の選択は自由）、店舗で焼いて販売するだけのもので店舗名も自由だし、売上からのロイヤルティーの徴収もない。

ボランタリーチェーン

　ボランタリーチェーンは、大正期から日本で見られた仕組みである。これは百貨店などの大型店に個人商店が共同で対抗することを目指したもので、既存の同業者（小売業など）が加盟する点に特徴があり、共同仕入れによる価格競争力の強化、共同広告による販売力の強化を目的とした。

　日本にフランチャイズが登場した1960年代には、すでにボランタリーチェーンが普及していた。これには、メーカー主導のもの、卸主導のもの、小売主導のものなどがあったが、いずれにせよ既存商業者の同盟組織であり、個別の事業者の独立性（発言力）が強かった。換言すれば、本部による組織ガバナンスが弱い（強い統制力をもたない）ために合意形成が難しく、組織としての意思決定が迅速にできない（遅れる）ことが難点であった。[11]

　したがって、「要件1」から「要件3」については、一部は該当するものの、それは緩やかなものであった。大きく異なるのは「要件4」であり、本部のガバナンスが弱い点がフランチャイズとは異なっていた。

　1960年代には、フランチャイズのような詳細な契約に基づく強いガバナンスは本部と加盟者とのトラブルを招きやすいため、ボランタリーチェーンのような緩やかな同盟組織のほうが日本人には受容されやすいという見方もあった。実際、1960年代の旧通産省はボランタリーチェーンの育成のほうを重視していた（第2章72〜74ページ参照）。

暖簾分け

　日本でフランチャイズが普及したのは、古くから暖簾分け制度が存在したからだ、とする指摘も見られる。しかし、実際には両者は大きく異なっている。近世の「暖簾分け」は奉公人を独立させる制度で、本家がノウハウと開業資金

を提供し、商号（暖簾）の使用を認めた制度である。長年の奉公に報いる制度であり、奉公人のモチベーションを持続させるインセンティブでもあった。

　暖簾は本家の社会的信用の証でもあったため、それの使用を認めることは、当該者のノウハウが本家と同等であることを認めたということでもあった。フランチャイズと決定的に異なるのは、支援することはあっても対価はとらないことである。

　現在、フランチャイズ制をとる本部のなかに、暖簾分け制をとっていると宣言しているものが見られる。しかし、「要件1」～「要件4」に照らすと、それはフランチャイズと同じであり、近世の「暖簾分け」とは異なり、対価も徴収している。異なるのは、加盟者の選別システムである。すなわち、一般公募をするのではなく、本部が認めたかぎられた人にだけ「要件1」の「特権」を与える（暖簾を分ける）のである。その点だけが近世の「暖簾分け」に似ている。つまり、ノウハウ取得に対するハードルが高く設定されたシステムであり、社員独立性とほぼ同じ仕組みともいえることから、暖簾分けと社員独立制とは同義と捉えられる。本部との信頼関係が強い分、加盟者へのモニタリングが簡略化される一方で、本部からの支援が厚くなるという特徴も同じである。

　これは「要件4」のガバナンスが極めて強いシステムと見なせる。加盟後のガバナンスではなく、加盟前に強いガバナンスを行うことで、加盟後のガバナンスのコストや加盟者がもたらすリスクを抑制しているともいえる。このような暖簾分けシステムを採用するフランチャイズ本部は、創業者との理念の共有にこだわるところが多い。

　以上のように、フランチャイズとよく似た仕組みを精査すると、それらとの相違が組織ガバナンスの強さ（弱さ）の問題に収斂することが確認できる。つまり、組織ガバナンスのあり方がフランチャイズを捉える際の重要なカギを握っているのである。

⑾　現在は本部の主導力が強まっており、PB商品の開発なども行われるようになっている。

補図 - 2に当てはめるなら、組織ガバナンスの縦軸の下方に位置するのが代理店制、そのさらに下（図の外）に位置するのがライセンス制やボランタリーチェーン、逆に一番上に位置するのが現代の暖簾分けといえる。もちろん、商品依存かノウハウ依存かという横軸方向の位置はシステム（本部）ごとに異なる。

6 アメリカと日本におけるフランチャイズの「背景」

（1）フランチャイズが拡大した「背景」

さて、次に四つ目の課題を検討したい。フランチャイズの研究をする場合、我々はフランチャイズという仕組みが拡大してきた経緯や社会的な事情を念頭に置いている。換言すれば、フランチャイズを理解したり議論したりする際、暗黙裡に前提としている背景のことである。特に、アメリカの理論的な研究が想定している背景については一定の理解が必要であろう。

そこで、筆者が知り得たアメリカと日本の背景の違いについて、改めて整理しておきたい。これにより、アメリカの研究が前提としている背景が多少なりとも明らかになると共に、理論的な文献の理解も深まると考えられる。

まず、歴史的な視点から比較をしてみたい。アメリカでは1950年代から素人でも起業ができるビジネスフォーマット型のフランチャイズが急拡大した。すなわち、1950年後半から1970年代前半にかけて、全米でフランチャイズへの加盟ブーム、いわゆる「フランチャイズブーム」が起きたのである。

このブームの背景には、当時のアメリカ社会に大量に登場した退役軍人たちの存在があったとされる（カーシュ [1972]）。つまり、戦後のアメリカでは、第2次世界大戦時に各地にいた駐留軍や、朝鮮戦争などを経験したのちに退役した人たちが続々とアメリカ全土に帰郷してきたが、そのような人たちが故郷（地方）で新たなビジネスを開始するために、誕生したばかりのフランチャイ

ズに加盟していったのである。⁽¹³⁾

　またアメリカでは、フランチャイズは社会的な弱者にチャンスをもたらすものとも捉えられていた。たとえば、フランチャイズは女性に事業家になるチャンスを与えるものとして位置づけられていた（Kursh［1968］、訳書第９章）。さらに、合衆国政府（商務省）は、「少数派、特に黒人に対する新しいチャンスを作り出すのに必要欠くべからざるものであると公式に認めた」（前掲訳書、10ページ）とされ、当時はまだ差別が残っていた黒人や少数民族にとっての有効性が強調されていた（前掲訳書、第10章参照）。⁽¹⁴⁾

　このように、フランチャイズブームを支えた人々は、退役軍人や社会的弱者といった多様な個人であったことから、アメリカのフランチャイズは個人加盟をベースに拡大していったといえる。

　一方、日本には1960年代にビジネスフォーマット型のフランチャイズが入ってきたが、第２章で詳しく見たように、中小企業庁の1972年の調査では、すでに半数近くが法人フランチャイジーであった。しかも、その多くが個人事業主的な零細な法人であった。この背景には、商業の競争環境の変化や不動産事情があり、いわばフランチャイズが小売業（飲食業含む）の避難場所として利用

⑿　カーシュ（Kursh）は、1962年に *The Franchise Boom* を著し、1968年にはその改訂版も出しているコンサルタントである。これらの著書は川崎進一により訳され、前者が『フランチャイズ・チェーン』（1966年）と題して商業界から、後者が『フランチャイズ・ビジネス』（1970年）と題して同じく商業界から刊行された。これらが、日本におけるフランチャイズの先駆的な教科書となった。

⒀　退役軍人たちがフランチャイズ加盟に積極的であった背景には、上下関係が厳しい軍隊生活の影響で、「自分自身がボスになりたい」という願望が強かったこと、ビジネス経験がない彼らにノウハウのすべてを供与するフランチャイズが「絶好の機会」だったこと、軍人時代に貯めた資金の魅力的な投資対象だったこと、などがあったとされる（カーシュ［1972］）。また、退役軍人は金融機関から融資が受けやすかったこともある。

⒁　米国商務省発表の「Franchising in the Economy=1971～1973」では、フランチャイズは少数民族へのチャンスを与えているとし、調査対象791本部のうち173本部に少数民族の加盟者が見られ、その内訳は黒人587人、ヒスパニック400人、アメリカンインディアン42人、東洋系196人であるとしていた。編集部［1973］「1973年米国のFC実態調査（下）」『月刊フランチャイズシステム』5（11）。なお、現在でもアメリカのフランチャイズオーナーの30％はマイノリティーであるとされる（IFAホームページより）。

されたり、チェーン企業の店舗物件確保の道具として利用されたりしていた。その結果、日本では小売業や飲食業を営む小零細法人が次々にフランチャイズに加盟する状況が生まれた。つまり、個人事業主や中小企業が、フランチャイズを戦略的に利用するという流れのなかでフランチャイズが拡大したのである。

このように、アメリカと日本とでは、フランチャイズという仕組みが担った社会的役割が初期段階から大きく異なっていたのである。

（2）フランチャイズをめぐる不動産環境

戦後の拡大期におけるアメリカと日本の相違の背景には、不動産環境の違いといったことも大きな影響を与えていた。アメリカでは、店舗不動産や厨房設備を本部が所有し、加盟者にリースをするという仕組みが1950年代から普及していた。マクドナルド社がそのような手法に先鞭を付けたとされる（Kroc [1977] 88ページ）。

当初、同社はフランチャイジーから最低40％上乗せした賃貸料を受け取ったとされるが（福井 [2004] 139ページ）、1970年以降は加盟者から店舗賃貸料として売上の8.5％と、ロイヤルティーとして３％を徴収していた（Business Week, July.11, 1977）。また、1985年当時は加盟店が同社の純益の３分の２をもたらしていたが、その９割が不動産賃貸収入であったとされている（Love [1987] 164ページ）。[15]

このようなことが実現できた背景には、アメリカの土地価格が安かったことが挙げられる。当時は、まだ郊外の土地の不動産価値は低く、しかもガソリンスタンドと異なり、外食店は割高な角地である必要もなかった。したがって、土地調達コスト（購入・賃貸）が安い郊外に、モータリゼーションの普及に対応したドライブスルー型の店舗を建設するというのがアメリカの外食チェーンの標準的な店舗開発モデルとなった。[16]

このような加盟者からの不動産賃貸料に収益源を求めるスタイルは、マクドナルド社だけではなかった。**表補－２**は、アメリカの民間調査会社による当時

のデータである。[17] これによると、1971
年時点でのフランチャイズ本部の収益
源の構成比は、ロイヤルティーが31.2
％、加盟金が22.7％を占めているもの
の、３番目に多いのは不動産リース料
金の14.0％となっている。ただし、こ
の資料については原資料が確認できず、
調査の詳細が不明であるため、あくま
で参考値に留まる。

とはいえ、別の資料では、1970年頃
はアメリカのフランチャイズ本部の73
％が土地・建物のリース料から収益を
得ていたという指摘も見られる（ボー
ン［1971］78ページ）ことから、当時
のアメリカのフランチャイズ本部が不

表補－２　アメリカのフランチャイズ
本部の収入源構成比（％）

収入源	依存度
加盟金	22.7
ロイヤルティー	31.2
不動産リース料	14.0
製品の販売	4.4
設備・機器の販売	1.3
その他	26.2
合計	99.8

出所）三菱銀行［1973］「新しい流通方
式：フランチャイズ・システム
（２）」『調査』223号、25ページ、
第２表を一部改変。
原資料）The Conference Board（1971），
Franchised Distribution.

動産賃料に収益の一部を依存していたことは間違いなかろう。

さらに**表補－３**は、同年の加盟者の店舗所有状況を業種別に見たものである
が、ガソリンスタンドは６割以上が、ファーストフードは約４割が「本部から
のリース」物件となっている点が注目される。「第三者からのリース」も含め
ると、かなりの店舗がリース物件であったことが分かる。

いずれにせよ、当時のアメリカでは加盟者に店舗不動産を求めることが基本
になっておらず、マクドナルド社のように、むしろ本部が加盟者にリースした

⒂　マクドナルド社の店舗不動産戦略については、福井［2004］や小川［2016］を参照のこと。
⒃　1970年代に日本に進出したアメリカの外食チェーン各社は、日本側（合弁先や提携先）
に郊外でのドライブスルー型の店舗建設を行うように求めた。その背景にこのような事
情があった。日本マクドナルド社も、アメリカ側からそのようなタイプの店舗を１号店
とすることを強く求められたが、日本側（社長の藤田田氏）が日本の市場環境の特性を
踏まえて、独断で銀座に１号店を開いて成功を収めたことはよく知られている。
⒄　原資料については筆者未見であるため、調査概要やサンプル数等については不明。

294

表補－3　アメリカにおけるフランチャイズの店舗所有状況（％）

	平均	ファースト フード	自動販売	ガソリン スタンド	その他
加盟者の自己所有	34.8	35.1	55.6	22.4	7.1
本部からのリース	33.8	39.6	9.0	62.0	14.2
第三者からリース	31.1	25.2	35.2	15.5	78.5

出所）表補－2と同じ。
原資料）表補－2と同じ。

ほうが本部側の収益が大きくなる傾向もあったのである。ただし、近年のアメ(18)
リカでは、本部が店舗を所有する傾向は見られず、加盟者に不動産業者を紹介
するに留まる本部が多いとされる点には注意が必要である。(19)

　では、日本はどのような状況であったのだろうか。第2章でも述べたように、
日本の1960年代は高度経済成長による地価や建設費の高騰が激しく、また人手
不足も深刻化して人件費が高騰していたため、レギュラーチェーンで店舗を拡
大していくと損益分岐点が著しく上昇することが事業拡大の障害となっていた
（佐々木［1968］73〜74ページ）。このことが、「養老乃滝」、「不二家」、「お菓
子のコトブキ」、「パルナス」といった既存のレギュラーチェーン（直営店で多
店舗展開するチェーン）にフランチャイズ方式を採用させる大きな要因となっ
た。

　すなわち、店舗不動産を加盟者に負担させることで、本部が店舗投資を回避
しようとしたのである。それゆえ、戦略的に既存の小売店や飲食店を加盟させ
て、フランチャイズ店に転業させることが進められたわけである。このことが、
日本ではフランチャイズのスタート時点から法人フランチャイジーが大きな比
率（1972年時点で45.0％）を占めていた一つの要因となっていた。

　日本では、高度経済成長後も、1990年代初頭にバブル経済が崩壊するまで地
価は上昇傾向を続けた。1990年のバブル崩壊後は地価が大きく下落したが、か
といって店舗投資負担が軽減したわけではなかった。バブル期よりは低下した
とはいえ、都心商業地の賃料は高額であることに変わりはなく、その後に急増

した郊外型ショッピングセンターの賃料も高額に設定されたからである。それゆえ日本においては、現在に至るまで本部の店舗投資負担を削減する手段として、また出店スピードを上げる手法として、フランチャイズの優位性が強く認識され続けているのが実態である。

　しかしアメリカでは、筆者が管見するかぎり、店舗投資負担の軽減をフランチャイズのメリットとする認識は日本ほど大きくはない。それは、先述のようにアメリカと日本との店舗投資環境の違いによるものと考えられる。

（3）加盟者像の違い——法人フランチャイジーの比率

　繰り返すまでもなく、法人フランチャイジーは、日本では2007年時点で加盟者全体の7割を占めていた。法人フランチャイジーの比率は、その後も増え続けていると見てよい。一方、アメリカでは、現在でも7割が個人加盟者とされる。この真逆の現象が生まれた要因は、これまで述べたことを踏まえるなら、1960年代の両国の社会経済環境のなかに見いだすことができる。

　なお、アメリカでは、店舗数も1店舗契約が中核をなしてきたとされる（Barkoff *et al.* [2015]）。1980年代後半からは「Multi-unit Franchisee」と呼ばれる複数店舗を開発する契約を行うフランチャイジーが拡大するが、それにおいても、個人加盟者が複数店契約を行うことが主となっていた（第1章参照）。この背景には、多くのアメリカ人が有する起業家への憧憬があると見てよい。実際、全体の約4割が起業家を目指す個人加盟者とされる（序章参照）。

　このように、アメリカと日本とでは、フラチャイズの担い手が大きく異なっている。アメリカをはじめとする英語圏の論文を読むときには、このことを念頭に置いておく必要がある。

⒅　ただし、これはあくまで1970年頃の状況を示したものであり、現在では不動産をリースする本部は、マクドナルド社など少数の大手外食チェーンにかぎられる。

⒆　本部による店舗不動産への関与の低下は、1980年代以降に広がったともされる。I. Fujita International, Inc（本社：カリフォルニア州）代表の藤田一郎氏へのヒヤリング（2020年5月6日）。

（4）フランチャイジーの組織

　フランチャイズ関連の組織のあり方も、アメリカと日本とでは異なる。アメリカの最大団体は、1960年に設立された「IFA（International Franchise Association）」であり、これは世界最大のフランチャイズの団体でもある。一方、日本では「日本フランチャイズチェーン協会（JFA）」が1972年に設立されている。

　アメリカと日本のこれら協会における最大の相違点は、加盟会員の種別である。日本のJFAは本部企業だけが加盟する組織であるが、IFAには本部のみならずフランチャイジーとサプライヤーが加盟しており、フランチャイズ業界全体の団体となっている。

　また、組織力にも大きな違いがある。日本のJFAに加盟する本部は2019年時点で362社であるが、全国の本部企業は1,324社あるとされるので、27.3％の本部しか組織化できていないことになる（ただし、売上ベースでは約60％を会員本部が占める）。これに対して、アメリカのIFAは10年前の時点で、すでに全米の本部企業の70％以上が加盟していたとされる。また、フランチャイジーがIFAに加盟できるようになったのは1993年からであるが、2010年には1万社を超えていたとされる。さらに、2002年には初めてフランチャイジー出身のIFA会長が誕生している。

　もう一つアメリカと日本との大きな違いは、アメリカにはフランチャイジーだけの組織が存在するということである。フランチャイジーの全国的な組織としては、「AAFD（American Association of Franchisees and Dealer、1992年設立）と「AFA（American Franchisee Association、1993年設立）が存在している。

　AAFDは、ブランドごとに支部（会員5名以上）をつくり、それらの活動を支援・統括する仕組みをつくっている。2020年時点で46のブランドに支部が組織されている（AAFDホームページ参照）。一方、AFAは、政治家や議会へのロビー活動を通して、フランチャイズ関連法の改正によるフランチャイジー保護を目指す活動を展開している。現時点で7,000を超える会員を擁するとされている（AFAホームページ参照）。

　これらの団体は、本部からフランチャイジーの権利と利益を守るための組織である。IFA がフランチャイジーにも門戸を開くようになったのは、先述のごとく1993年からであるが、その背景には1992年の AAFD の設立があったとされる。つまり、本部がフランチャイジーから追及される立場になったことで、IFA がフランチャイジーを取り込む方向に転換したという見方である。[23]

　これに対して、日本にはフランチャイジーの全国的（本部横断的）な組織は存在せず、本部ごとに組織されたフランチャイジー団体（多くは加盟者の親睦団体）しかない。筆者の本部へのヒアリングでも、日本の場合、フランチャイジーが団結することには否定的な考えをもっているところが多く見られた。本部側が設けたフランチャイジー組織についても、あくまでも本部側からの情報伝達の場、理念伝達の場、本部側との信頼関係を深める場という位置づけであり、その組織が本部に対してさまざまな要求を行う場になることは避けたいという意見が聞かれることが多かった。

　また、法人フランチャイジーへのヒアリングにおいても、同じブランドの加盟者同士であっても交流はほとんどない、とする回答が多かった。フランチャイジー組織の会合（総会など）は年に１、２回であり、そこに本部の幹部たちが出てくるので、むしろ本部の幹部と出会う場として受け止める法人フランチャイジーが非常に多かった。

　このように、フランチャイジーの組織的な発言力に差があること、本部とフランチャイジーとの関係性が異なることが、アメリカと日本におけるフランチャイズの大きな違いとなっている。

---

⑳　サプライヤーとは本部やフランチャイジーに商材を納入したりサービスを提供する企業で、法律事務所や金融機関も含まれている。

㉑　JFA の「2019年度フランチャイズチェーン統計」におけるチェーン全数。

㉒　編集部［2010］「フランチャイズ先進国・米国フランチャイズ協会の圧倒的な組織力」Framja、July, pp.60-61.

㉓　Bennett, J.［2001］「米国のフランチャイジー団体の実情」Framja、September, pp.76-77.

（5）本部に対する法的規制

　アメリカと日本の大きな違いとして、法的な規制の違いがある。一つは反トラスト法である。この法律は、日本における独占禁止法に似た働きをしている。反トラスト法は、シャーマン法（1890年）、クレイトン法（1914年）、連邦取引委員会法（1914年）の三つの法律から成り立っている。かなり古い法律であるが、改正が繰り返されてきており、フランチャイズは現在もこの反トラスト法と、戦後に各州で定められた法律によって規制されている。

　反トラスト法のなかでも、特にフランチャイズに大きな影響を与えているのが「クレイトン法」と「連邦取引委員会法」である。クレイトン法は、競争を阻害する価格差別の禁止、不当な排他的条件付取引の禁止、企業結合の規制、3倍額損害賠償制度などについて定めている。他方、連邦取引委員会法は、「不公正な競争方法及び不公正又は欺瞞的な行為又は慣行を禁止」している（公正取引委員会ホームページ参照）。また、連邦取引委員会法は、23項目に及ぶ本部の情報開示書（Franchise Disclosure Document, FDD）の開示を定めている。

　反トラスト法の影響は、まずフランチャイジーによる販売価格に現れる。製品商標型における商品の販売価格は、基本的にフランチャイジーが決定する権利をもち、日本のように本部が一律に決めてフランチャイジーに強要することはできない。これはビジネスフォーマット型においても同様であり、アメリカの外食チェーンでは、同じブランドの店舗でもメニューの価格が異なるといった現象が生じている。これは、フランチャイジー同士の公正な競争を担保するという理解に基づいたものと考えられる。

　また、クレイトン法の影響は、食材の仕入れ価格にも現れる。第2章でも述べたが、日本ではビジネスフォーマット型と見なされつつも、本部がフランチャイジーへの食材販売の利益に依存して、ノウハウからのロイヤルティーをとらないタイプのフランチャイズが多く存在してきた。しかし、アメリカにはそのようなタイプのものは見られず、本部はノウハウの対価としてのロイヤルティーを収益源にしてきた。この背景には、クレイトン法による排他的取引や抱

き合わせ販売禁止の影響があると考えられる。同法では、ほかに代替品がないオリジナリティーの高い商品（特許物など）は本部がフランチャイジーに販売してもよいが、本部の優越的な地位を利用して、それとの抱き合わせで一般的な（代替品が存在する）商品や商材を本部から仕入れることを禁じているからである。

　このように、法的な規制の違いがフランチャイズのあり方に大きな影響を与えていることには留意が必要である。

　もう一つ、アメリカと日本との法的規制環境の違いについて認識すべきことは、本部の情報開示に関する義務である。日本でも、2002年に中小小売商業振興法の施行規則が改正され、フランチャイズ本部は加盟希望者に対して法定開示書面で詳細な情報開示をしなければならなくなった。過去3事業年度の業績（貸借対照表と損益計算書）はもちろん、店舗数の変化、直近5事業年度の訴訟件数まで開示されている。これは大きな変化であったといえる。

　しかし、アメリカでは、1960年代から州ごとに本部の情報開示を義務づける法律がつくられてきた。アメリカでは、1950年代からフランチャイズブームが起こり、多くの個人加盟者（マイノリティーや社会弱者を含む）が加盟したことはすでに述べた。ところが、1960年代になるとフランチャイズ契約をめぐる多くのトラブルが続発し、訴訟が多発した。このことから、事前に確かな情報に基づいて加盟希望者が本部を選択できるようにするため、情報開示義務の法律が整備されたのである。

　情報開示は、前述の連邦取引委員会法が定めるものであるが、その開示文書（FDD）は、本部の業績はもちろん、本部役員の訴訟歴、契約破棄の条件など、

⑵4　日本でも本部が価格を決定することは独占禁止法に照らすと違法となるため、推奨価格が提示されることが多い。しかし、実質的には各ブランドの統一したイメージを守るため、あるいは消費者を考慮して（直営店と同じにする分かりやすさ）、本部が決めた統一価格で加盟店の価格を拘束しているのが実態である。

⑵5　ただし、中小小売商業振興法の対象ではないサービス業には当てはまらない。また、小売・飲食業でも一定の条件を満たすものだけが対象となる。

⑵6　1973年時点で、すでに全米20州に規制法が成立していたが、フランチャイズの定義も規制の内容もバラバラであったとされる。

日本に比べるとかなり踏み込んだ非常に詳細なものとなっている。また、それとは別に、州ごとの法律による情報開示義務も存在している。

　以上、本節で述べてきたことは、アメリカと日本のフランチャイズを取り巻く社会経済環境における相違のごく一部にすぎない。従来の日本でのフランチャイズ研究では、このような相違について必ずしも十分な関心を払ってこなかった。それゆえ、アメリカのフランチャイズの「背景」をもとにした論理や意思決定のパターンで日本のフランチャイズを理解しようとしてきた傾向も見られる。この点は、研究上の一つの課題といえる。

おわりに

　これまでのフランチャイズ研究は、英語圏の研究も含めて個人加盟者を暗黙の前提として進められてきた。しかし、日本の現実を見ると、フランチャイズ店の多くが法人（企業）によって運営されている。フランチャイズ市場が26兆円もの規模になり、我々の消費生活に大きな影響を与えるようになった今日、法人フランチャイジーは日本の消費経済を支える重要な存在となっている。つまり、これまでの学術研究と日本の現実との間には大きなギャップが存在してきたのである。

　本書は、このような現実を踏まえて、これまで「黒子」としてほとんど表^{オモテ}に出ることがなかった法人フランチャイジーのベールを剥がすことに挑んだものである。法人フランチャイジーの研究上の意義の整理からはじまり、日本における拡大の歴史、その全体像と意思決定の特性、さらには消費経済に果たす役割などについて検討を行った。また、多くの法人フランチャイジーが中小企業や地方企業であることを踏まえて、そのような企業にとって、フランチャイズという仕組みがどのような意義と可能性をもっているのかについても検討した。

　本書の研究を通して、法人フランチャイジーの役割が見えてきた。それは、フランチャイズ本部が提供する標準モデルを、それぞれの地域の消費市場に適応化させるという役割である。ただし、そのような適応化を支えるべき本部側に、フランチャイジーからの提案を受け止める仕組みが備わっていない。そのため、フランチャイズモデルが十分に機能しない。換言すれば、地域の消費ニーズに十分に対応できない状況も生じている。その点では、本部は標準モデルの地域適応化をフランチャイジーと共に進めていく必要がある。

　それは、今後の人口減少の進展による地域市場の変化を考えても、理にかなったものといえよう。本部もフランチャイジーも、地域の消費市場における自身の役割を自覚することで、地域の消費生活の向上に寄与してもらうことを心から望みたい。

　さて、本書における「黒子」のベールを剥ぐという試みは、まだ薄皮を剥いだ程度に留まっている。その下には、多くの残された課題が横たわっている。本書をきっかけに法人フランチャイジーへの注目が高まり、研究が深まっていくことを切に願っている。

　最後に、本研究の成り立ちについて振り返っておきたい。そもそも筆者が法人フランチャイジーという存在に初めて出会ったのは、2004年のことであった。当時、小売業のアジア進出の研究を進めていた筆者は、インドネシアのジャカルタにある「そごう」百貨店を訪れ、現地の運営会社に所属するHandaka Santosa氏から話を聞かせていただくという機会を得た。その運営会社が第6章で紹介した「ミトラ・アディプルカサ」社（以下、ミトラ社）であった。

　ミトラ社はスポーツシューズのライセンス製造と販売から出発した企業であるが、その後は多くの海外ブランドとフランチャイズ契約や代理店契約を交わし、インドネシアやシンガポールで多彩なスポーツブランド店やファッションブランド店、飲食店（スターバックスなど）、さらにはイギリスと日本の百貨店までをも展開している国際メガフランチャイジーであった。海外ブランドの店舗をフランチャイズ契約や代理店契約によって運営することで、こんなにも巨大な企業に成長できるものなのかと非常に驚いた記憶がある。

　しかし、当時は、日本国内にある法人フランチャイジーにまで関心が及んでいなかった。国内の法人フランチャイジーに関心をもつきっかけは、ミトラ社との出会いから10数年後となる2017年の年末に訪れた。

　フランチャイズ企業の国際化に関する情報交換を行うことを目的に、「アセンティア・ホールディングス」（本社：東京。フランチャイズ企業の国際化を支援するコンサルティング会社）が大学を訪ねてこられ、そのときの話のなか

で、国内にも多くの法人フランチャイジーが存在することが確認できたのである。このときに、法人フランチャイジーという存在は、これまでのフランチャイズ研究を一変させる存在ではないかと直感したことがこの研究に取り組む端緒となった。

　とはいえ、当時は情報やデータがほとんどない法人フランチャイジーを分析できる見通しはなかった。そこで、翌2018年６月になって、法人フランチャイジー４社とフランチャイズ本部２社を先述のアセンティア・ホールディングス社から紹介していただき、試行的なヒアリング調査を行った。また、それとは別に、他の法人フランチャイジーや本部、業界関係者へのヒアリングも進め、研究の可能性を探った。

　そのなかでも、日本フランチャイズチェーン協会の元会長であり、その後長年にわたってフランチャイズ専門のコンサルタントをしてこられた黒川孝雄氏、および東京都中小企業診断士協会・フランチャイズ研究会会長の伊藤恭氏からは、法人フランチャイジーに関する専門的で有益な情報を提供していただいた。こうしてある程度の予備調査が終わり、研究の枠組みと実行可能性の目途が立ったのは2018年９月のことであった。

　たまたま、同年12月に駒澤大学で開かれた日本商業学会の全国研究報告会において基調講演をさせていただく機会を与えられた。そこで、大急ぎでデータベースの構築を進め、中間段階の成果を整理し、「フランチャイズ研究の新たな視角」と題して法人フランチャイジー研究の意義とその実態について報告をした。それによって、その後の研究の論点が整理できたことは幸運であった。

　また、2019年度からは学術振興会の科学研究費（基盤（C）、2019〜2021年度）が獲得できたことで、研究のスピードが急激に上がったことも大きい。この研究が今までにないほどの速さで進展したのは、まさにこの科研費のおかげである。特に、国会図書館などでの歴史的資料の収集、データベースの構築作業、そして全国をまたにかけたヒアリング調査を支えてもらった。

　ところが、ヒアリング調査も終盤に差し掛かったころになって拡大したのが新型コロナの感染であった。それにより、2020年２月以降は実質的にヒアリン

304

グ調査を中断せざるをえなくなってしまったことは残念であった。

　しばらく様子を見ていたものの、小売業、飲食業、サービス業を営む本部や法人フランチャイジーは、2020年春以降は日を追うごとに経営が悪化するところが多く、調査に協力してもらうどころではなくなってしまった。そこで方針を転換し、研究計画を１年前倒しして2020年度中に研究書にとりまとめる決断をした。それが実現したのは、筆者が勤務する関西学院大学の出版助成が得られたからにほかならない。出版を引き受けていただいた株式会社新評論の武市一幸氏と、出版のための助成をしていただいた関西学院大学に改めて感謝したい。本書は、関西学院大学の研究叢書として刊行に至ったものである。

　今から思えば、新型コロナの感染拡大に見舞われるギリギリのタイミングで研究が実施でき、自宅での巣ごもり生活中に分析と執筆を進めることができたことは幸いであった。もちろん、それまでの過程においては、前述のごとく多くの人々の支えと協力があったことはいうまでもない。特に、多忙ななか、筆者のヒアリング調査の依頼を快く受けていただいた多くの法人フランチャイジーの経営者の方々には、深く感謝をする次第である。

　2020年12月
　　　　　　　コロナ禍で歓声が消えて久しい上ヶ原キャンパスにて　　　筆者

付記：本書は、科学研究費・基盤（C）・課題番号19K01976「フランチャイズ研究の新たな視角」（2019－2021年度、研究代表者：川端基夫）を使用した研究成果の一部である。また、出版に際しては、関西学院大学の出版助成を受けた。

参考文献一覧

· Affuso, L.[2002], "An Empirical Study on Contractual Heterogeneity within the Firm: the 'Vertical Integration-franchise Contracts' Mix," *Applied Economics*, 34, pp.931-944.

· Badrinarayanan, V., Suh, T. and Kim, K.[2016], "Brand Resonance in Franchising Relationships: A Franchisee-based Perspective," *Journal of Business Research,* 69(10), pp.3943-3950.

· Barkoff, M.R., Fittante, J.J., Gardner, K.R. and Selden, C.A.[2015], *Fundamentals of Franchising*(4th eds.). American Bar Association.

· Bates, T.[1998], "Survival Patterns among Newcomers to Franchising," *Journal of Business Venturing,"* 13, pp.113-130.

· Bennett, J.[2001]「米国のフランチャイジー団体の実情」Franja, September2001, pp.76-77.

· Bhattacharyya, S. and Lafontaine, F.[1995], "Double-sided Moral Hazard and the Nature of Share Contracts," *RAND Journal of Economics*, 26, pp.761-781.

· Bordonaba-Juste, V. and Polo-Redondo, Y.[2008], "The Effect of Relationship Marketing Strategy on Franchise Channels," *Journal of Marketing Channels*, 15(1), pp.71-91.

· Brickley, J.A. and Dark, F.H.[1987], "The Choice of Organizational Form the Case of Franchising," *Journal of Financial Economics*, 18(2), 401-420.

· Buchan, J.[2013], *Franchisees as Consumers: Benchmarks, Perspectives and Consequences*, Springer.

· Caves, R.E. and Murphy, W.F.[1976], "Franchising: Firms, Markets, and Intangible Assets," *Southern Economic Journal*, 42(4), 572-586.

· Combs, G.J., Michael, C.S. and Castrogiovanni, J.G.[2004], "Franchising: A Review and Avenues to Greater Theoretical Diversity", *Journal of Management*, 30(6), pp.907-931.

· Croonen, M.P.E., Grünhagen, M. and Wollan, L.M.[2016], "Best Fit, Best Practice, or Stuck in the Middle? The Impact of Unit Ownership on Unit HR Performance in Franchise Systems," *International Entrepreneurship and Management Journal*, 12(3), pp.697-711.

· Dant, R.P., Kaufmann, P.J. and Paswan, A.K.[1992], "Ownership Redirection in Franchised Channels," *Journal of Public Policy and Marketing*, 11(1), 33-44.

· Dant, R.P., Weaven, S.K., Baker, B.L. and Jeon, H.J.[2013], "An Introspective Examination of Single-unit versus Multi-unit Franchisees," *Journal of the Academy of Marketing Science*, 41 (4), pp.473-496.

· Dicke, T.S.[1992], *Franchising in America: The Development of a Business Method, 1840-1980,*

University of North Carolina Press, (河野昭三・小嶌正稔訳 [2006]『フランチャイジング
——米国における発展過程』まほろば書房)

・Fladmoe-Lindquist, A.[1996], "International Franchising: Capabilities and Development," *Journal of Business Venturing*, 11(5), pp.419-438.

・Gallini, N.T. and Lutz, N.A.[1992], "Dual Distribution and Royalty Fees in Franchising," *Journal of Law, Economics and Organization,* 8(3), 471-501.

・Gomez, R.S., Gonzalez, I.S. and Vazquez, L.[2010], "Multi-unit Versus Single-unit Franchising: Why Franchisors Use Different Ownership Strategies," *Service Industries Journal*, Mar. 2010, Vol.30, Issue3, pp.463-476.

・Gorovadia, N.[2017], "Knowledge Transfer in Franchising," in Hoy, F. et al.(eds.), *Handbook of Research on Franchising*, Elgar, pp.234-245.

・Grag, K.V. and Rasheed, A.A.[2003], "International Multi-Unit Franchising: An Agency Theoretic Explanation," *International Business Review,* 12(3), pp.329-348.

・Grag, V.K., Priem, R.L. and Rasheed, A.A.[2013], "A Theoretical Explanation of the Cost Advantages of Multi-unit Franchising", *Journal of Marketing Channels,* Apr. 2013, Vol.20, Issue 1/2, pp.52-72.

・Grünhagen, M. and Mittelstaedt, R.A.[2005], "Entrepreneurs of Investors: Do Multi-unit Franchisees Have Different Philosophical Orientations?", *Journal of Small Business Management*, Jul 2005, Vol.43, Issue3, pp.207-225.

・Holmberg, R.S.and Morgan, B.K.[2007], "Entrepreneurial Global Franchise Ventures: US and European Franchisee Failure Strategic and Empirical Perspectives," *International Entrepreneurship and Management Journal,* 3, pp.379-401.

・Hussain, D. and Yaqub, Z.M.[2011], "Explaining Franchisors Tendency to Use Multi-Unit Franchising: Development of a Theoretical Model," *Journal of Business & Economics Research*, 7 (9), pp.17-24.

・Hussain, D., Perrigot, R., Mignonac, K., Akremi, A.E. and Herrbach, O.[2013], "Determinations of Multi-unit Franchising: An Organizational Economics Framework", *Managerial & Decision Economics*, Apr-Jul2013, Vol.34, Issue3-5, pp.161-169.

・Hussain, D., Sreckovic, M. and Windsperger, J.[2018], "An Organizational Capability Perspective of Multi-unit Franchising", *Small Business Economics*, Apr2018, Vol.50, Issue4, pp.717-727.

・Jensen, M.C. and Meckling, W.H.[1976], Theory of the Firm: Managerial Behavior, Agency Costs and Ownership Structure, *Journal of Financial Economics,* 3, pp.305-360.

・Kaufmann, P.J. and Dant, R.P.［1996］, "Multi-unit Franchising: Growth and Management Issues, *Journal of Business Venturing*, Sep1996, Vol.11. Issue5, pp.343-358.

・Kaufmann, P.J.［1999］, "Franchising and the Choice of Self-employment," *Journal of Business Venturing*, 14, pp.345-362.

・Kroc, A.R.［1977］, *Grinding It Out :the Making of Macdonald's*, Contemporary Books.（野地秩嘉・野崎稚恵訳［2007］『成功はゴミ箱の中に　レイクロック自伝』プレジデント社）

・Kursh, H.［1962］, *The Franchise Boom*, Prentice-Hall,（川崎進一訳［1966］『フランチャイズ・チェーン』商業界).

・Kursh, H.［1968］, *The Franchise Boom* (new revised edition), Prentice-Hall,（川崎進一監訳［1970］『フランチャイズ・ビジネス』商業界).

・Lafontaine, F.［1992］, "Agency Theory and Franchising: Some Empirical Results," *RAND Journal of Economics*, 23（2), 263-283.

・Lafontaine, F.［1993］, "Contractual Arrangements as Signaling Devices: Evidence from Franchising," *Journal of Law, Economics, and Organization*, 9, pp.256-289.

・Lafontaine, F.(ed.),［2005］, *Franchise Contracting and Organization*, Edward Elgar, U.K.

・Lal, R.［1990］, "Improving Channel Coordination through Franchising," *Marketing Science*, 9（4), 299-318.

・Love, F.J.［1986］, *McDONALD'S :Behind the Arches*, Bantam Books,（徳岡孝夫訳［1987］『マクドナルド　わが豊穣の人材』ダイヤモンド社).

・Minkler, A.P.［1990］, "An Empirical Look at Franchising as an Organizational Form," *Economics Letters*, 34（1), 77-82.

・Multi-Unit Franchisee.［2020］, *2020 Buyer's Guide*.

・Oxenfeldt, M.R. and Kelly, A.O.［1968-69］, "Will Successful Franchise Systems Ultimately become Wholly-owned Chains?," *Journal of Retailing*, 44(4), 69-83.

・Peterson, A, and Dant, R.P.［1990］, "Perceived Advantages of the Franchise Option from the Franchisee Perspective: Empirical Insights from a Service Franchise," *Journal of Small Business Management,* 28(3), pp 46-61.

・Rubin, P.H.［1978］, "The Theory of the Firm and the Structure of the Franchise Contract," *Journal of Law and Economics*, 21(1), 223-233.

・Shane, S.A.［1996］, "Why Franchise Companies Expand Overseas," *Journal of Business Venturing*, 11, pp.73-88.

・The Conference Board,［1971］, *Franchised Distribution*.

・Thompson, D.N.[1971], *Franchise operations and antitrust*, D.C. Helth and Company.（浅井慶三郎訳［1973］『フランチャイズ・システム──経済学的・法学的分析』東京教学社）

・Weaven, S., Grace, D. and Manning, M.[2009], "Franchisee Personality," *Journal of Marketing*, 43 (1-2), pp.90-109.

・Williams, D.[1999], "Why Do Entrepreneurs Become Franchisees? An Empirical Analysis of Organizational Choice," *Journal of Business Venturing,* 14, pp.103-124.

・Yakimova, R., Owens, M., and Sydow, J.[2019], "Formal Control Influence on Franchisee Trust and Brand-supportive Behavior within Franchise Networks," *Industrial Marketing Management,* 76, January 2019, pp.123-135.

英文雑誌記事

"McDonald's Blends New Products with Savvy Merchandising", *Business Week*, 1977, July 11, pp.56-61.

・渥美俊一［1967］『小売業成長の秘密』（講座ビッグストアへの道1）河出書房。

・李素熙・川端基夫［2019］「外食国際化の新たな胎動：フランチャイジー『サンパーク』の国際戦略」流通情報、No.537、pp.28-39.

・池田浩［2017］「ワークモチベーション研究の現状と課題」日本労働研究雑誌、684、pp.16-25。

・犬飼知徳［2008］「フランチャイジーのプロフィール分析：フランチャイジーの視点を含むフランチャイズ組織論の構築に向けて」香川大学経済論叢、81（1）、pp.91-106。

・植田逸美［1967］「我が社のフランチャイズ政策」月刊食堂、7（3）、pp.74-82。

・大河原伸介［1973］「日本ケンタッキーフライドチキンのチェーン化戦略」レジャー産業・資料、6（11）、No.70、pp.147-149。

・小川孔輔［2015］『マクドナルド 失敗の本質：賞味期限切れのビジネスモデル』東洋経済新報社。

・小田光雄［2007］『出版業界の危機と社会構造』論創社。

・カーシュ・ハリー［1972］「アメリカのフランチャイズ過去・現在・未来」月刊食堂、12（7）、pp.100-103。

・川越憲治［1972］「フランチャイズ契約と代理店契約」旬刊商業法務、26、pp.28-39.

・川越憲治［1999］「流通業におけるフランチャイズの意味」白鴎法学、12、pp.37-67。

・川越憲治［2001］『フランチャイズ・システムの法理論』商事法務

・川端基夫［2010］『日本企業の国際フランチャイジング』新評論。

・川端基夫［2016］『外食国際化のダイナミズム』新評論。

・川端基夫［2020a］「日本の法人フランチャイジーの特性と研究の意義：フランチャイズ研究への新たな視角」商学論究（関西学院大学商学部）、68（1）、pp.35-63。

・川端基夫［2020b］「日本における法人フランチャイジーの拡大プロセス」商学論究（関西学院大学商学部）、68（2）、pp.1-41。

・神田孝［2018］『改訂版　フランチャイズ契約の実務と書式』三協法規出版。

・北島啓嗣・崔容薫［2011］「フランチャイズ方式と直営店方式の選択問題」（渡辺達朗・久保知一・原頼利編『流通チャネル論：新制度派アプローチによる新展開』有斐閣、第3章）、pp.57-75。

・黒川孝雄［2005］「日本のフランチャイジー像を考える」フランチャイズ時評（フランチャイズ研究所）、2005年7月。http://www.franchise-ken.co.jp/franchise-comment/franchise-2005/franchise-0507.html　（2020年3月20日閲覧）

・黒川孝雄［2006］「法人フランチャイジーによるFCビジネス革新の可能性」商業界編『日本のフランチャイズチェーン2006年』所収、pp.2-6。

・黒川孝雄［2009］「法人・複数加盟社の現状とその規模の推定」（フランチャイズ時評）、フランチャイズ研究所、2009年6月、http://www.franchise-ken.co.jp/franchise-comment/franchise-2009/index.html（2020年3月20日閲覧）。

・経済産業研究所［2003］「メガフランチャイジー実態調査に関する調査研究報告書〈アンケート調査報告書〉」

・経済産業省［2002］「フランチャイズ・チェーン事業経営実態調査報告書」

・経済産業省［2008］「フランチャイズ・チェーン事業経営実態調査報告書」

・小嶌正稔［2003］「フランチャイジングの定義と優位性の源泉」経営研究所論集（東洋大学）、26、pp.27-45。

・小嶌正稔［2005］「フランチャイジングの萌芽とA&W沖縄」経営論集（東洋大学）、64、pp.21-37。

・小嶌正稔［2006］「わが国におけるフランチャイジングの生成」経営論集（東洋大学）、67、pp.133-149。

・小塚荘一郎［2006］『フランチャイズ契約論』有斐閣

・小林忠嗣監修・リンク総研編著［2002］『メガフランチャイジー戦略』ダイヤモンド社。

・小本恵照［2006］「創業期におけるフランチャイズの機能」国民経済雑誌（神戸大学）、193（6）、pp.1-16。

310

・小本恵照［2012］「組織の経済学とフランチャイズ・システム」静岡文化芸術大学紀要、12、pp.47-57。

・小本恵照［2014］「フランチャイズ・チェーンにおける複数店経営の分析——特性理論からのアプローチ」流通（日本流通学会）、34、pp.31-40。

・小本恵照［2018］「フランチャイズ・システムの多様性：定義、実態、ビジネスモデルの再検討」駒沢経営研究、49（3・4）、pp.167-214。

・小本恵照［2019］「フランチャイズとエージェンシー理論：理論と実証に関する検討」駒大経営研究、50（3・4）、pp.177-217。

・佐々木喜久［1968］「不二家FCにみるフランチャイズ・システム」商店界、49（15）、pp.73-76。

・霍川　宏［1968］「どう発展するか…フランチャイズ・システム」商店界、49（15）、pp.67-72。

・清水良吉［1970］『日本のフランチャイズ・システム』文化社。

・白石秀壽［2016］「フランチャイズ・チェーンのチャネル選択問題：フランチャイズ店／直営店比率のパネルデータ分析」流通研究、18（1）、pp.55-78。

・商業界［1974］『'74商業界別冊　日本のフランチャイズ・チェーン《全調査》』商業界。

・杉本収・伊藤恭編著［2006］『成功するメガフランチャイジー』同友館。

・中小企業診断協会東京支部・フランチャイズ研究会［2005］『メガフランチャイジーに関する調査・研究』（フランチャイジーへのアンケート調査とヒヤリング調査）。

・中小企業診断協会東京支部・フランチャイズ研究会［2007］『フランチャイズビジネスにおける法人・複数加盟社に関する調査報告書』（本部へのアンケート調査）。

・中小企業庁［1973］『フランチャイズチェーン実態調査結果表』。

・東京経済編［1986］『フランチャイズ21年史』東京経済。

・徳永豊［1990］『アメリカの流通業の歴史に学ぶ』中央経済社

・新原浩朗・高岡美佳［2004］「フランチャイズ組織の分権的進化と多元化」組織科学、38（1）、pp.4-15。

・新原浩朗［2006］「FCシステムの発展におけるメガフランチャイジーの役割」商業界『日本のフランチャイズチェーン2006年』所収、pp.6-9。

・福井幸男［2004］「フランチャイズ経営成功の原点——アメリカ・マクドナルド社の創設時から学ぶこと」日本生産管理学会論文誌、11（1）、pp.135-140。

・編集部［1969］「フランチャイズ・チェーンを成功させるために（特集座談会）」商業界、22（6）、pp.85-94。

・編集部［1973］「1973年米国のFC実態調査（下）」月刊フランチャイズシステム、5（11）、pp.29-33。

・編集部［1973］「フランチャイジーのデパート？——溝ノ口・杉崎商店」月刊フランチャイズシステム、5（1）、pp.51-53。

・編集部［1990］「フランチャイザーとフランチャイジーに今、何が求められているか」月刊中小企業、42（7）、pp.8-11。

・編集部［2010］「フランチャイズ先進国・米国フランチャイズ協会の圧倒的な組織力」前編 Franja, July2010, pp.60-61、後編 Franja, September2010, pp.58-59。

・堀内博［2003］「輸入自動車産業の栄枯盛衰」日本大学大学院総合社会情報研究科紀要、4、pp.113-123。

・ボーン・L・チャールズ［1971］「ファーストフードのフランチャイジング概況」月刊食堂・臨時増刊、11（9）、1971年8月号、pp.75-81。

・丸山雅祥・山下悠［2010］「フランチャイズ契約の実証分析：展望」国民経済雑誌（神戸大学）、201（2）、pp.19-36。

・三菱銀行［1973］「新しい流通方式：フランチャイズ・システム（2）」調査（三菱銀行）、223号、pp.22-37。

・南　亮一［2012］「商業統計長期時系列データに見る小売構造の変化」法政大学イノベーション・マネジメント研究センター、118、pp.1-15。

・宮内　健［2002］「ベンチャー・リンクの真実：躍進するフランチャイズファクトリーその理念と儲けの仕組みに迫る」商業界、2002年5月号、pp.177-183。

・宮下正房［1968］『挑戦的販売組織：売りまくる10社の秘密』日本実業出版社。

・矢作敏行［1993］「4　組織小売業の発展」（日経流通新聞編『流通現代史』日本経済新聞社、pp.57-87所収）。

・吉原英樹ほか［1981］『日本企業の多角化戦略：経営資源アプローチ』日本経済新聞社。

著者紹介

川端　基夫（かわばた・もとお）
　1956年生まれ。
　大阪市立大学大学院修了
　博士（経済学）［大阪市立大学］
　関西学院大学商学部教授

著書（単著）
『消費大陸アジア』ちくま新書、2017年
『外食国際化のダイナミズム』（新評論、2016年、日本フードサービス学会賞）
『改訂版　立地ウォーズ』（新評論、2013年）
『アジア市場を拓く』（新評論、2011年、第24回アジア・太平洋賞特別賞）
『日本企業の国際フランチャイジング』（新評論、2010年、日本商業学会賞優秀賞）
『立地ウォーズ』（新評論、2008年、人文地理学会賞）
『アジア市場のコンテキスト【東アジア編】』（新評論、2006年）
『アジア市場のコンテキスト【東南アジア編】』（新評論、2005年）
『小売業の海外進出と戦略』（新評論、2000年、日本商業学会賞奨励賞）
『アジア市場幻想論』（新評論、1999年）
など。

関西学院大学研究叢書　第226編

日本の法人フランチャイジー
──消費経済の知られざる担い手──
（検印廃止）

2021年3月25日　初版第1刷発行

著　　者　　川　端　基　夫
発　行　者　　武　市　一　幸

発　行　所　　株式会社　新　評　論

〒169-0051 東京都新宿区西早稲田3-16-28　　　TEL　03（3202）7391
http://www.shinhyoron.co.jp　　　　　　　　FAX　03（3202）5832
　　　　　　　　　　　　　　　　　　　　　振替　00160-1-113487

落丁・乱丁本はお取り替えします。　　　　　印刷　フォレスト
定価はカバーに表示してあります。　　　　　製本　松岳社
　　　　　　　　　　　　　　　　　　　　装幀　星野文子

Printed in Japan
ISBN978-4-7948-1178-3

「日本フードサービス学会賞」受賞！

川端基夫
外食国際化のダイナミズム
新しい「越境のかたち」

空前の外食海外進出ブームの実態を精緻な調査で
分析解明し、国際化の「新しい越境のかたち」が持つ
可能性と課題を探る。

本書は、海外に進出した多くの外食企業のヒヤリング調査を
通して、国際化の現場で生じている大きな変化を明らかにし、
それが有する可能性と課題を検討したものである。

四六上製　314頁　2800円　ISBN978-4-7948-1026-7

川端基夫
アジア市場のコンテキスト
［東南アジア編］
グローバリゼーションの現場から

企業のグローバル化と対峙して多様な
攻防をくりひろげる、アジアのローカル
市場のダイナミズムを追う。

四六上製　268頁　2200円

ISBN4-7948-0677-9

川端基夫
アジア市場のコンテキスト
［東アジア編］
受容のしくみと地域暗黙知

中国、韓国、台湾の消費市場のダイナミ
ズムを現場の視点で解読し、グローバル
化の真実を明らかにする。

四六上製　312頁　2500円

ISBN4-7948-0697-3

* 表示価格はすべて本体価格（税抜）です。

アジア・太平洋賞　特別賞受賞

川端基夫

アジア市場を拓く

小売国際化の100年と市場グローバル化

日本小売業の 100 年にわたる海外進出
史を通じて，「アジア市場の真実」と「市
場との正しい向き合い方」を探る。

関西学院大学研究叢書　第 149 編

四六上製　344頁　2800円

ISBN4-7948-0884-4

日本商業学会賞　優秀賞受賞

川端基夫

日本企業の
国際フランチャイジング

新興市場戦略としての可能性と課題

少子高齢化・人口減少の中で急増する企
業の海外市場開拓。グローバル時代の商
法を初めて理論的・実証的に解明。

A5上製　276頁　2500円

ISBN978-4-7948-0831-8

＊表示価格はすべて本体価格（税抜）です。